# 创新

## 汇聚南方 创享未来

南方日报社 / 编

南方日报出版社
NANFANG DAILY PRESS
中国·广州

**图书在版编目（CIP）数据**

创新 : 汇聚南方 创享未来 / 南方日报社编. --广州 : 南方日报出版社, 2017.6
ISBN 978-7-5491-1627-0

Ⅰ. ①创… Ⅱ. ①南… Ⅲ. ①社会主义建设成就—广东 Ⅳ. ①D619.65

中国版本图书馆CIP数据核字(2017)第142465号

**创新——汇聚南方 创享未来** **南方日报社 编**

**出版发行：** 南方日报出版社
**地　　址：** 广州市广州大道中289号
**经　　销：** 全国新华书店
**印　　刷：** 广州市岭美彩印有限公司
**开　　本：** 787mm×1092mm 1/16
**印　　张：** 19
**字　　数：** 450千字
**版　　次：** 2017年6月第1版
**印　　次：** 2017年6月第1次印刷
**定　　价：** 88.00元

投稿热线：（020）87373998-8503　读者热线：（020）87373998-8502

网址：http://www.nanfangdaily.com.cn/press　http://www.southcn.com/ebook

# 前言

2017年4月，习近平总书记对广东工作做出重要批示，提出“四个坚持、三个支撑、两个走在前列”的要求，其中，为全国创新驱动发展战略提供支撑是重要一环。长期以来，习总书记对广东寄望殷殷：“广东是经济大省，不仅地区生产总值要支撑全国，结构调整也要支撑全国，必须在推动经济结构战略性调整上走在前列，当好创新驱动发展的排头兵。”

五年来，广东省委、省政府把创新驱动发展作为核心战略，推动发展方式转变和发展动力转换迈出坚实步伐，助推全省地区生产总值从5.32万亿元增加到7.95万亿元，连续28年居全国首位；助推产业结构实现标志性转变，现代产业占据主导地位；助推先进制造业增加值、现代服务业增加值大幅增长，互联网新业态蓬勃发展。广东经济综合实力显著增强。

为进一步学习贯彻好习近平总书记系列重要讲话精神和广东省委、省政府关于创新驱动发展的战略部署，南方报业传媒集团长期关注广东创新驱动发展战略进程，充分发挥党报集团“上接天线、下接地气”的枢纽优势以及宣传动员、信息沟通、中介服务等方面的作用，曾推出“汇聚南方　创享未来”大型全媒体报道和活动等，整合“政产学研资人”各类资源，以权威信息流促进创新要素匹配，全力建设“南方双创汇”平台，打造广东创新驱动发展的信息和服务权威平台，促进创新信息流动、加快创新资源集聚，推动广东省创新驱动发展。本书即是《南方日报》长期系列报道的精华荟萃。

蓝图已经绘就，奋进正当其时。2017年5月，广东省委书记胡春华在省十二次党代会上指出：广东要深入实施创新驱动发展战略，加快形成以创新为主要引领和支撑的经济体系和发展模式。

希望本书的出版，能为广东创新驱动发展做出应有的贡献。

# 目录

CONTENTS

贰 寻找独角兽

# 目录

## 叁 创一流高校

CONTENTS

## 肆 聚顶尖人才

综述

# 广东创新驱动发展观察

## 一、从要素驱动向创新驱动的根本转变

2016年6月，新华社一篇报道《国际创投涌入珠三角》，引起广泛关注。报道称，近期，全球知名创投公司IDG资本将其南方总部落户广州，珠三角正在成为世界创投资本瞩目的热土，中国成为新一轮投资“风口”的迹象明显。

在创投“扎堆”背后，珠三角经济形态出现前所未有的变化。广州的智能制造及机器人、节能与新能源汽车、生物医药与健康医疗等领域集群初现规模，新动力源、增长极正在形成，深圳的生物、互联网、新材料等七大战略新兴产业2015年规模达2.3万亿元，增加值占GDP的比重达到40%。

这是广东大力实施创新驱动发展战略初见成效的一个缩影。

按照习近平总书记的嘱托和中央部署，广东坚定不移地把创新驱动发展战略作为核心战略和总抓手。中共中央政治局委员、广东省委书记胡春华强调，要坚持把创新驱动发展战略落在发展上，发挥广东市场化程度比较高、科技成果转化能力强的优势，推动产业加快迈向中高端水平，率先形成以创新为主要引领和支撑的经济体系和发展模式。

政策引领、区域协同、以企业为主体，一条创新驱动发展的“广东路径”，越来越清晰。广东的发展模式正在加快实现从要素驱动向创新驱动的根本转变。

### **政策引领：**
### 多项“全国首创”释放创新红利

随着中国经济步入“新常态”，作为中国第一经济大省、改革开放排头兵的广东，如何继续走在前列？

广东清醒地认识到，过去三十多年支撑广东经济高速增长的要素条件与市场环

境已发生明显改变。

依靠大规模投资来拉动高增长的模式难以为继，土地、人口等资源瓶颈日益明显。实施创新驱动发展战略，把经济增长的动力源从“要素驱动”转向“创新驱动”，是新阶段广东发展的必然选择，也是关系广东长远发展的关键一仗。

根据世界各大经济体的发展经验，这仅依靠市场单方面的力量是不够的，尤其在产业出现重大密集式创新时，更需要政府这一“增进型”力量的推动和护航。

2015年初，中共中央、国务院印发《关于深化体制机制改革加快实施创新驱动发展战略的若干意见》，广东迅速行动起来。2月27日，广东省委、省政府在深圳召开全省科技创新大会，正式吹响了全省实施创新驱动发展战略的号角。

广东在全国率先出台了一系列突破性政策举措——

2015年2月，省政府出台《关于加快科技创新的若干政策意见》及系列配套实施细则。省有关部门出台了8个配套文件。其中，支持企业建立研发准备金制度、科技企业孵化器创业投资及信贷风险补偿、创新产品与服务远期约定政府购买、经营性领域技术入股改革等政策措施均属国内首创。

随后，广东推出《加快推进创新驱动发展重点工作方案（2015—2017年）》，进一步明确未来三年广东科技创新的目标任务；陆续出台《广东省经营性领域技术入股改革实施方案》等系列配套实施细则，全省创新驱动发展迈入新阶段。

两年来，政策创新红利逐渐释放——

企业研发更有保障。2015年广东共有1494家企业获得研发方面的财政补助，总金额为12.11亿元，企业家创新更有底气。

科研人员“名利双收”。《广东省经营性领域技术入股改革实施方案》明确，高校和科研院所校长、院长、学科带头人可技术入股，奖励科研重要贡献人员和团队的收益比例不低于50%，打通科技成果转化“最后一公里”。

“重物轻人”得到扭转。省人大常委会会议通过《广东省自主创新促进条例（修正案）》，把承担项目人员的人力资源成本费由原来的30%调至40%，软科学、社会科学和软件开发类项目上限从50%提高到60%，尊重了科技创新活动中人力资源的劳动价值。

新型研发机构“身份”难题破解。一系列政策为这些机构大开“绿灯”，让科学家医保、社保、住房、子女上学、职称评定、项目申报等方面的困难，迎刃而解……

政策工具的“黄金成色”得以显现，为广东创新发展注入满满活力，有力支撑广东经济转型“加速跑”。

## 区域协同：
## 珠三角创新“雁阵”带动粤东西北发展

2016年6月底，广州地铁7号线西延顺德段破土动工。这条地铁线连接广州科学城、广州大学城直通珠三角制造业重镇佛山，将创新高地与制造业高地快速连接。

广东创新驱动发展，珠三角是“火车头”。呼啸而至的地铁背后，是珠三角协同创新链条逐步打通，伴随着《珠三角国家自主创新示范区建设实施方案（2016—2020年）》出炉，技术、人才、信息加速流动，深圳、广州两大城市引领，珠三角其他7个地市协同支撑，“1+1+7”的创新“雁阵”逐渐成形，并带动粤东西北地区发展。

广工大数控装备协调创新研究院院长杨海东经常要深入珠三角的工厂车间，寻找与企业技术合作的机会。在三年时间里，该研究院已成功孵化企业超过60家，研发创新产品超过60项。作为华南科技研发资源最集中的城市，广州聚集了广东省2/3的普通高校、97%的国家重点学科和全部国家重点实验室。将集聚广州的创新要素向周边辐射扩散，广州作为国际创新枢纽和创新领头羊的作用逐步凸显。

在毗邻深圳的东莞松山湖，广东大族粤铭的激光设备生产开足马力。总经理卓劲松深刻感受到深圳企业创新外溢带来的变化，“华为等大企业正在引导上下游企业提升档次，优秀的企业抱团参与全球产业链竞争”。深圳产业、技术、人才向东莞、惠州等城市扩散，正在带动整个珠三角创新生态圈的变化。

深圳综合开发研究院副院长曲建认为，深圳、广州创新能力向外扩散推广，正是形成珠三角乃至全省创新互利共赢模式的重要契机。

协同创新，政府的“有形之手”加速着创新要素的整合。在2016德国汉诺威工业博览会上正式成立的中德工业城市联盟，正是这一协同力量的集中展现。佛山、江门、肇庆等中方的11座城市和德方的亚琛、因戈尔施塔特等7座城市结盟，探索“中国制造2025”与德国工业4.0有机对接。

集中发力，敏锐的市场力量不约而同地抢占新的产业风口。在建设珠江口西岸区域创新中心的珠海，格力与全球知名的机器人制造企业ABB合作，进军智能制造；而在佛山，美的集团要约收购德国机器人巨头库卡集团的进展牵动人心。格力、美的两大家电巨头迅速转身，珠江西岸先进装备制造产业带正在加速崛起，聚焦高端制造业的创新生态圈悄然形成。

主动借力，粤东西北地区积极引进珠三角创新资源。随着中兴通讯河源基地建设如火如荼地推进，深圳逾千亿产值将陆续转移到河源。这对河源意味着项目达产后工业产值将翻一番，而将中兴总部留住的深圳则可把腾出来的空间发展附加值更高的产业。这一看似简单的“腾挪”，腾出了珠三角优化发展、粤东西北振兴发展的大空间。

从政府的“有形之手”引领到市场的“无形之手”优化配置，珠三角正依托国家自主创新示范区建设，努力成为带动全省创新发展的引擎，为中国创新驱动发展探索区域协同的新路径。

## 企业主体：
## 粤企创新“航母编队”驶向世界

在2016年全国科技创新大会上，华为创始人兼CEO任正非的发言引起海内外关注。

据统计，2015年华为研发投入近596亿元，占销售收入15%。这样的高占比，在全世界同行中名列前茅。在过去10年累计研发投入超过2400亿元的基础上，华为计划未来几年把每年研发经费提高到100亿—200亿美元。

世界知识产权组织日内瓦总部2016年6月发布公报指出，2015年中国成为全球国际专利申请数量增长最快的国家，广东的华为和中兴两家通信企业分别居全球企业国际专利申请第一位和第三位，成为中国企业在核心技术创新上实现崛起的样本。

华为的高速发展，是广东扭住高新技术企业“牛鼻子”、以企业为主体抓创新的典型案例。

截至2015年，广东科技进步贡献率超过57%；有效发明专利量达138,878件，连续6年居全国第一。值得注意的是，企业作为创新主体的贡献尤其明显。统计显示，全省90%以上的研发经费来源于企业，70%以上的省级重大和重点科技计划项目由企业牵头或参与，72%的发明专利申请和78%的授权量来自企业。

在广东尤其是珠三角，除了华为、中兴，腾讯、格力、美的、比亚迪等也均已经成为年营收千亿元级的巨无霸公司。这些公众耳熟能详的大公司，正以巨大的投入保持着持续创新的能力，成为广东企业群体中当之无愧的“创新航母”。

一支有战斗力的舰队，不仅有航母。从“航空母舰”，到“巡洋舰”“驱逐舰”，再到“护卫舰”“核潜艇”，大大小小的广东创新企业，一同组建起南粤创新的“航母编队”。

除了“华为们”，“粤企创新舰队”还拥有尚品宅配、华大基因、光启、大疆等虽然体量略小却增速迅猛的明星企业，有广州数控、金发科技、海格通信、冠昊生物这些独步智能装备、新材料、高端电子信息、生物医药等新兴产业的领军企业。

2015年以来，越来越多的高新企业涌现出来。广东的国家高新技术企业突破1万家，比2014年新增了1816家。全省已经有超过5万家科技型企业，有5家企业跻身世界国际专利申请50强。全省有效发明拥有量前10位的企业均为知识密集型企业。

2015年，广东新增国家重点实验室、国家工程实验室、国家工程研究中心、国家企业技术中心等国家级创新平台23家，累计达到160家。2014年和2015年广东共获得国家科学技术奖达78项和中国专利奖金奖12项、优秀奖196项，创历史新高。

这两年，政策的扶持和企业的壮大，正吸引着技术、人才、资金加速向广东集聚。全球知名创投公司IDG南方总部来了，世界通信巨头思科中国创新中心总部来了，欧洲顶尖的高端制造工艺机构法国焊接研究所来了……“粤企创新舰队”，正以前所未有的姿态乘风破浪，加速驶向世界、驶向未来。

## 二、向创新型地区先进行列冲刺

2016年，全球首款可载人的无人机“亿航184”将在美国测试的消息一出，让广州亿航智能技术有限公司一下子走到聚光灯下。

几天后，又一家广东企业“露脸”。汤森路透社发布2016期刊引证报告，华大基因创办的*GigaScience*在综合性期刊类别中影响因子排名全球第六，一同登上榜单的还有《自然》《科学》等顶尖期刊。

创新驱动发展战略实施两年以来，广东涌现了一批像亿航、华大基因这样的明星企业，走出了一条政策引领、区域协同、企业主体的“广东路径”。

广东也迎来了创新驱动发展的重大转折点：2016年6月统计显示，广东研发经费支出占GDP比重（R&D投入强度）达到2.5%，技术自给率上升至71%，首次超过70%。

从国际经验来看，这两个指标双双达到关键拐点，标志着广东基本跨入世界创新型地区行列。广东开始进入一个创新导向明显、创新氛围浓厚、创新主体活跃、创新能力深化、创新后劲十足的创新驱动发展新阶段。

### 新阶段——
### 创新对经济提质增效支撑力不断增强

2016年初，广东R&D投入强度和技术自给率分别迈过2.5%和70%两个大关的数据公布后，不少长期关注广东的学者都为之振奋。

教育部长江学者、南京大学教授刘志彪认为，R&D投入强度达到2.5%、技术自给率达到71%，意味着广东基本进入了世界创新型地区行列。

省社科院院长王珺作为本土学者的感受更直观，认为数据的背后，是近年广东的研发投入快速上升，创新导向越来越明显。

R&D投入强度，是国际通用衡量科技实力和核心竞争力的核心指标。通常来说，R&D投入强度达到2.5%被视为一个关键门槛。目前除韩国、以色列等个别国家超过4%，主要创新型国家的这一指标都在2.5%—4%，如日本、瑞典、美国等。

技术自给率则反映了一个国家或地区科技创新的内生活力。多数创新型国家和地区的技术自给率都在70%以上。广东技术自给率从2010年的63.5%提高到2015年的71%，说明正逐渐摆脱对国外核心技术的依赖。

根据国际经验，R&D投入强度达到2.5%后，该国家或地区会进入一个创新导向明显、创新氛围浓厚、创新主体活跃、创新能力深化的发展新阶段。以韩国为例，1999年R&D投入强度为2.07%，随后逐年加大投入，推动科技创新，十年间完成了从

2%到3%的跃升，随之迎来了信息通信、汽车、造船、化工等领域创新力和竞争力的大幅提升，实现迅速崛起。

春江水暖鸭先知。

广东进入创新驱动发展新阶段，直接就反映在创新的主体——企业身上。

广州奥翼电子科技有限公司研制的全球首款石墨烯电子纸，占据了柔性显示的世界前沿；研制出“隐形衣”的深圳光启在超材料领域的专利申请量占全球86%；凭借在光子创面治疗领域的科技创新，普门科技有限公司斩获国家科学技术进步奖一等奖；华大基因的基因测序产出能力占全球一半以上；大疆创新占据了全球消费级无人机市场70%的份额，2016年还在北美市场挫败了美国第一大无人机厂商3DR……

短短几年时间，一大批广东企业就完成了从模仿到创新、从跟随到引领、从高端到顶端的华丽蜕变。在一个个行业龙头带动下，广东产业升级态势明显，科技进步贡献率已超57%，区域创新能力综合排名连续8年位居全国第二。

根据规划，到2020年，广东R&D投入占GDP比重将达2.8%，技术自给率超过75%，科技进步贡献率超过60%；到2030年，广东R&D投入占GDP比重更将超过3.5%，技术自给率超过80%，科技进步贡献率超过70%，力争跻身创新型国家和地区先进行列。省政府发展研究中心主任汪一洋表示，新阶段，创新对广东经济提质增效的支撑引领作用还将不断增强。

## 新动力——
## 大批“卧龙”有望在下个风口起飞

大鹏一日同风起，扶摇直上九万里。

初尝创新驱动发展甜头的广东踌躇满志。省委书记胡春华明确要求，“坚定不移地把创新驱动发展战略作为广东经济社会发展的核心战略、优先战略，加快形成创新型经济格局”，“要坚持把创新驱动发展战略落在发展上，发挥广东市场化程度比较高、科技成果转化能力强的优势，推动产业加快迈向中高端水平，率先形成以创新为主要引领和支撑的经济体系和发展模式”。

除了当前风头正劲的TMT、装备制造和机器人等领域，广东还在新材料、生命健康、生物医药、云计算集成与应用、新型光电显示、新一代移动通信技术、数字音视频等领域储备了一批拥有自主知识产权且产业化前景良好的核心关键技术。一大批“卧龙”有望在下一个风口起飞，为广东创新发展贡献源源动力。

2016年初，华大基因原CEO王俊创立的深圳碳云智能科技有限公司成立不久即融资1亿美元，估值近10亿美元。王俊表示，碳云智能已构建采集、人工智能分析、数据库等基础设施，着手全球布局，打造每个人的“阿凡达”，管理每个人的生命健康。

2016年6月，准备进入测试阶段的可载客无人机“亿航184”，预计2016年将量产100台。如果试飞成功，安全得以保证，其商业化前景相当可观。不仅亚马逊表示欲利用其送快递，“无人机的士”也将从科幻变为现实。

新一代移动通信技术领域的广东“双雄”——华为和中兴已在5G专利领域进行了大量储备。不同于3G、4G时代的多个标准并存，5G有望实现全球统一标准。业内普遍认为，华为、中兴的存在，有望使我国主导的5G技术标准成为国际标准。

除研制出全球首款石墨烯电子纸的广州奥翼，广东还拥有开发出全球最薄柔性屏幕的柔宇科技和裸眼3D技术领先世界的超多维等。“在新型显示技术这个领域，中国企业不仅没有落后于欧美发达国家，相反，关键核心技术都掌握在中国公司手中。”广州奥翼创始人陈宇认为。

微芯生物研发的中国抗癌原创新药、锐博生物研发的核酸药物、冠昊生物研发的全球第一款可复明人工角膜、迈普生物研发的全球首个生物3D打印硬脑（脊）膜……一项项发明正悄然改写广东在全球生物医药领域的既定版图。“在这里，我看到了一个生物医药‘军团’。”美国国家基因组组长Eric D.Green博士表示。

…………

时人莫小池中水，浅处无妨有卧龙。“未来，这里必将诞生更多人们闻所未闻的创新科技产品。”深圳光启高等理工研究院院长刘若鹏认为。

## 新出发——
## 抓痛点补短板步子越迈越稳

一脚跨入世界创新型地区行列的广东一路疾行，硕果累累，一时风光无限。

然而换一把更高标准的“尺子”衡量，广东要成为全球创新型国家和地区的“先进”，还有不小差距，存在不少短板，长期制约经济社会发展的一些深层次矛盾仍然存在，创新驱动发展还面临不少考验——

高水平大学和科研院所数量少，科研力量相对薄弱，“源头创新”后劲不足。

部分科技成果得不到转化利用，科技成果与市场需求脱节、经济科技“两张皮”现象普遍，是科研机构的“老大难”，也阻碍着企业创新发展。

知识产权保护尚不如人意，侵权事件时有发生，成为提升科研创新积极性的绊脚石。

…………

“作为一个以制造业起家的省份，广东的确存在原始创新这块短板。”全国人大代表、华南农业大学教授、肇庆大华农生物药品公司董事长陈瑞爱直言，在相当长一段时间，广东能支撑国家大项目的科研机构还不多。深想一层，高校是高水平创新人才培养的高地，是原始创新的主要源泉。但高校科研机构的综合实力不强，始终是困扰广东创新的深层次问题。

意识到短板存在，便明确了着力方向。

为释放高校创新能量，广东3年内计划投入超过150亿元，重点建设一批高水平大学尤其是高水平理工科大学，加强大学科研能力建设。

为激发企业创新活力，广东在国内率先提出运用财政补助等办法，计划用两年时间，将全省4万多家规模以上工业企业的研发机构覆盖率从当下的7%提升到20%。

为促进创新成果转化，科技、经信、教育等部门持续合作，推动高校、科研院所，以及科研成果、创新人才与企业的“无缝对接”。截至2016年6月已使逾700项科研成果成功落地转化。

为做好知识产权保护，省委、省政府积极推进科技立法工作；企业也动作不断，显示出充分的魄力与勇气。2016年，华为就在中美两地起诉三星侵犯知识产权专利。从某种意义上说，粤企在专利市场上的被动局面已经开始扭转。

2016年5月底，全国科技创新大会、两院院士大会、中国科协第九次全国代表大会隆重召开。这是共和国历史上又一次科技盛会，具有里程碑意义。

习近平总书记在大会上的重要讲话，是实施创新驱动发展战略的根本指南，为推动创新发展提供了基本遵循。广东将坚定不移把创新驱动发展战略作为核心战略，切实把创新落在发展上，推动创新驱动发展的各项措施落到实处。

站在新的历史节点，广东步子越迈越稳，创新发展后劲十足：全国科技创新大会贯彻落实实施方案呼之欲出；珠三角国家自主创新示范区建设、专业镇协同创新、科技“四众”促“双创”、新一轮省部院战略合作、重点实验室体系建设等重点工作持续有效推进……

进入新阶段，迸发新动力，广东迎来新出发。

（文/曹斯　郑佳欣　牛思远　陈枫　卢轶　黄应来　叶青，发表于《南方日报》2016年6月22日、23日）

壹

# 创新观察团

★ 广东省“十三五”规划纲要指出，新一轮科技革命和产业变革正在孕育兴起，以信息技术革命为先导，生物技术、新能源和新材料技术、空间利用和海洋开发技术等不断取得重大突破，与经济社会发展深度融合，对生产生活方式带来前所未有的深刻影响。

★ 在这份纲领性文件中，广东提出，到2020年要基本建立具有全球竞争力的产业新体系。现代服务业和先进制造业发展水平不断提高，战略性新兴产业快速发展，农业现代化取得明显进展，基本建成产业新体系，三次产业结构进一步优化。

★ 当前广东距离有全球竞争力的产业新体系还有多远？广东的产业发展有哪些创新的亮点，又存在怎样的创新难点？要实现“十三五”规划的目标，广东应该注意哪些问题，从何处发力？

★第119届广交会上，几乎零误差工作的码垛机器人让外商驻足观看良久

# 粤产机器人：迎来产品创新升级潮

在广东智迪科技公司的生产线上，一支支机械臂规律地挥舞，迅速将一个个键盘装好。

已过而立之年的桂春海，当年技校毕业后成为一名生产线普工。公司换了新生产线后，他非但没有失业，反而有了新岗位和新任务——维护和管理机器臂。

与众多广东制造业企业一样，智迪科技近年在生产中广泛地应用机器人。2015年广东省工业机器人保有量4.1万台、增长78.4%，仅新增需求就占全国的1/4。而广东机器人制造企业已达159家，粤产工业机器人产量增长超过4000台。

广东近年大力实施智能制造战略，制造业相继出现三大创新性变革：一是广东制造业企业生产方式创新，机器人和高端数控机床应用高速增长；二是应用激增推动智能制造企业增资扩产迅猛，产品创新加快；三是制造业生产模式创新，从“机器换人”到“人机共存”。

A04 时局 聚焦

□广东工业机器人新增需求占全国1/4 □机器人制造企业159家，产量年增4000台

粤产机器人迎来产品创新升级潮

## 现象
## 机器人应用热潮在全省涌动

2008年金融危机后，发达国家相继实施“再工业化”战略，吸引高端制造回流。发展中国家积极参与全球产业再分工，承接中低端制造业产业及资本转移。在这种情况下，广东制造面临“双向挤压”，转型升级势在必行。

广东电子信息产业基础雄厚，工业体系完善。智能制造发展有支撑、有市场，与传统制造业企业转型需求一拍即合。

智迪科技正是此类企业的典型。公司工厂里，一台六轴AAB机械臂一次抓起104个键帽，转动方向，迅速嵌进下方的键盘，一个键盘的注塑、组装稳定完工，共耗时19秒。而在过去，一条生产线5分钟才能装好一个键盘。“机械臂节省80%的人力成本，生产效率提升5倍。”智迪科技总经理黎柏松说，目前该公司仅键盘生产车间自动化率就超过80%。

在格力珠海钣金车间，5台机械臂整齐排列，各司其职。相关负责人说，格力要用3至5年的时间打造“无人工厂”。格力模具分厂相关负责人透露：“应用机器人后，平均每名工人操作4台机器，人均年产值100万元，比国内平均产值高一倍。”

有着“世界工厂”之称的东莞，2014年9月在全国率先启动机器人应用计划，政府每年出资2亿元，连续3年支持企业机器人应用。东莞长盈精密技术公司建设首家“无人工厂”，首期安装1000个机械臂，通过远程软件系统进行管控，可将员工数量降低九成。截至2015年底，东莞企业申报“机器换人”项目1262个，总投资超100亿元。东莞电子信息工业应用机器人后，产值增加800多亿元，增速比全市工业行业平均水平高8.1个百分点。

机器人应用热潮甚至涌到粤东西北。在广州（清远）产业转移工业园，华新达公司第一条纯净水生产线投产。2米高的机械臂下，运输线源源不断地运来水瓶，机械臂吸附触手一下一上，一秒钟就把整箱水装好。该公司总经理欧阳育健说：“新生产线比老生产线节省1/4的人力，一个小时可生产4万多瓶纯净水。”

据中国机器人产业联盟统计，我国已连续2年成为全球最大工业机器人消费市场，广东占全国1/3的市场份额。随着机器人技术日益成熟，机器人应用成本和技术难度大幅下降，但投资回收周期却不断缩短，广东将有更多企业应用机器人。预计2017年末，全省约1950家规模以上工业企业将应用机器人。

省经信委预测，到2020年末，广东工业机器人保有量将达到30万台以上，比2015年至少增加25万台。

## 逐势
## 粤产机器人正实现规模化生产

在当前机器人应用领域，国外机器人占领汽车制造行业，广东机器人应用于一般工业领域。发达国家工业机器人产业起步早，技术成熟，已形成完整的产业链和配套体系。而广东省机器人产业起步较晚，规模小，技术和研发制造能力尚待提高，尚未形成完整的产业链。广东智能制造在创新能力、产品质量、品牌和产业结构方面，均与世界先进水平有较大差距，关键技术、核心部件对外依存度高。

可喜的是，本土机器人应用市场在迅速成长。2015年全球新增工业机器人29.12万台，其中我国新增需求量约7.28万台，占全球25%；而广东新增需求量约1.82万台，占全国的25%。

专家指出，广东应抓住机遇，加快实现广东制造向广东创造的转变、广东速度向广东质量的转变、广东产品向广东品牌的转变。

2016年6月，美的集团对外宣布，通过自愿要约以每股115欧元的价格收购世界四大机器人公司之一的德国库卡集团所有股份。该价格较5月17日收盘价溢价36.2%，美的共投入292亿元，其公报说："要借助库卡在生产制造及供应链上的技术优势来提高生产效率，寻求机会开发定制的家庭及服务机器人等产品线，合力拓展未来的服务机器人市场。"这是广东智能制造业发展的一个缩影：技术升级的主观需求和应用市场的客观井喷，共同催生广东智能制造装备企业增资扩产。

在第119届广交会上，广州数控一台可360度旋转进行自动焊接的机器人吸引了不少外国采购商的眼球。这种焊接机器人每套售价3万美元，2015年出口额达8150万美元。广州数控国际部销售经理潘耀佳说："今年要和日本人抢生意。"

广州数控依托自主创新，掌握了机器人控制器、伺服驱动、伺服电机的完全自主知识产权，年产销数控系统占国内同类产品市场半壁江山。

一批广东机器人制造企业正逐步形成规模化的生产能力。广东嘉腾机器人公司是实现无人物流的最佳方案解决商之一；固高科技自主研发的可编程自动化控制器产品与系统，综合性能达到国际一流水平；科达机电成为国内唯一可提供陶瓷、石材和墙材整厂整线工程的生产厂家……

广东各地还广泛引进具有技术优势的外资投资，以培育本土制造产业的创新能力。

顺德是全省首个机器人产业发展示范区，一口气把全球工业机器人制造“四大巨头”收入囊中：瑞士ABB与利迅达开展技术合作，德国库卡在中德工业服务区建设工程中心，日本川崎重工与隆深合作设立机器人培训中心，安川电机机器人投资10亿元与美的开发电机机器人项目。

## 目标

## 突破核心技术夯实创新基础

面对制造业出现的三大创新性变革，广东从2015年开始将智能制造作为制造业发展的重心。

广东省政府相继出台了工业转型升级攻坚战三年行动计划、智能制造发展规划、机器人产业发展专项行动计划等重大政策文件，力求3年投入9400亿元，使50%以上的工业企业全面完成技术改造，推动广东省制造业向自动化、智能化、高端化迈进，要将广东打造成为全国乃至全球机器人制造业重要基地和全国机器人示范应用先行省。

广东省工业机器人规模在快速壮大。2015年全省工业机器人保有量4.1万台，增长78.4%，占全国18.8%。全省机器人制造企业159家，粤产工业机器人产量增长4000台左右。

广州、深圳、佛山、东莞等市已打造了一批具有较强竞争力的机器人示范区。广州新黄埔区的数控机床产业、单体工业机器人及其成套系统快速发展；东莞松山湖高新区依托香港科技大学机器人研究所，松山湖国际机器人协同创新研究院和松山湖机器人产业孵化基地建设初见成效；顺德高新区以华南智能机器人创新研究院为平台，工业机器人在重点行业的示范应用深入推进。珠江西岸先进装备制造产业带初步形成，珠江西岸制造业2015年实现增加值2623.9亿元，增长14.2%；投资额1165.5亿元，增长56.8%。

### 广东智能制造成果与目标

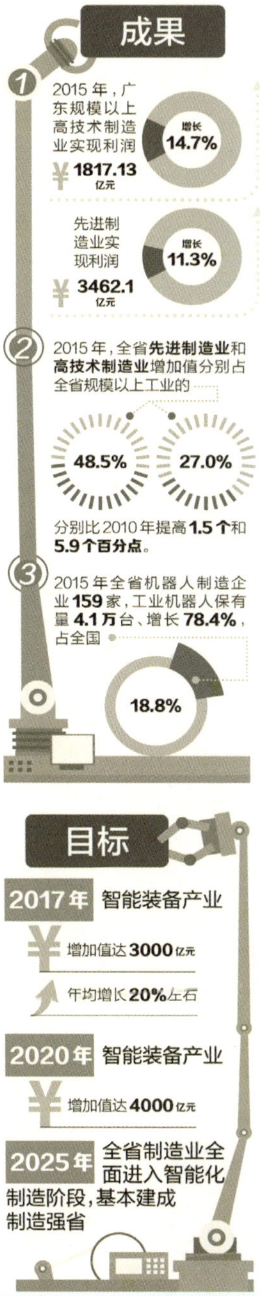

省统计局统计数据显示，2015年，广东规模以上高技术制造业实现利润1817.13亿元，增长14.7%；先进制造业实现利润3462.10亿元，增长11.3%。上述两大类行业利润增幅分别高出全省平均水平6.5%和3.1%。到2016年第一季度，广东装备制造业完成增加值2613.83亿元，同比增长10.9%。

当然，广东智能制造在关键技术、核心部件方面对外依存度高，目前还缺乏核心竞争力。

为此，《广东省智能制造发展规划（2015—2025年）》指出，广东到2025年要涌现一批掌握核心关键技术、拥有自主品牌、开展高层次分工的国际化企业。广东要在2025年建成全国智能制造发展示范引领区和具有国际竞争力的智能制造产业集聚区。

为突破智能制造关键技术和核心部件的研发难题，广东正在以广州、深圳为轴，重点建设新型创新平台。

下一步，广东将在机器人用量最大的汽车及其零部件行业，劳动强度大的3C和纺织物流行业，危险程度高的国防军工民爆行业以及产品生产环节洁净度要求高的制药、半导体、食品等行业，扶持粤企开展自主品牌机器人和智能装备的应用示范和系统集成服务。

## 产业观察

## 广东“智造”开创“人机共存”新模式<br>推动低端劳动力向新型产业技术工人转变

随着机器人在工业生产中的广泛应用，也引发了一线工人的担忧：“机器换人”是否意味着工人要下岗？

### 将减少重复繁重劳动 >>

省政府发展研究中心2016年发布的《资本有机构成变动新趋势报告》指出，机器人应用不会造成大面积失业。机器人应用将推动低端劳动力向新型产业技术工人转变。企业应用机器人，一方面减少了危险作业、重复繁重劳动的就业岗位，另一方面增加了研发、应用、销售和维修等就业岗位。

省政府发展研究中心认为，未来将有更多普通工人转移到服务业就业，预计工业企业用工每年将减少约90万人，但服务业吸纳就业量每年将增加约105万人，总就业量每年增加15万人。

深圳赛意法微电子公司从事半导体集成电路封装测试，近年实施机器人应用后，平均应用5—6台机器人就增加1—2个技术服务岗位。目前年产集成电路近100亿只，成为全球最大的半导体封装测试工厂之一。

省人社厅就业局在调查中发现两个现象：

一是2015年前三季度中，全省制造业企业岗位平均每季减少22.54万人，但制造业服务化推动了第三产业平均每季增加25.18万人的岗位。（另据调查显示，广东应用了机器人的企业普工总数减少了19.3%，而技工总数则增加了16.9%）

二是机器人应用减少了单位产值的用工人数，提高了人均薪酬待遇，用工缺口和员工流失情况持续改善。2015年前三季度2万家企业平均员工缺口38人，同比下降2.4个百分点，其中机器人应用对普工缺口改善更为明显，缺口比重下降3.1个百分点。员工流失率为13.3%，下降1.9个百分点。平均每台（套）机器人设备可以代替约6.5名工人，大部分企业每年可节约人工成本10%—30%。

## 人是生产过程的核心 >>

中国工程院院士、机器人技术专家李培根也不赞成“机器换人”会导致工人下岗之说，他认为广东企业该做的是提升工人的创新能力和使用装备的技能，围绕一线工人应用机器人。

“人是生产的核心，机器人只是辅助工人生产的工具。”李培根认为，在非常强调自动化的德国制造业车间里，机器人技术已经不断升级，但是机器人所承担的职责依然只是运输及相关协作。生产过程中人始终是核心，机器人需要做的是帮助工人完成简单的重复劳动或者像物流运输这种重体力活，从而提升效率，而非代替人，德国企业并不倡导“全自动化”。

如何提升工人的创新能力呢？答案是在机器人能应付基本的制造工序后，让工人自行寻找工作兴趣。他举例，制造精密研削切割设备的日本迪思科科技有限公司在实施机器人应用后，推出一项新规：工人可以根据工作自主选择自己的强项以及想从事的项目。即便在制造业发达的广东的工厂里，这都是难以想象的。而这个很可能是未来广东制造业实施机器人应用后，将经历的过程。

（文/苏力　图/吴伟洪，发表于《南方日报》2016年6月29日）

广东省政府相继出台了工业转型升级攻坚战三年行动计划、智能制造发展规划、机器人产业发展专项行动计划等重大政策文件，力求3年内投入9400亿元，使50%以上的工业企业全面完成技术改造，推动广东省制造业向自动化、智能化、高端化迈进，要将广东打造成为全国乃至全球机器人制造业重要基地和全国机器人示范应用先行省。

广州、深圳、佛山、东莞等市已打造了一批具有较强竞争力的机器人示范区。广州新黄埔区的数控机床产业、单体工业机器人及其成套系统快速发展；东莞松山湖高新区依托香港科技大学机器人研究所，松山湖国际机器人协同创新研究院和松山湖机器人产业孵化基地建设初见成效；顺德高新区以华南智能机器人创新研究院为平台，工业机器人在重点行业的示范应用深入推进。珠江西岸先进装备制造产业带初步形成，珠江西岸制造业2015年实现增加值2623.9亿元，增长14.2%；投资额1165.5亿元，增长56.8%。

★深耕特卖模式的“唯品会”办公场景

# 粤派电商：倒逼“广东制造”转型升级

电商年中大促在6月中旬达到白热化。亿邦网统计数据显示，“6•18”当天京东平台的销售排行榜中，3C品类、家电、个护、体育品牌等类别的销售前五强，广东企业上榜最多。而在全国“买买买TOP5”榜中，广东是排名第一的消费省，广州、深圳均进入消费最大的五强之列。

2016年，广东已成为国内电子商务第一大省，网络零售用户交易额连续多年位居全国第一。2016年第一季度，广东电商交易额占比13.7%，继续稳居全国首位。

广东电商企业的强大实力，不仅源自市场内生力量，也离不开“有形之手”的帮助。为保证广东在电商领域继续领跑，广东近年出台多个帮扶政策和规划指引。其中，《广东省电子商务中长期发展规划纲要（2016—2025年）》提出，到2025年，全省电商交易额年均增长12%以上，其中跨境电商交易额年均增长20%以上，农产品电商交易额年均增长25%以上。

有专家指出，广东电商的飞跃式发展，已经成为广东以信息化引领传统产业转型、探路新业态新经济的重要引擎之一，电商作为流通渠道的补充和优化，给广东产业裂变、创新发展赋予了巨大想象空间。

A06 时局 聚焦

多项数据稳占全国第一 产品创新技术创新不断加快

粤派电商倒逼“广东制造”转型升级

20多家广东电商扎堆谋上市

广东电商创新力及应变力更强

电商产业倒逼“广东制造”升级

## 现象
## 20多家广东电商扎堆谋上市

2016年6月27日，笔者从广东本土互联网服装时尚集团汇美获悉，该公司最近正式向国家相关部门递交了IPO申请，预计招股书很快就会公开。

茵曼创始人、汇美时尚集团掌门人方建华介绍，该公司近几年在“双十一”大战中战绩辉煌：2014年汇美集团“双十一”销售为1.85亿元，全年销售规模近10亿元。2015年“双十一”，整个集团的业绩目标为2.5亿元……

在广东，像汇美这样从“淘品牌”慢慢发展壮大成多元化集团的电商，进而向资本市场进发的并非个案。

据阿里巴巴集团介绍，2016年4月，应包括方建华在内的汇美集团等10家拟上市企业建议，阿里巴巴专门成立“协助商家上市办公室”，帮助这些品牌电商企业与证监会、交易所沟通，协助券商完成对商家的访谈和尽职调查。

笔者从权威渠道获悉，在阿里平台，有近50家商家正在计划启动IPO，其中广东企业占比最大，包括汇美、骆驼、韩后、周大生、小熊、林氏木业、好女人、琪朗家居等。业内人士说，目前正计划冲刺资本市场的广东电商，包括阿里平台和其他平台上的，初步统计有20多家。

不仅老牌电商企业，不少新生代的创新创业型电商，近年亦成为资本追逐的“网红”。笔者从部分投融资研究机构获悉，近两年在“双创”热潮中，广东企业尤其是拥有“互联网+”基因的电商、电商服务、跨境电商等企业，均成为风投的目标。据中国电子商务研究中心发布的一份跨境电商投融资报告，2015年在项目分布领域结构中，广东占比最多，达到28%。

广东电商备受资本青睐，源于这个群体蓬勃向上的活力。

省电子商务行业协会介绍，广东已有腾讯、兰亭集势、环球市场等一批龙头标杆电商陆续在国内外成功上市。B2C领域，唯品会成为我国第三大市值的互联网公司，引领特卖网络零售行业的发展。B2B领域，环球资源、环球市场位居全国前列，腾邦国际、芒果网位居中国在线旅游市场营收份额前十位。大宗商品电子交易领域，也涌现出广东塑料交易所、欧浦钢网等一批年交易额超100亿元的大宗商品电子商务平台。

省商务厅指出，广东电子商务正处于总量扩张、领域扩大、密集创新的阶段，内生动力和创新能力日益增强，呈现规模化、专业化、集聚化发展的特点。

数据显示，近年广东电子商务交易规模不断扩大，2015年，全省电子商务交易额约3.36万亿元，2013—2015年，广东电子商务交易额年均增长率达30%以上，电子商务企业实力和影响力显著增强，电子商务支撑及衍生服务逐步改善，电子商务发展环境不断优化。

广东外语外贸大学国际服务经济研究院发布的《广东商贸服务业发展报告》显示，2015年广东网购人数达2000多万，无论是网商的数量，还是网购规模均居全国第一，广东商贸服务业增加值占服务业增加值50%以上。

## 优势

## 广东电商创新力及应变力更强

省电子商务行业协会秘书长程晓分析，广东电商在全国领先，是因为“广东地处沿海，经济发达，电商发展起步早，有许多知名电商企业，大部分传统企业电商意识强”。

广东企业捕捉商机的敏感性特别强，而且常年身处国内外市场激烈竞争中，这令广东企业更具创新力。在千帆竞发、万舸争流的电商行业，广东电商或模式创新，或技术创新，或产品创新，或供应链改革，走出了一条不平凡之路。

以广东最早进入资本市场的唯品会为例，当年阿里巴巴和京东、当当、亚马逊等巨头为争市场份额，依赖雄厚资本大打价格战，而唯品会另辟蹊径，率先开创“名牌特卖”的新商业模式。唯品会方面介绍，2008年该公司率先将传统线下折扣零售业态转到线上，通过不断深耕“精选品牌+深度折扣+限时抢购”的特卖模式，给用户带来“网上逛街的惊喜”与“抢购的乐趣”。

广东电商在模式创新的基础上，还不断加快技术创新，以抢占行业制高点。“未来，当你走在街上看到喜欢的商品，或者看到路人背了一款挎包，就算不知道是什么品牌，只要拍照并上传至唯品会，平台将立即自动识别，并为你展示售卖的同款商品或类似商品，以‘所见即所得’的快速匹配实现你的购物愿望。”唯品会相关负责人介绍，这利用的是唯品会正在开发的商品图像检索技术。

这一技术采用前沿的卷积神经网络计算和深度学习技术，对时尚类商品进行重点智能识别处理，研发商品图像检索系统，并将在包括比价、选品、推荐、导购等多个环节全面应用此类图像技术，全面提高商品数据质量，改进用户体验。

改革供应链，降低生产成本和库存，提高货物周转率，也是广东电商的竞争法宝之一。

茵曼母公司汇美集团，至今拥有茵曼、初语、生活在左等十余个时尚服装品牌。随着品牌量增加，汇美对其生产供应链进行大刀阔斧的改革。方建华认为，供应链未来可能会比品牌更具价值，“比如面料供应，我们95%以上跟直接的工厂去订货，很少和批发市场的供应商去订货。这样可减少中间商环节，也减少很多在生产过程当中碰到的问题”。

在千军万马的电商板块，通过不断创新闯出一条差异化道路的广东企业还有很多。比如考拉海购充分挖掘行业痛点，主打“选品能力”，采用精品策略，踩准中产阶层消费观；主打精致、创意、健康小家电的顺德小熊电器，联合阿里、京东等大佬推出智能APP加湿器，向智能化家电发展……

“智能是未来商业市场的必然趋势，各大企业也在抓紧抢占这一市场。”有广东企业表示，如果能够将各个品类之间的数据打通，深层次挖掘大数据效力，未来将迸发出更大的商业价值。

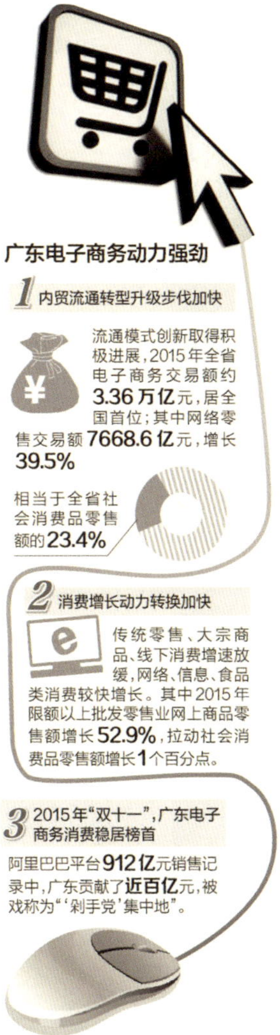


## 前景
## 电商产业倒逼“广东制造”升级

事实上，广东电子商务产业迅猛发展的背后，还有着“制造大省”的强力支撑。广东财经大学流通经济研究所所长王先庆就指出，广东电商之所以有今天的成就，除了有领先优势，核心的就是“广东制造”，“卖东西首先得有货，而广东是货源地”。

“广东制造”的品质、品牌素来在海内外都有一定影响力，这使广东电商在抢占市场份额时有很大竞争力。省电子商务行业协会会长胡伟权指出，大量优质的广东传统制造品牌，成为电商平台最好的合作伙伴。

另一方面，发达的电商也带动了“广东制造”的转型升级。东莞影尚服饰有限公司创始人万向述说：“一个年销售500万件的大卖家，大概需要和十几家小型工厂合作，背后员工有近千人。”

目前以美的、格力等为代表的传统制造业和品牌商还将电商大数据作为其设计、生产和销售整体产业链中的重要参考因素，为广东制造业提升行业竞争力增加了砝码。笔者发现，从产品的一个按钮到配色、材料、售价等，电商平台可以利用数以亿计的消费者需求进行大数据分析，为传统制造业提供产品设计、改良的数据支持。

珠三角的一众产业集群，一方面依托强大的制造业、完备的产业链进行商业重构，另一方面电商渠道的出现，实际牵动的则是研发、生产、销售等全产业链条。电商渠道而来的消费市场大数据，使生产端迅速反应，并在短时间内生产出消费端需要的商品。

有专家指出，广东电商的爆发力，实则是广东以信息化引领传统产业转型、探路新业态新经济的引擎，电商作为流通渠道的补充和优化，给广东产业裂变、创新发展赋予了巨大想象空间。

## 产业观察

## 健全多元投融资机制 促电商发展区域平衡

广东电商发展走在全国前列，固然有企业自身素质和能力的原因，但也与广东各级政府营造良好环境，加大扶持力度密切相关。

广东省政府相继出台《关于加快发展电子商务的意见》《2015年广东省电子商务工作要点》《关于加快跨境电子商务发展的通知》《关于加快农村电子商务发展的通知》《广东省跨境电子商务园区规划建设的意见》等。广东“互联网+”行动计划，大力支持新型创新创业，也为电商创新发展创造了良好的生态环境。

当然，也存在不少短板，比如电子商务高端人才不足；电子商务区域发展不平衡，粤东西北电子商务发展基础比较薄弱，与珠三角地区差距较大；电子商务相关法律法规建设相对滞后，公共服务、市场监管和信用体系建设有待加强等等，都需要进一步发挥好政府“有形的手”的力量。

广东正在努力补全电商发展的短板。如在培育高端人才方面，广东电子商务龙头——广州正在创建的琶洲互联网创新集聚区，享有企业自建办公用房奖励优惠政策。其与珠江新城、国际金融城共同组成广州中心城区的“黄金三角”，有利于集聚高端产业人才，打造千亿级互联网和创新产业集群，形成知识经济新高地。

针对区域发展不平衡情况，华南理工大学经济与贸易学院的李方舟建议，加快建立健全电子商务多元投融资机制。一是要积极培育创业风险投资市场，完善创业天使投资、风险投资机制，促进创业投资与电子商务企业自主创新有机结合。二是要加大力度解决中小微企业贷款难、贷款贵问题。“政府应加大力度完善融资担保、再担保机构和互联网金融，缓解创业企业的贷款之忧；大力发展创业板、新三板和股权交易市场，推动电商企业到资本市场直接融资，解决创业企业贷款难问题。”三是要设立多种广东电子商务扶持专项资金，同时运用投资补助、财政贴息等多种手段，分步骤、有重点地支持本土电子商务企业。

针对广东电商产业的强项——B2B跨境电商，业内专家则更强调质量安全问题，建议尽快建立质量溯源体系。“跨境电商质量问题会严重影响中国制造的国际声誉，建立质量溯源体系有利于产品质量提升，产业结构调整，实现外贸‘优质优价，优进优出’，也有利于维护消费者权益，提升质量意识与消费信心。”

专家建议，对于出口商品，应督促和指导生产企业依法建立全过程质量安全管控链条；对于进口商品，通过加强大质量监管国际互认合作，推动采信机制与溯源管理有机结合，将溯源链条延伸至境外，探索实施产品全过程智能化“云监管”。同时，以质量溯源信息为依据，运用“互联网+”形成大质量监管模式，对跨境电商实施诚信管理和风险管理；并加强溯源大数据分析与成果应用，建立企业和商品质量安全档案和质量失信“黑名单”，引导理性消费；以溯源体系建设带动品牌创建和商业模式创新，提高供给体系质量和效率，促进外贸转型升级，提升“中国制造”的国际声誉。

此外，还应进一步完善法律法规，明确法律责任，以政府引导与市场化运作相结合，发挥企业主体作用，通过政府和生产企业、销售企业、物流企业合作共建溯源体系，保障溯源信息的完整性和真实性。推动建立信用认证体系，各类跨境电商相关企业应与监管部门系统对接，综合多方信用基础数据和风险监测结果，建立跨境电商信用数据库，提升跨境电商监管合力。

（文/欧志葵　叶丹　图/梁文祥，发表于《南方日报》2016年6月30日）

**2015年上半年广东省大众电商创业最活跃的10个县**

| 排名 | 县域 | 城市 |
|---|---|---|
| 1 | 惠东 | 惠州 |
| 2 | 普宁 | 揭阳 |
| 3 | 四会 | 肇庆 |
| 4 | 海丰 | 汕尾 |
| 5 | 恩平 | 江门 |
| 6 | 开平 | 江门 |
| 7 | 博罗 | 惠州 |
| 8 | 鹤山 | 江门 |
| 9 | 饶平 | 潮州 |
| 10 | 揭西 | 揭阳 |

说明：本研究衡量各地网商创业活跃程度的指标是网商密度，即“平均每万人中的网商数量”。来源：阿里研究院

事实上，广东电子商务产业迅猛发展的背后，还有着“制造大省”的强力支撑。广东财经大学流通经济研究所所长王先庆就指出，广东电商之所以有今天的成就，除了有领先优势，核心的就是“广东制造”，“卖东西首先得有货，而广东是货源地”。

珠三角的一众产业集群，一方面依托强大的制造业、完备的产业链进行商业重构，另一方面电商渠道的出现，实际牵动的则是研发、生产、销售等全产业链条。电商渠道的消费市场大数据，使生产端迅速反应，并在短时间内生产出消费端需要的商品。

★ 广东一直是智能手机生产的重镇

# 智能手机“南粤军团”：叫板苹果三星

一年一度的“6•18”电商大战中，“广东制造”又在智能手机市场上火了一把。

根据京东披露的官方数据显示，无论是销量还是销售额，国产厂商在前十位中占据了八席之多。其中，“南粤军团”表现抢眼，魅族夺下了单品销量冠军，华为、OPPO、vivo、一加等则在2000—3999元的中高端价位实现了联手“霸榜”。

不仅是在国内市场，在全球手机销量排行榜上，“南粤军团”也表现相当亮眼。根据市场研究机构IDC发布的统计数据，2016年第一季度，华为、OPPO、vivo三家广东手机厂商已经成功挤进了全球前五名，分列第三、第四、第五名。其同比增长幅度更是惊人，最低的华为也有58.4%，最高的OPPO甚至达到了153.2%。相比之下，国际大牌三星、苹果反而呈现同比下滑。

在全球智能手机市场增长放缓的大背景下，是什么让国产手机厂商能够实现逆势高歌猛进？又为什么是广东制造能够率先在中高端价位市场向三星、苹果叫板？

A04 时局 聚焦

全球市场销量前五位占据三席，技术创新助力冲入中高端市场

智能手机"南粤军团"叫板苹果三星

专注"质造"产销量领跑全国

巨额研发投入撑起中高端产品竞争力

瞄准"高精尖"自主创新布局未来

## 探因

## 专注“质造”产销量领跑全国

作为制造业大省，广东一直是国内智能手机产业的重镇。

工信部发布的数据显示，2016年第一季度，我国手机产量约为3.23亿部，而广东一省的产量就达到了1.91亿部，占比将近60%。广东在手机生产制造领域形成的庞大产业链优势，无疑为手机“南粤军团”领跑行业奠定了坚实的基础。更值得注意的是，在量大的基础上，广东手机产业“质优”的特点正日渐凸显。

2016年6月，国际数据公司IDG公布的最新数据显示，在全球手机制造业前十强中，OPPO、vivo、中兴和金立等四家广东手机厂商成功上榜，占据了四个席位，和国际知名的代工大厂鸿海、和硕、伟创力等同台较劲。

对此，金立董事长刘立荣表示，制造业虽然是重资产，但对于产品质量把控是不可或缺的关键环节，所以绝对不能马虎。也正为此，金立过去几年中，仅是手机生产的SMT贴片环节就先后投入了5亿元引入最先进的生产线，以提升品控水平。

“在手机制造方面，广东具有很好的政策环境和产业链资源，所以我们要充分发挥这一优势，在品质保障方面为用户提供更多的信心，这才是品牌能够长久生存的关键。”刘立荣直言，手机的市场竞争是一场长跑，品牌的生存首先要基于品质，所以金立累计在生产管理方面投资了多达15亿元，打造了亚洲最大的单体智能终端制造中心，希望通过向“质造”的转型获得更强的差异化竞争力。

这种对“质造”的专注在手机“南粤军团”中颇为普遍。近两年在市场热度上蹿升最快的智能手机品牌OPPO、vivo，常被外界认为主要是靠社会渠道和强势营销获得成功。但在OPPO首席执行官陈明永和vivo总裁沈炜看来，“做好本分”才是他们能够在激烈的市场竞争中脱颖而出的关键。

“所谓做好本分，就是打造好的产品。”陈明永表示，对于手机产业而言，产品品质始终是赢得消费者的最关键因素。

对此观点，华为集团总裁任正非也颇为认同，在他看来："供给侧改革的中心，就是提升产品的品质。过去20年，华为坚决不走低价格、低成本、低质量的道路，因为这些会摧毁战略竞争力。企业要提升产品品质，需要巨大的投入和决心，需要几十年积累，一步一步厚积薄发。无论哪个时期，消费者根本的需求是好产品，是高品质的产品。"

2016年2月武汉大学质量发展研究院发布的《广东省制造业企业"转型升级、提质增效"调查分析报告》显示，广东制造企业利润2015年同比增长33.1%，领跑全国，而支撑"广东制造"效益提升的最关键力量就是质量能力的创新。

"制定了质量发展战略的企业，其利润水平要比没有制定质量发展战略的企业高出65.9%，这证明质量已经成为提升企业转型升级绩效的重要战略。"武汉大学质量发展研究院院长程虹如是说。

**创新**

## 巨额研发投入撑起中高端产品竞争力

2016年4月初，华为在英国伦敦首发了新款旗舰机型P9，国际版起售价599欧元（折合人民币约4415元）引来舆论一片哗然。

原因很简单，因为这个定价已经和同期在售的苹果iPhone SE、三星GALAXY S7等国际大牌相当。而在过去，中国品牌的手机始终徘徊在中低端市场，华为此举在市场人士的眼中甚至有点"激进"。

但如此"高调"的定价似乎并没有影响P9的"钱途"。根据华为官方统计数据，发布后的6周时间内，P9及P9 Plus全球发货量已经超过260万部。尤其是在高溢价的海外市场，P9销量较2015年的P8同期高出130%。除了中国，P9及P9 Plus在法国、芬兰和英国的销售表现均非常突出。

不仅是华为，进入2016年以来，国产手机几乎"涨价"成风。尤其是"南粤军团"中的代表厂商OPPO、vivo、魅族等，旗舰产品的定价基本都是2500元起步。

可是，"涨价"并没有吓退消费者。以OPPO 2016年新发布的R9为例，上市88天销量就超过了700万部。产品的热销导致加班频繁，南方日报记者走访OPPO位于东莞长安的工业园时，听到了不少员工吐槽自己"起得比鸡早，干得比牛多"。当然，正所谓痛并快乐着，OPPO的员工们一边为加班叫苦，一边为暴增50%以上的加班费而兴奋。

相对于三星、苹果这些国际大牌在全球尤其是中国市场的销量下滑，华为、OPPO、vivo

在“涨价”后反而逆势销量猛增。难道真是因为消费者“钱多人傻”吗？当然不是。

“在自主技术创新的前提下，国产手机的产品竞争力在不断增强。”战国策首席分析师杨群表示。以华为为例，其2015年全球范围内的智能手机发货量达到了1.08亿部，成为首家发货量破亿的国产品牌。

比销量增长更加值得注意的是，在华为过亿部的发货量中，中高端智能机的占比超过了30%，明星机型P8、Mate7的单品发货量分别达到了500万、700万台的水平。“这说明国产手机在设计和技术上的创新已经在一定程度上受到了市场的认同，并获得了品牌溢价的能力。”杨群称。

对技术创新的大手笔投入，是获得这种认同的关键。华为年报数据显示，仅2015年该公司在研发上的投入就达到了92亿美元，已经超过苹果的85亿美元。而在过去10年，华为的累计研发投入更是达到了2400亿元之多。

大量的研发投入，让华为直接将对手锁定在了三星、苹果这样的全球产业龙头身上。2016年6月，华为技术有限公司高级副总裁、华为消费电子业务负责人余承东公开“放炮”，称华为2016年的手机销量目标为1.4亿部，其中中高端产品的占比将要提升到55%。

“我们希望未来2—3年市场份额做到全球第二，5年之内市场份额做到全球第一。”余承东自信地说，华为主要的目标将会是在高端市场，“我们要把苹果在高端市场的份额抢下来，在高端市场也要做到第一。”

## 愿景
## 瞄准“高精尖”自主创新布局未来

为了实现“打败三星、苹果”的目标，华为已经确定将在研发方面投入更多的资金和人力。任正非称，2016年，华为的研发投入将会超过100亿美元，“未来我们将在更多的前沿基础领域投入研究力量”。

余承东表示，着力前沿基础领域，瞄准“高精尖”技术正是华为的“秘诀”之一。在华为2015年热销的P8、Mate7等产品上，华为旗下海思半导体自主研发的麒麟处理器可谓“核芯”武器。凭借麒麟，华为成为全球除三星、苹果之外第三家具备手机处理器自主研发能力的企业。

为了实现在这个核心领域的突破，华为其实已准备数十年之久。早在1991

**京东“6·18”手机销量数据**

在6月1日—18日的品牌总销量排行榜上，京东公布了排名前十的品牌依次为：

**小米、华为/荣耀、苹果、魅族、乐视、三星、360、OPPO、联想、ZTE中兴**

同时，京东还公布了品牌销售额排行榜，按销售额排名，前十名分别为：

**苹果、华为/荣耀、小米、魅族、三星、乐视、OPPO、VIVO、360、一加**

在单品销量方面，**魅族魅蓝3**拿下了冠军。

**赛诺2016年4月中国智能手机市场报告**

日前，市场调研机构赛诺中国公布了2016年4月份中国手机市场报告。数据显示，国产手机品牌逆袭，其中：

OPPO 1　vivo 3　华为 4

其他进入前十的还有金立、荣耀、酷派、小米和魅族。

根据赛诺报告的数据显示，2016年4月份手机行业总体市场销量约为**3097万**台，与去年同比上升**12%**。**OPPO**夺冠，前十名品牌销量占比为**71%**。其中有**八**个国产品牌进入前十名，分别是**OPPO**、**vivo**、**华为**、**金立**、**荣耀**、**酷派**、**小米**和**魅族**。**苹果**和**三星**的市场份额轻微上涨，分别为**11.9%**和**6.8%**。

**IDC2016年第一季度手机出货量前五名数据**

国际数据公司（IDC）最近公布的《全球手机季度跟踪报告》初步数据显示，2016年第一季度智能手机出货量前五强悄然发生改变。其中**三星**、**苹果**依旧占据前两位，出货量和市场份额同比均发生滑落。**华为**、**OPPO**、**vivo**逆市而上，出货量和市场份额强势扩张，尤其是**OPPO**、**vivo**同比实现三位数增长。

去年**华为**成为中国首个智能手机发货超过**1亿**台的厂家。2016年第一季度华为开局抢眼，出货量从2015年第一季度的**1740万**台攀升至**2750万**台，同比增长**58.4%**，稳居全球第三的位置。

2016年第一季度，**OPPO**的出货量为**1850万**台，同比增长**153.2%**；**vivo**的出货量为**1430万**台，同比增长**123.8%**。

年，华为就成立了ASIC设计中心，涉足处理器研发。但直到2013年，面向手机产品的麒麟910处理器才开始大规模商用。也正是因为“数十年磨一剑”，华为才成功在中高端智能手机市场获得了芯片自主权，在成本、品控、供应链管理等方面获得了差异化竞争优势。

不仅仅是华为，OPPO、vivo等广东手机厂商之所以都能获得市场佳绩，同样和技术创新上的突破分不开关系。

2015年，OPPO凭借“充电5分钟，通话两小时”的电池闪充技术销量猛增，获封“最赚钱的国产手机厂商”称号。然而成功打造出这一差异化技术优势，却颇不容易。

OPPO硬件产品总监白剑介绍，其实当时市场上已经有了高通、联发科等国际芯片厂商提供的快速充电解决方案，“但这些方案都采用高压充电的方式，在使用过程中有手机发热明显的安全隐患，所以我们最终还是选择了自己来做”。

自主创新并不容易。为了解决这个快速充电时手机发热的问题，OPPO研发人员花了7个多月的时间，先后尝试了十几套不同的方案。新方案采用了低电压、大电流的方式，将发热源放到了充电器一端，使得充电器、充电线等原材料需要定制，增加了不少生产成本，也延长了上市时间。

最终的产品销量证明了新技术的价值。也正是因此，目前OPPO也更加坚定地选择了自主技术创新的道路。“在一些前沿化的技术上，我们也已经提前开始了布局。”据白剑介绍，在面向未来的可折叠液晶屏幕、3D压力屏、快充3.0等技术上，OPPO都已经有所准备，将在适当的时机向市场展现自己的实力。

“在企业愿意不断加大研发投入，尤其是前沿研发投入的情况下，未来广东厂商有望持续保持在手机行业的领跑地位。”杨群称，广东作为全球电子信息制造业的核心区域，产业链和人才优势相当明显。尤其是在技术研发的人才积累方面，这些年得益于华为、中兴、OPPO、vivo等厂商的不断投入，已具备向“高精尖”领域发力的能力。未来，智能手机领域的“南粤军团”持续实现产业升级，跻身全球领先行列的前景可期。

## 产业观察

### 坚持走正确的路才是更大的挑战

近年来的国产手机“爆红”，其实已经不是第一次。在2G功能机时代，以夏新、波导、

TCL为代表的国产手机厂商就曾经在国内市场占领过半壁江山，与昔日的洋品牌巨头诺基亚、摩托罗拉、三星等分庭抗礼。

但好景不长，在2G向3G过渡过程中，受到自主技术实力不足、过渡依赖设计外包、产品品质控制不佳以及山寨机冲击等多方面的影响，这些曾经领跑的国产手机品牌最终泯然众人、昙花一现。那么，这一次以华为、OPPO、vivo、金立等广东企业为代表的国产手机再度崛起，是否也会重蹈覆辙？

平心而论，在崛起的质量上，新一代的国产手机领跑者要比上一代着实强出不少：它们不仅在中国内地市场占据了规模上的优势，同时还在价格和品牌突围上积累起了不小的势能。

更加难得的是，得益于技术创新的自主、生产质量的可控等基础优势，这些扎根于南粤大地的国产手机优秀代表无论是在海外还是在中国内地市场，品牌美誉度都在与日俱增。华为、中兴等品牌在欧洲、美洲市场，金立、OPPO、vivo在东南亚、印度等市场也纷纷进入销量前三之列，和三星、苹果们展开贴身肉搏。尤其是在中国内地市场，它们或许和特立独行的苹果还有一定的差距，但面对同样采用Android系统的三星，更接地气的它们已经占据了主动。

人无远虑，必有近忧。虽然广东手机厂商的崛起势头凶猛，且走出了一条以技术创新为核心、以品牌增值为方向的正确道路，但如何继续走下去，不犯错误或者说少犯错误，将是一个更大的挑战。

正如2016年6月任正非在全国科技创新大会上所讲的那样，随着国产手机在产业规模上的持续扩大，未来必然将逐步攻入行业发展的“无人区”，处在“无人领航、无既定规则、无人跟随的困境”。坚持创新并不是一件容易的事情。在智能手机发展已经高度同质化的现在，就连一直以创新著称的苹果公司，近来的几款新一代iPhone手机也饱受业界质疑，甚至被批评“没有创新”。

对于正在崛起的国产手机“南粤军团”，坚持不懈的创新才是更重要的事情。同样如任正非所说，坚持走一条正确的路是非常困难的，但在大机会时代，千万不要机会主义，而要有战略耐性。选择常规的路也许可以获得10%的优势，但是也不容易，因为竞争激烈。可是专注做最困难而正确的事，虽然可能最初难以获得回报，最终获得的却会是10倍的优势。

（文/程鹏　图/胡国球，发表于《南方日报》2016年7月1日）

“在企业愿意不断加大研发投入，尤其是前沿研发投入的情况下，未来广东厂商有望持续保持在手机行业的领跑地位。”杨群称，广东作为全球电子信息制造业的核心区域，产业链和人才优势相当明显。尤其是在技术研发的人才积累方面，这些年得益于华为、中兴、OPPO、vivo等厂商的不断投入，已具备向“高精尖”领域发力的能力。未来，智能手机领域的“南粤军团”持续实现产业升级，跻身全球领先行列的前景可期。

★智能硬件的一个细分领域——无人机

# 广东智能硬件产业：集群效应初显

炎炎夏日挡不住人们对于酷炫智能硬件产品的热情。在深圳乐行天下科技有限公司的体验中心，笔者看到一辆辆不同款式的平衡车依次排开，现场体验下单的客户络绎不绝。为了公司发展，乐行天下还把总部从武汉迁到深圳。

从平衡车、智能手环等设备到无人机等新兴产品，智能硬件众多细分领域都有“独角兽”级的创业公司出现在广东。而作为物联网的新入口，美的、格力等传统家电业巨头也相继布局智能硬件，进军智能家居领域，并带动广东物联网产业的高速发展。

目前，广东智能硬件产业链正开始形成集群效应，产生较为明显的溢出效应：以深圳为核心，向珠三角辐射，吸引全球硬件创客汇聚于此。

## 智能手环从低端逐步走向高端

A04 时局 聚焦

无人机"独角兽"公司涌现 老牌家电厂商布局智能家居

广东智能硬件产业链集群效应初显

智能手环从低端逐步走向高端

"广东制造"无人机正走向世界前台

家电企业发力智能家居布局物联网入口

产业链优势为智能硬件产业插上翅膀

艾瑞咨询与京东智能合作发布的《智能硬件产业发展趋势分析》报告显示，2015年中国智能硬件市场规模从2014年的108.3亿元升至424亿元，增速近300%，预计2016年更将突破500亿元。报告显示，智能硬件消费主要集中在经济发达省份，其中，广东位居第一。

广东并非只是智能硬件的第一消费大省，在智能硬件的设计、生产和销售方面，广东企业同样位居国内第一阵营。

智能手环是目前智能硬件产品中普及率最高的一类产品。据不完全统计，广东生产销售自有品牌的智能手环企业至少已有200家。根据5月份智能手环销售的最新统计，小米、乐心、华为占据电商平台TOP20品牌前三，而这三家企业中有两家来自广东。

相比以“性价比”著称的小米手环，华为的智能手环在中高价位段表现尤为出色。华为创新中心总监蔡绪鹏表示，智能硬件市场从2013年开始加速，2014年上量，2015年迎来井喷，2016年将持续上扬。他进一步指出：“随着智能硬件行业的日渐成熟以及消费者认知度的提升，广东智能硬件产品逐渐由低端走向高端。”

中山市乐心医疗电子股份有限公司，是智能硬件产品中高端转型的典型代表。近年来，乐心从一家智能手环公司延伸拓展成为一家可穿戴医疗设备公司，并成功入选2016年广东省智能制造试点示范项目。乐心通过个性化的定制交互，将测量的数据自动上传至公司的智能健康云平台，使用户与家人、医生三方无缝链接，实现远程健康监护和智慧物联。截至2016年7月，乐心已为全球超过5000万中高端家庭和个人提供产品和服务。

在乐心COO黄瑜看来，区别于大多数智能穿戴领域的互联网公司，乐心做的是智能穿戴与移动医疗两大方向。他表示，中国移动医疗市场规模预计到2017年可突破200亿元，乐心选择依托自身完善庞大的用户数据系统重点发力慢病管理。

深圳乐行天下科技有限公司CEO周伟也表示，用户对于高品质产品越来越青睐。乐行天下是一家致力于智能出行平衡车领域的创业公司，成立短短两年时间获得1亿元人民币的B轮融资。周伟介绍，公司对产品定位进行了调整，从早期偏娱乐化低技术产品，转向了工具化专业性产品。尽管价格高了，但产品销量却取得较大幅度增长。“我们预计，低附加值的智能硬件产品会逐渐淡出主流市场。”

## “广东制造”无人机正走向世界前台

智能硬件的另一个细分领域——无人机，广东企业的表现更是亮眼，并涌现出数家估值超10亿美元的“独角兽”公司。

深圳市无人机协会会长杨金才表示，大疆、亿航、艾特、科比特等广东制造的无人机产品正走向世界前台。

据深圳海关统计，2015年仅深圳出口无人机就达30.9亿元，比2014年猛增7.2倍。而根据2016年5月互联网研究机构艾瑞咨询发布的《2016年中国无人机行业研究报告》，来自深圳的大疆创新占领了近70%的无人机消费级市场。

从销售额只有300多万元，到突破10亿元，大疆只用了几年时间。2015年，中国无人机企业共获得融资24笔。其中，完成C轮融资的只有一家企业，即大疆创新。

“创新最关键的不是从1到N，而是从0到1的过程。”大疆创新公关总监王帆说，大疆恰恰完成了消费级无人机从0到1的这一步——攻克了飞行控制中的最核心技术“自主悬停”。

目前，全球无人机市场出现了4家“独角兽”公司，即估值超过10亿美元。而除了大疆创新，还有一家广东企业——广州亿航跻身其中。

亿航无人机主打手机操作系统起家，在同质化竞争激烈的消费级无人机市场异军突起。2016年1月，亿航研发的全球第一款可载人的无人驾驶飞机“亿航184”在世界消费电子展（CES）上首次展出，吸引了全球的目光。

5月，亿航与美国生物科技公司Lung Biotechnology达成合作协议，1000台“亿航184”的定制版将专门用于人造器官移植的快速运输。这也是“亿航184”发布后接到的第一笔商业大单，意味着国产载人智能无人机全球商业化的应用加速。

而在农业植保领域，无人机也大有可为。成立近9年的广州极飞科技，目标锁定中国18亿亩土地。国泰君安预测，“十三五”期间，农业植保无人机整机和服务年均市场需求300亿元左右。

与其他无人机不同的是，极飞科技更看重软硬结合。极飞科技创始人兼CEO彭斌认为，在这片蓝海市场，不能全靠硬件销售，“很多农民对无人机本身并不感兴趣，他们关注的是农药喷洒的情况和结果。田间的无人机调度管理、高效作业以及相关运营、服务都是需要重点做的”。

因此，极飞还在各个基地设立了气象数据监控站，所有的数据实时传输到广州总部的调度中心。通过大数据监控，极飞可以在广州总部了解到每个基地的天气情况及风向是否适合无人机作业。彭斌表示，“无人机的竞争，除了硬件质量之外，更重要的是物联网及大数据的技术竞争”。

## 家电企业发力智能家居布局物联网入口

作为物联网的新入口，无人机等智能硬件市场规模的高增速，带动了广东省物联网产业发展。据《广东省物联网产业发展和应用2015年度报告》，截至2015年年底，广东物联网产业规模达到2800亿元，同比增长16.7%，广东物联网相关企业达3400家，同比增长9%。

瞄准这个新入口的，除了新兴企业，还有不少在岭南成长壮大的传统家电企业。《2016中国智能硬件趋势报告》显示，智能家居成了智能硬件中最受关注的领域，关注度达40%。

在美的智慧家居成果发布会上，展示了美的智能冰箱。这款产品应用了图像识别和智能标签技术，可自动识别食物保存位置、新鲜程度。而用户的所有信息数据将被后台储存，用于人体健康管理。

首席架构师李强介绍，美的M-Smart智慧家居系统战略提出至今，产品已经涵盖30多个种类，年出货量超2亿。他预计，美的预计2016年智能单品出货量将达到3000万。“2017年，美的智慧生活服务将全面上线运营。”

而就在2016年，美的集团发布公告披露要约收购工业机器人制造商德国库卡集团的进展，这场跨国收购高达292亿元人民币。美的集团表示，要约收购库卡股权是为了推进美的的“双智”战略，提升美的智能制造能力以及开发智能家居产品的潜力。

美的集团董事长方洪波表示：“在移动互联的新时代，人工智能、智能硬件、智能制造是美的必须做出的战略选择。未来，美的要从传统家电企业逐渐往拥有互联网思维的智能硬件公司转型。”根据该公司的规划，到2018年，智慧家居产品销售将占美的整体销售的50%以上。

珠海格力同样加快转型智能家居，选择用手机切入市场。

2016年5月11日，格力与阿里智能首次联手推出两款智能空调，迈出智能和定制转型的重要一步。6月6日，格力二代手机在董明珠自媒体正式开售，手机被格力董事长董明珠看作是格力智能家居的重要一环。

与传统家电不同之处在于，格力智能空调通过Wi-Fi模块等连上网络，用户的数据将通过网络进入云端，经过云端的挖掘和计算，生产出最适合用

### 数说南粤智能硬件

**智能硬件市场**

2015年中国智能硬件市场爆发，从2014年的**108.3亿**元升至**424亿**元，市场规模增速近**300%**，2016年预计将突破**500亿**元以上。而且用户对智能硬件需求不断增加，市场分析有望再上浮**32%**。

智能硬件消费集中在经济发达省份，广东省位居**第一位**。占据前五位的广东、北京、江苏、上海和四川在销量上占比过半。

**无人机**

在2010—2015年期间，中国无人机获得融资的企业数量超过美国。其中，中国无人机企业去年融资了**24**笔，美国为**11**笔。国内完成C轮融资的只有一家企业，即大疆创新，占领近**70%**的无人机消费级市场。目前，全球无人机市场出现了**4**家“独角兽”公司，估值超过**10亿**美元，广东有**2**家。

**物联网产业**

2015年广东省物联网产业规模达到**2800亿**元，比2014年的**2400亿**增长**16.7%**，广东物联网相关企业达**3400**家，同比增长**9%**。2015年广东省物联网市场规模约占全国产值（估计7000亿元）**40%**，与2014年的全国占比略同。

**科技企业孵化器**

截至2015年底，广东全省科技企业孵化器达**399**家，国家级孵化器**61**家，在孵企业超**1.8万**家。其中，众创空间超**150**家，国家级备案众创空间共**44**家。目前，全省地级以上市基本实现了科技企业孵化器全覆盖，珠三角多个地市**70%**区（县）实现覆盖。按照规划，到2017年全省建成孵化器超过**500**家，在孵企业超过**4万**家，累计毕业企业超过**1万**家。

户需求的产品。目前，格力的触角已经伸向了手机、机器人、智能家居、新能源汽车等诸多领域。

一位业内专家表示，当前整个家电行业较为艰难，而智能家居成为家电企业转型的重要战略方向。“广东很多家电企业较早就开始布局智能家居转型，积极拥抱‘互联网+’。不少家电企业与互联网科技公司达成合作，逐渐向智能硬件科技企业过渡。从这个角度来看，与全国其他地区相比，广东智能家居行业的发展更有优势。”

## 产业链优势为智能硬件产业插上翅膀

“为了公司发展，我们特意把总部从武汉迁到深圳。”周伟毕业于华中科技大学，最初团队在武汉创业。

他告诉笔者，总部在武汉时，需要把设计图纸发到中山、东莞或者深圳生产，然后再运输到武汉，包装完成再发往全国各地。后来综合考虑，索性直接把总部搬来了深圳。“目前，乐行天下产品的供应链大部分都是在珠三角，生产效率翻了好几倍。”

2016年初，在国际创客手中流传着这样一张《创客地图》，地图上描绘的深圳华强北元器件种类繁多，创客们可以以相对低廉的价格买到绝大多数想要的东西，让创意在最短时间内变成现实。

而早在2014年初，《经济学人》就将深圳定位为全球硬件的新首都。在以华强北为中心、1.5小时路程为半径的这块土地上，运转着全世界最生机蓬勃的制造业链条——从电子元器件到工业设计，再到加工厂。

目前广东省智能硬件产业链集群效应明显，以深圳为核心，向珠三角辐射。中科院深圳先进技术研究院院长樊建平表示，与硅谷的产业链空心化不同，深圳100公里范围内的产业链条非常完整，周边的东莞、惠州的产业链供应能力也很强大。“产业链的优势，吸引了国内外越来越多的研发资源和希望创业的人才。”

另一方面，广东遍地开花的孵化器平台也为硬件创业者插上翅膀。

此前，微跑小蛙可穿戴体感游戏机在硬件孵化平台“硬蛋”上众筹，登陆淘宝众筹12个小时就突破了100万元。微跑小蛙CEO宋子健表示：“硬件孵化平台给了初创团队很大支持，尤其是在众筹平台资源以及线下渠道商方面。”

“硬蛋”，是深圳科通芯城旗下的一家智能硬件孵化平台。目前平台已链接上全球1万多家智能硬件创新创业企业、8000多家硬件供应商以及800万硬件粉丝。

而另外一家国际硬件孵化器HAX至今已孵化了145家公司。2011年，Cyril Ebersweiler

在深圳创办了HAX硬件孵化器，如今已经成为占地3000平方米的知名硬件孵化器机构。目前，HAX硬件孵化器更在美国设有办公室。有观点认为，深圳的硬件创客与全球硬件创客同步，在一些细分领域甚至领先一步。

从平衡车、智能手环等设备到无人机等新兴产品，智能硬件众多细分领域都有“独角兽”级的创业公司出现在广东。而作为物联网的新入口，美的、格力等传统家电业巨头也相继布局智能硬件，进军智能家居领域，并带动广东物联网产业的高速发展。

## 产业观察

### 智能硬件绝非单纯硬件制造

智能硬件，兴起于2012年。目前已从可穿戴设备延伸到智能电视、智能家居、智能汽车等越来越多的领域，形成了一个巨大市场。

广东不仅是智能硬件第一消费大省，在设计、生产、销售等领域也居于第一阵营，但在中山大学岭南学院副教授祁军看来，广东智能硬件企业还是面临着不小的挑战。

祁军表示，广东智能硬件行业发展处于初始阶段，群雄逐鹿，创业企业要善于抓住消费者的需求，才能得到长远发展。“消费者的接受程度是检验产品优劣最好的试金石。产品刚上市，消费者对新产品的接受有一段磨合期。智能硬件企业需要在磨合期中不断地改进优化，使消费者的消费体验不断提升。”

“软件领域是强项，广东有机会领跑全国。”工业和信息化部电子第五研究所所长谢少锋则指出，广东发展智能硬件有自己的优势，一是产业基础相对较好，二是产业结构比较合理，特别是面向制造的服务业发达，服务型制造业在全国比较领先。

“软件领域是强项，广东有机会领跑全国。”工业和信息化部电子第五研究所所长谢少锋则指出，广东发展智能硬件有自己的优势，一是产业基础相对较好，二是产业结构比较合理，特别是面向制造的服务业发达，服务型制造业在全国比较领先。

与此同时，智能化依靠数字化、网络化做支撑，软件领域是广东的强项。以腾讯、华为为代表，广东拥有很多在智能产品和应用等方面优势明显的企业，领头的大型企业和众多中小企业的创新环境和创新能力都较好，有助于广东在智能硬件领域继续领跑全国。

（文/彭琳　陈荷　图/鲁力，发表于《南方日报》2016年7月4日）

★广东新能源汽车全球市场占有率超过11%。其中，比亚迪2015年新能源车销量达61722辆，居全球新能源车年度销量第一

# 新能源汽车产业：广东领跑全球

2016年7月，位于番禺化龙的广汽乘用车工厂中，广汽传祺插电式混合动力新能源车GA3S PHEV正在做下线前的最后冲刺。

这款新能源车搭载了1.5L阿特金森循环发动机和G-MC机电耦合系统组成的混动系统，有纯电、增程和混动多种驱动模式。这不仅是广汽传祺向新能源汽车市场发起的全面进攻，也意味着广东新能源汽车再度跨出重要一步。

目前，广东新能源汽车不仅销量领先国内，还覆盖全球六大洲43个国家和地区，包括美、日、欧等汽车成熟市场，全球市场占有率超过11%。其中，比亚迪2015年新能源车销量达61,722辆，全球新能源车年度销量排名第一，创造了中国汽车品牌的历史。

广东新能源汽车的崛起背后，是广东依靠传统汽车产业集群优势，在多项扶持政策的推动下，集中资源对新能源汽车核心技术的攻坚成果。如今，广东汽车企业已经实现了纯电动汽车、插电式混合动力汽车、增程式电动汽车开发和产业化，实现了战略性的转型升级。

未来5年，在《广东省国民经济和社会发展第十三个五年规划纲要》（下称“广东省‘十三五’规划”）的指引下，广东新能源汽车产业将会形成广汽、比亚迪双子星座，带动整个产业链上下游的高速发展。

未来，国内外新能源汽车市场将掀起一股广东“智造”的旋风。

## 新能源汽车成“广东制造”弯道超车标杆

作为全国重要的乘用车生产基地，广东新能源汽车产业依靠着广州、深圳两大核心城市，以广汽、比亚迪两大汽车集团为重点企业，形成整个珠三角新能源汽车产业集群，走在了全国的前列。

2016年第一季度，比亚迪新能源汽车累计销量超1.6万辆，同比增长126.25%。其中新能源轿车“秦”4月销量1225辆，自上市以来累计销量超5万辆；新能源SUV“唐”4月销量3145辆，自上市以来累计销量超3万辆。

按2015年数据，比亚迪新能源车销量已经高达61,722辆，超越特斯拉、日产等品牌，排名全球新能源车年度销量第一，全球市场占有率超过11%。更为关键的是，比亚迪新能源汽车的足迹，已遍布全球六大洲43个不同的国家和地区200个不同的城市，包括美国、日本、欧洲等成熟汽车市场。

这是中国汽车品牌在汽车工业60年历史中第一次领先全球，成为广东制造走出国门、在国际行业领域“弯道超车”的标杆。

目前，比亚迪纯电动出租车E6累计行驶里程超过3亿公里，单车最高行驶里程超过70万公里，保持着当前全球纯电动出租车最长行驶里程纪录。而纯电动公交客车K9累计行驶里程超过7500万公里，单车最高行驶里程超过26万公里，也保持着当前全球纯电动公交客车最长行驶里程纪录。

“在美国加利福尼亚州兰卡斯特市，比亚迪正计划扩建一个近10万平方米的厂房，产量将由每年300辆提升至1000辆。这里生产的7米到18米不同载客量、不同用途的纯电动大巴，将成为美国多个城市的公交车、校车和机场工作车的主力车型。”比亚迪高级副总裁李珂表示，比亚迪电动大巴在美国并非走低价路线，而是具有了市场定价权。

A04 时局 聚焦

粤产新能源汽车全球市场占有率逾11% 产品覆盖六大洲43个国家和地区

# 广东领跑全球新能源汽车产业

### 新能源汽车成“广东制造”弯道超车标杆

### 核心技术突破是粤产新能源汽车崛起关键

### 粤继续领跑不能只靠一两家车企

### 广东新能源汽车产业再度迎来“机会窗口”

广东新能源汽车的崛起背后，是广东依靠传统汽车产业集群优势，在多项扶持政策的推动下，集中资源对新能源汽车核心技术的攻坚成果。如今，广东汽车企业已经实现了纯电动汽车、插电式混合动力汽车、增程式电动汽车开发和产业化，实现了战略性的转型升级。

与比亚迪先行一步相比，广汽集团在新能源汽车领域布局也日臻完善。

据悉，广汽集团旗下传祺GA5 PHEV作为国内首款中高级增程式电动车，经过在珠三角地区及武汉等部分省会城市一年的示范运行，投放市场后供不应求，在国内插电式混合动力汽车细分市场排名前三。其中，2015年12月在上海上市首月订单即超300辆，2016年销量预计5000台。同时，由于GA5 PHEV在投放市场后，所售车型均无一例碰撞起火事故，传祺获得了“全球最安全新能源车”的美誉。

而从单个城市推广应用来看，由于广州连续6年开展新能源汽车推广试点工作，截至2015年底，广州在公交出租、环卫邮政、公务私人等领域，总共示范运营新能源汽车约1.5万辆，超额完成2013年向国家承诺的示范运行1万辆的目标，稳居全国新能源汽车推广应用城市第4名。

目前，广州新能源客车年产量已达5000辆，新能源轿车年产量已达3万辆。按照现有规划，广州到2025年新能源汽车产量将冲击100万辆。

## 核心技术突破是粤产新能源汽车崛起的关键

然而，为何广东新能源汽车产业在短短几年便闯出了一条成功道路，改变了全国乃至全球的新能源汽车格局？

一直以来，广东作为全国重要的汽车制造基地，在传统汽车制造领域，拥有完整的产业链条，已经形成了日系、欧美系、自主品牌三大系列，以广州、深圳为整车支柱，珠三角为配套支撑的格局，在全球汽车制造业中具有强大的竞争力。

如今，广东新能源汽车的异军突起，正是依靠着汽车制造产业集群所带来的其他区域无法比拟的优势，完成了关键核心技术的突破。目前，广东部分车企已具备可全面支撑新能源汽车关键零部件、新能源动力总成、新能源整车同步开发、自主开发的验证、测试能力。

在技术专利方面，广东车企在新能源汽车领域也处于领先地位。其中，比亚迪是目前全世界唯一一个拥有自己的电池厂、电池制造工艺、汽车制造工艺、大巴制造工艺的企业，专利申请量居汽车行业前列。截至2015年4月，比亚迪累计专利数共计8846件（已经授权）。

在新能源汽车核心部件电池方面，比亚迪投产的磷酸铁锰锂电池，通过核心技术的突破，基本达到了三元材料（“三元材料”是指由三种化学成分、组分或零件组成的材料整体，包括合金、无机非金属材料、有机材料、高分子复合材料等，广泛应用于矿物提取、金属冶炼、材料加工、新型能源等行业）水平。

据悉，相对于三元材料技术，磷酸铁锰锂电池技术拥有高电压、高体积密度，高循环寿命、高安全性以及低成本等优势。尤其是在三元材料锂电池中使用的钴元素，我国储量仅占世界总储量的1%，多需从海外进口，难以实现成本控制。与之形成对比，磷酸铁锰锂电池中的锰资源，我国则相对丰富，规模化生产后可以使正极材料成本下降30%。

其实，早在2012年，比亚迪铁电池生产基地便获得ISO/TS 16949：2009认证，这是中国电动车动力电池行业的第一个ISO/TS 16949认证。而ISO/TS 16949：2009是在ISO 9001：2008标准基础上，根据汽车行业的特点，结合现代企业管理的理念和方法，由国际汽车特别工作组（IATF）制定的国际汽车行业技术规范。

广汽乘用车新能源分公司总经理古惠南介绍，在新能源关键技术方面，广汽传祺已建成了跨平台、跨车型、适用于多种新能源动力方案的系统架构，实现了电池、电机、电控“核心三电”零部件的开发及产业化。“我们的新能源车型已实现与常规车型的共线生产，极大地降低了生产成本。同时，核心零部件不仅我们自己生产，也会培育优秀的供应商，在不断提升品质的前提下持续降低成本，降低新能源车型的售价门槛，让更多的消费者有能力去体验新能源车带来的驾乘体验。”与此同时，广汽传祺还力求在新能源车的其他技术领域取得高精尖式突破，并选择明星车型进行新能源换代。

据悉，广汽在“十三五”期间计划推出10余款新能源产品，目前在研5款，产品涵盖纯电、插电和混动三大品类。2020年产销量预计将达到10万—20万辆，并通过构建传祺新能源产品技术系列及网络推广体系，构筑传祺新能源领域领先优势并成为行业领跑者。同时，广汽将开展多项前置性先导技术研究，包括无线充电技术，基于石墨烯的新一代高能动力电芯、燃料电池等。

## 广东新能源汽车产业再度迎来“机会窗口”

全国乘联会数据显示，2016年5月我国新能源车销量为26,208辆，同比增长141%。在此基础上，前5月我国新能源乘用车总体销量8.6万辆，同比增长126%。而在2015年，我国新能源汽车产量累计已达37.9万辆，超过了美国，成为全球最大新能源汽车市场。

其中，纯电动乘用车和插电式混合动力乘用车产量分别达14.28万辆和6.36万辆，同比增长均达3倍；对应纯电动商用车和插电式商用车累计产量分别为14.79万辆和2.46万辆。

可以说，我国新能源汽车经过前几年的培育，已经跨过了初级阶段，开始进入发展阶段。而根据车企平均36个月的正向开发周期，在基础设施不断完善的背景下，接下来一段时间市场将会延续这种高速增长。

这意味着，广东新能源汽车领域将再度迎来一个“机会窗口”。

为此，广东省“十三五”规划多次提到新能源汽车的战略布局，明确指出要扶持新优势产业，聚焦节能降耗、减排治污和绿色发展的需求，大力扶持新能源汽车成为新优势产业。

而根据广东省《关于加快新能源汽车推广应用的实施意见》，到2020年，全省新能源公交车保有量占全部公交车的比例将超75%，其中纯电动公交车占比超65%，基本实现纯电动公交车的规模化、商业化运营；珠三角地区新能源公交车保有量占比超85%，其中纯电动公交车占比超75%，珠三角地区成为全国纯电动公交车推广应用的示范区域。在此基础上，全省到2020年新能源汽车推广应用累计超25万辆，其中私人乘用车领域新能源汽车推广应用量超20万辆。

在利好政策的持续推动下，作为市场的主体之一，广东新能源汽车生产企业已做出了关键性布局。如广汽早早发布了“135”新能源车发展规划，即构建1个国家级实验室以增强新能源研发实力，并全面掌握电池系统、电机系统、整车控制、机电耦合系统及系统集成5大核心技术，助推整个行业升级，同时，形成混动、增程、纯电3大产品系列，满足市场的多样化需求。

在此基础上，广汽传祺2016年将向市场推出GA3S PHEV、GS4 EV以及GS4 PHEV；到2017年，广汽传祺还将上市B级轿车PHEV、全新A级轿车PHEV、全新A0级SUV EV。在整个“十三五”期间，广汽将在新能源汽车方面推出十余款产品，涵盖纯电、插电和混动三大品类。到2020年，广汽新能源汽车产销量将达到10万—20万辆，构建传祺新能源产品技术系列及网络推广体系，构筑传祺新能源领域领先优势并成为行业领跑者。

当然，庞大的市场空间也吸引了越来越多资本进入新能源汽车。2016年3月，广东家电巨头格力收购珠海银隆新能源有限公司，正式跨界进入新能源汽车制造领域，打造以锂电池材料供应，锂电池、电动汽车动力总成、整车、智能电网调峰调频系统的研发、生产、销售、技术为一体的新能源闭合式循环产业链。

“放眼全球，从新能源汽车的格局近几年发展的情况来看，中国在起步阶段总体不错，但未来几年非常关键，可以说是决定性的几年。”比亚迪董事局主席兼总裁王传福表示，如今新能源汽车发展起来，各路资本都想分一杯羹，这意味着将面临越来越激烈的竞争，甚至在不远的将来迎来残酷的洗牌阶段。

## / 产业观察 /

# 粤继续领跑不能只靠一两家车企

为什么广东新能源汽车能发展如此好？关键是创新！

“从全国来看，广东尤其是珠三角地区，已经形成了产业聚集和拥有制造体系优势，对新能源汽车发展十分有利。”全国乘联会秘书长崔东树表示，这是广东为什么能在新能源汽车领域出现比亚迪、广汽这类企业的原因。

在传统汽车技术方面，尤其是发动机、变速箱等核心零部件领域，核心技术一直被国外厂商所垄断，广东乃至全国汽车产业一直处于“大而不强”的阶段。但新能源汽车快速发展，则为广东汽车产业“由大转强”，实现弯道超车提供了绝佳的契机。

那么，随着新能源汽车的高速发展，市场空间逐步打开，广东在新能源汽车领域如何把握住先发优势，继续领跑全国乃至全球？尤其是在新能源汽车中的关键零部件上，如何实现自主突破，摆脱国外技术垄断？

广东在“十三五”规划中已经给出了明确的技术突破路线。按照广东“十三五”时期战略性新兴产业发展重大工程的要求，新能源汽车领域要加快建设纯电动、插电式混合动力、增程式等新能源汽车整车项目与新型动力锂离子电池及管理系统项目，培育和发展特种用途电动汽车、短途纯电动汽车、燃料电池汽车以及下一代高比能动力电池，大力发展高性能电动汽车用驱动电机及其控制器、电动汽车用整车控制器、先进传动系统、大功率快速充电设备等关键产品。

崔东树认为，可以预见，未来五年新能源汽车的竞争将越发激烈，广东要想持续领跑，就要维持产业研发与产品制造的综合优势。尤其是继续加大研发人才培养力度，保持相对成本优势，使研发与制造的综合优势得到有效体现。

“要充分利用市场的资源配置作用，借助未来庞大的市场空间推动新能源汽车发展。”资深汽车分析师张志勇也表示，广东一方面要充分利用自身庞大的区域市场，迅速走完培育期，另一方面要勇于打破地方保护壁垒，让企业充分参与竞争。

（文/郭小戈　陈惠敏　图/朱洪波，发表于《南方日报》2016年7月6日）

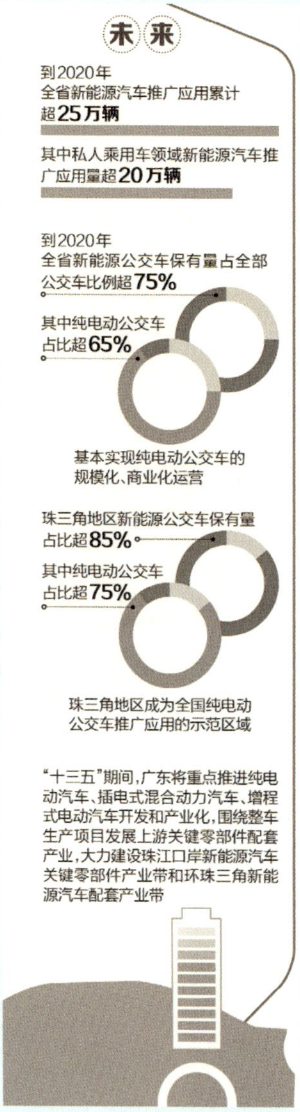

★东莞生态产业园

# 广东碳市场：成交额全国第一 欲打造国家级碳交易平台

“履约成功！生产线如期完成节能降碳改造，碳配额又得以足额清缴。”清远某水泥企业负责人长舒一口气。

2016年6月20日是广东省碳排放配额年度履约的最后期限。2015年，这家水泥企业暂时把碳配额卖给投资机构，从而获得了短期融资用以改造生产线。2016年6月，该企业又赶在履约期前按约定的价格把碳配额回购用于履约。

这只是广东以碳交易衍生金融产品盘活碳资产，促进企业减排实现绿色升级的案例之一。合理配置碳资产，使企业顺利履约的同时能获得经济收益，极大地提升了企业参与节能减排的积极性。

广东省发改委气候处透露，截至2016年6月20日，纳入广东省碳排放管理和交易范围的186家控排企业均按规定通过系统提交了配额，广东省2015年度碳排放配额履约圆满完成。“这说明企业减排责任意识显著提高，首年度控排企业整体履约率达98.9%，第二和第三个年度均达到100%。”

经过3年的试点建设，广东已发展为全国第一大、世界第三大碳交易市场。与此前人们印象中的碳交易多为企业间交易或企业向政府“买碳”不同，广东近年积极探索绿色金融创新，开拓碳金融产品为企业拓宽融资渠道、盘活碳资产提供了新的途径。

## 投资机构“买碳”助企业融资减排
## 粤率先试水绿色金融产品创新

“十二五”时期，在GDP实现从5万亿元量级到7万亿元量级跨越的同时，广东超额完成国家下达的碳强度下降19.5%的目标，连续3年在国家碳强度考核中被评为优秀等级——这份亮丽成绩单的取得，与火电、钢铁、石化、水泥行业的近200家控排企业碳强度出现明显下降密不可分。该四大行业主要企业自2013年起纳入广东省碳排放管理和碳交易范围，其占广东省碳排放总量的六成。

“原来我们把碳交易作为一种负担，后来发现如果合理运营好碳资产，也是企业发展的良好机遇。”有控排企业负责人如此感叹。

时间回溯到2015年8月，纳入控排的清远某水泥企业拿到了政府免费发放的97%年度碳配额，不过，对于生产线的升级改造，该企业负责人仍感迷茫：“一方面我们计划改造生产线以应对控排要求，却苦于自身资金有限，银行对排放较高的企业也放贷谨慎；另一方面，如果不及时完成改造，本年度碳排放很可能超过免费配额的量，履约时就要花钱买碳。”

企业一度陷入两难，但所幸该企业不久就从投资机构找到了解决问题的方案。

根据双方签订的回购协议，投资机构对该水泥企业下属两家水泥厂2015年度碳配额中可用于市场交易的部分，共计31万吨碳配额，以约470万元购入，从而解决企业的燃眉之急。

“2015年9月，我们公司就通过线上交易的方式，把购入31万吨碳配额的交易款项，于交易次日打入控排企业账户。”参与这笔回购交易的广州微碳投资有限公司碳资产部总监蔡超说。

据悉，该水泥企业技术改造拟总投资900万元，包括一条2000吨/日水泥生产线的喷嘴、炉膛等部位。获得470万元融资后，部分资金与企业自有资金已共同投入改造项目。目前改造已基本完成。“预计熟料的煤耗单耗可下降约8%，且产品质量得到显著提高。”

渡过生产线改造的资金难关后，2016年6月，该企业顺利完成了回购配额还款流程，而接下来，企业技改的效果还可望持续发挥减排作用，给企业创造更多的碳配额。

除了帮助企业技改融资，对减排基础较好、碳配额有余的控排企业来说，碳资产回购也成为它们周转资金的有效方式。2016年6月，佛山某热电企业急需短期资金还贷，投资机构向该企业提供了一份近70万吨碳配额的回购交易融资方案，金额达1120万元。

事实上，配额回购交易业务仅是2016年以来广东碳市场推出的碳金融产品创新之一。2015年初，广东就出现了国内首单碳排放权抵押融资业务——广州大学城华电新能源公司以广东碳配额获得1000万元的碳配额抵押融资及控排企业法人账户透支授信。

2016年，作为广东碳交易平台，广州碳排放权交易所（以下简称“广碳所”）还联合多家投资机构，推出了包括碳排放权远期交易、碳附加资产证券化、碳排放配额抵押融资、回购融资、绿色债券、绿色融资租赁等多个绿色金融业务，并有数个融资项目已经落地。例如，广州微碳分别与两家水泥企业在3月初签订了碳配额远期交易合同，共计交易配额7万余吨，并于4月下旬在广碳所进行交割。

“企业通过远期交易提前锁定价格购买碳配额或CCER（减排凭证），能够有效控制交易风险，应对碳价波动，降低企业资金占用与履约成本。”蔡超说。

## 碳交易试点带动低碳投资咨询行业
## 企业碳配额托管“就像买理财产品”

碳金融产品逐渐丰富，是广东碳市场试点3年以来逐渐蓬勃发展的缩影。

目前，广东试点碳配额规模已跃居全球第三，仅次于欧盟、韩国。截至2016年6月20日，广东碳市场累计成交配额3345.91万吨，总成交金额10.92亿元，分别占全国的31.3%和36.6%，成为全国首个配额现货总成交金额突破10亿元大关的试点。

值得留意的是，非控排企业交易总量占全年度交易总量的2/3。其中机构投资者共交易配额1818.39万吨，同比增长1217.6%，成交总金额2.5亿元；个人投资者共交易配额138.4

万吨，同比增长703.3%，成交总金额2162.09万元。

“不仅控排企业，广东对投资机构和个人参与碳交易一直持鼓励态度。”省发改委气候处相关负责人介绍，在市场准入方面，广东省碳交易试点在建立之初，即向投资机构开放二级市场，并在第二个年度履约期允许投资机构参与配额有偿竞价。在交易制度方面，广东通过降低投资会员进入门槛、手续费优惠等方式鼓励投资机构参与。在能力建设方面，通过进行碳交易培训、讲座、研讨会等方式加强投资机构对碳交易的认识与碳交易能力，并在香港等地举办投资机构活动，以期更好地搭建境外投资者进入广东碳市场的综合服务平台。

“投资机构已成为活跃碳市场的重要力量，可以说碳交易试点带动了低碳投资咨询行业的发展。”广碳所相关负责人指出。而在欧盟等成熟的碳市场中，投资机构交易早已占据碳交易的大半壁江山。

对于一些缺乏精力管理碳资产，又希望合理运作获得收益并顺利履约的控排企业来说，甚至可以像买理财产品一样，委托投资机构办理碳配额的托管业务。2016年5月，广州微碳与深圳能源集团两家下属企业签订350万吨配额的托管合同。

“这个尝试既降低了企业的碳管理成本，规避风险，又能帮助托管方以较低成本获得碳资产，提升市场流动性。这将有助于企业未来更好地应对全国碳市场，实现低碳转型，同时形成示范效应，带动更多企业积极运用碳市场创新机制，提高市场参与度。”广东碳市场相关研究专家评价道。

从2015履约年度可见控排企业参与碳交易的意识进一步加强，控排企业共交易配额980.74万吨，成交总金额1.37亿元，交易总量虽只占全年度交易总量的1/3，但较2014履约年度大幅增长，电力、石化、钢铁、水泥业的交易量分别增长507.9%、1153.9%、428.8%、104.2%。显示市场活跃对控排企业的碳交易积极性也大有提升。

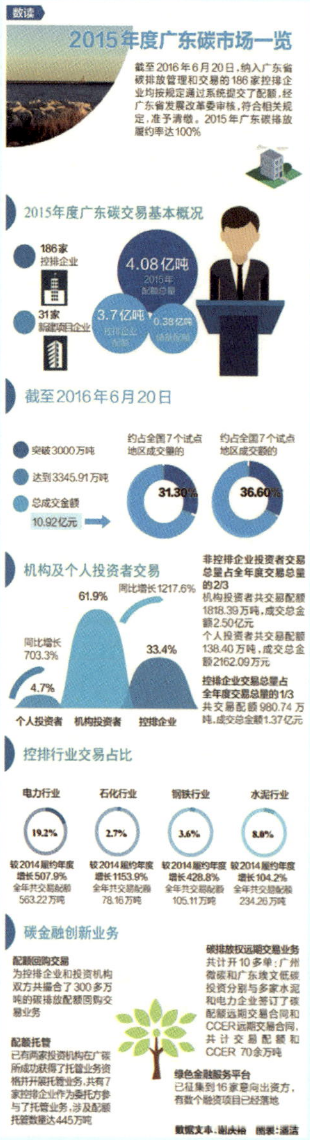


## 绿色投融资拥有广阔市场需求
## 粤区域绿色金融体系建设加速

作为绿色金融的新兴领域和重要组成部分，碳金融近年在广东的创新发展，更有望带动区域绿色金融体系的建设。

填写信息，轻点鼠标，企业融资需求可以随时网上发布，投资机构和银行面对多种多样的各家企业需求，可以分门别类搜索，意向融资规模与类型一目了然，双向匹配选择就像超市买菜一样方便。

这是2016年4月广碳所推出的绿色金融服务平台——广碳绿金，也是全国首个为绿色低碳领域的企业和投资机构提供金融服务的平台。其整合与绿色金融相关的信贷、债券、股权交易、基金、融资租赁和资产证券化等产品，通过平台的第三方撮合，实现企业与相关金融机构的对接，大大加快绿色金融政策落地的速度。目前，已引入包括银行、互联网金融机构、碳资产管理公司、基金公司等23家机构作为平台项目投资方。

这些机构纷纷加入绿色金融服务平台，所看中的是在全球应对气候变化的背景下，绿色投融资的广阔市场需求。

我国计划2030年左右二氧化碳排放达到峰值且将努力早日达峰，到2030年非化石能源占一次能源消费比重提高到20%左右。“要如期达成上述承诺目标，存在巨大的气候融资需求，仅靠政府财政资金投入远远不够，需要吸引大量社会资金参与。”

2016年3月，十二届全国人大四次会议通过的《“十三五”规划纲要》，明确提出要“建立绿色金融体系，发展绿色信贷、绿色债券，设立绿色发展基金”。

当前，国内绿色金融发展刚刚起步，一些关于绿色信贷、绿色保险、绿色证券等的政策近年也相继出台。在实践层面，除了在广东取得突破的碳金融外，《2015年度中国银行业社会责任报告》显示，截至2015年底全国银行业金融机构绿色信贷余额达8.08万亿元，贷款所支持项目预计可节约标准煤2.21亿吨，减排二氧化碳当量5.50亿吨。

国内绿色债券市场也初露峥嵘，一些投资机构还与地方政府建立绿色产业基金来支持绿色金融发展，如广东省就设立了地方产业投资基金，为节能环保企业提供融资。此外，以环境污染责任险为主的绿色保险则在全国多省份铺开试点。

据国务院发展研究中心课题组测算，2012年我国绿色投资的规模大约是1.64万亿元人民币，占GDP的比重是3.16%，2015—2020年中国绿色发展所需要的绿色投资大约是每年2.9万亿元人民币。在全部绿色投资中，扣除政府财政资金支持及企业自筹资金后，须依靠绿色信贷、绿色债券等来筹措的资金缺口每年大概2万亿元。

对此，广东则在绿色金融发展中寻求以碳金融做突破口。省政府办公厅最近印发的低碳试点省年度工作要点中提出，广东要打造国家级碳交易综合平台，加快筹建以碳排放为首个品种的创新性期货交易所。大力发展碳金融，推动发展碳租赁、碳基金、碳债券等产品，支持银行把碳排放权、碳收益权纳入企业贷款、发债的增信条件。

广州则积极申请建设绿色金融改革创新试验区，届时一大批支持绿色金融创新发展的政策将会推出。广碳所也表示，将按照广州建设金融强市的战略规划，建设以绿色投融资为体系的绿色金融功能区，进一步加快绿色金融产品的研发和绿色投融资需求的挖掘。

## 产业观察

### 创新构建绿色金融体系
### 减排与经济效益可望双赢

广东是我国七个碳交易试点中体量最大的，且地区发展不均衡，行业间行业内差异较大，这与我国整体区域经济类型多样，区域发展水平差异较大的情况很类似。因此，广东在开展碳交易试点中遇到的问题和积累的经验对全国碳市场开展初期具有较强的参考意义。

与国内其他试点碳市场相比，广东启动碳交易初期就实行碳配额有偿分配，将新建项目企业纳入碳排放管理，这在全国各个碳市场属率先探索，使企业树立资源有偿使用的意识。

随着广东碳市场的不断发展，成交量与成交金额均位居全国第一。市场规模的不断扩大，吸引了大批投资机构参与。投资机构的逐利性催生了对多样化交易方式与产品的需求，为二级市场提供了持续且充足的流动性，进一步激发碳金融产品的创新，拓宽碳市场的广度与深度，形成一个完善的闭环结构。广东碳市场深层次发展的客观趋势是广东碳市场发展碳金融的动力源。

近年来，广东在碳排放管理、交易制度体系、碳交易产品开发上日趋完善，积累了丰富的市场建设和运行经验。像回购交易、抵押融资等创新碳交易形式，进一步丰富了碳现货交易品种，使企业通过交易及时获得融资资金落实到降碳改造上，真正起到盘活企业碳资产和促进减排的作用，体现了碳交易的初衷。

数据显示，目前，广东碳市场减碳增效激励作用明显。

专家分析，虽然发展态势良好，但碳金融乃至绿色金融的难点在于相关的支持政策总体还比较缺乏，资产流动性较差等内生缺陷造成主流金融机构对碳资产认可度较低。

“金融发展离不开政府引导。”广州市社科院金融研究所所长胥东明则建议，为满足未来巨大的绿色投资资金需求，广东应建立一个较为系统的绿色金融体系，以激励绿色投资，引导大量社会资金进入环保、节能、清洁能源等绿色产业。此外，加大力度培育直接融资渠道，开设绿色资本通道，帮助绿色低碳产业通过多渠道资本市场来融资。

（文/谢庆裕，发表于《南方日报》2016年7月8日）

“十二五”时期，在GDP实现从5万亿元量级到7万亿元量级跨越的同时，广东超额完成国家下达的碳强度下降19.5%的目标，连续3年在国家碳强度考核中被评为优秀等级——这份亮丽成绩单的取得，与火电、钢铁、石化、水泥行业的近200家控排企业碳强度出现明显下降密不可分。该四大行业主要企业自2013年起纳入广东省碳排放管理和碳交易范围，其占广东省碳排放总量的六成。

目前，广东试点碳配额规模已跃居全球第三，仅次于欧盟、韩国。截至2016年6月20日，广东碳市场累计成交配额3345.91万吨，总成交金额10.92亿元，分别占全国的31.3%和36.6%，成为全国首个配额现货总成交金额突破10亿元大关的试点。

★到2020年，广东将建成全省统一的电子政务数据中心。图为佛山南海里水镇智慧城市管理指挥中心

# 广东大数据产业：集聚催生新业态

有了指纹、虹膜等身体方面的数据信息，消费者购物可以不用再刷卡而是“刷脸”；有了消费者购买行为的大数据，企业能更精准地“投其所好”；有了机器运行大数据，工厂可以更有效地提高机器效率；有了人口分布大数据，房地产企业从拿地开始就能根据需要建合适的房子……

无论是大数据产业本身还是与各行各业的融合创新，广东企业借助大数据产生的创新动力，正在创造新产品、新业态和新模式。2016年7月，广东第一批省级大数据产业园、大数据创业创新孵化园重点培育对象的推荐工作正式启动。未来，广东将用5年时间打造数据应用先导区。

到2020年，广东除了将建成全省统一的电子政务数据中心，还将在省内重点培育20个左右大数据产业园，争取创建3—4个国家级大数据产业园，建设20个左右大数据新型创业孵化平台，培育200家左右大数据应用、服务和产品制造领域的骨干企业，预计大数据及相关产业规模将达6000亿元。

A04 时局 观察

到2020年粤大数据及相关产业规模预计将达6000亿元

广东大数据产业集聚催生新业态

大数据勾画出消费者"肖像"

骨干企业带动产业集聚发展

大数据创新活力引来"凤凰"

实现数据共享 关键是建立标准

## 大数据勾画出消费者“肖像”

“我们从拿地开始就已经离不开大数据了。”说到时下热门话题大数据的作用，万科企业股份有限公司总裁郁亮十分认同。正是借助大数据的分析，万科得以根据目标人群的特点来决定广告投放时间渠道，甚至准确根据消费者偏好来量身打造产品，从而大幅提高销售成功率，2016年上半年仅上海万科的销售额就已超过200亿元。

“准确画出消费者的‘肖像’，这就是大数据的重要用武之地。”广东互动派传媒科技有限公司副总经理林萍表示，不仅仅是房地产业，各种行业的消费者喜欢看什么视频、喜欢吃什么、常买什么日用品、一周看几次电影等，都有望通过大数据了解到。

这意味着原有商业模式将会发生改变，林萍举了该公司跟家电企业美的合作的例子：“买不同款电饭煲的消费者可能会出现在完全不同的娱乐场所，拥有不同的业余爱好，对于企业推出的营销策略也会有完全不同的反应。数据的分析结果能够指导企业在不同场所使用不同方式做营销推广，将推广更精准地投放给目标消费者，实现更好的效果。同时对投放效果也能获得更准确的反馈，甚至还可以有针对性地推出定制服务。”

在阳江有数百万台专门针对五金行业设计的智能磨削机，这些机器在各地运行的所有数据会汇集到博天科技有限公司的数据后台，根据运行的不同情况，这家装备制造企业能够为客户提供更好的操作方案和后续增值服务。

博天科技自动化研究院副院长周永宽解释说：“依托掌握和分析机器运行的工业大数据，我们能够更好地摸清和提升工艺路线流程，再根据流程来完善生产设备的机械结构。这不但使我们拥有了为下游工厂提供最优解决方案和后续服务的能力，还能实现工业领域生产设备的特殊定制。”

美的集团董事长兼总裁方洪波表示：“传统制造业企业必须跟上大数据和云平台的步伐，实现真正的智能制造。”在他看来，传统制造业企业要利用大数据在机器上实现更多智能内容，智能制造的本质是以数据为核心，将所有业务环节连接起来。“传统制造业中物理形态的厂房、设备、工人、车辆、网点如何连接？其实所有环节的连接都可以产生数据，要将这些物理形态的东西数字化。”

他强调，传统制造业要用新的制造业模式满足用户的个性化需求，要通过智能的连接、数据的分析来分析和优化，再通过有价值的数据作用于物理形态的企划、采购、研发、制造等阶段，这才是真正的智能制造。

《广东省促进大数据发展行动计划（2016—2020年）》明确提出，运用大数据促进产业转型升级和创新发展，打造新经济增长点，首先就是要推进工业大数据应用。

## 骨干企业带动产业集聚发展

要想充分利用大数据的价值，掌握大数据挖掘和处理能力是关键，因此发展大数据产业本身至关重要。

在位于佛山市三水区的广东移动数据中心，工作人员告诉笔者，这个数据中心总建筑面积为5万平方米，建有IDC机楼、枢纽机楼、油机房、地下蓄水池等多个单位，是广东移动的一家省级数据中心。

据介绍，“十三五”期间，广东移动在数据中心方面的投入将达70亿元，未来3年将陆续投产粤东、粤西、广州、东莞4个五星级大区数据中心集群，超过1.5万机架容量。预计到2020年，广东移动数据中心机柜数量将接近10万台。

凭借自身海量数据的优势，广东移动正加快在大数据产业上的布局速度。目前，包括腾讯、阿里、百度、优酷、爱奇艺等在内的多家知名互联网企业都已经成为广东移动各地数据中心的客户。

广东电信副总经理杨小丰则透露，截至2016年7月，广东电信收集到的数据量超过100TB，“现在运营商拥有最庞大的数据，这么庞大的数据可以完全支撑银行征信等服务”。

“无论是‘中国制造2025’还是‘工业4.0’，涉及到的三个核心支柱技术就是大数据、物联网和云服务。”广东联通副总经理冯华骏表示，到2020年，广东要将云服务的产业规模提升到3000亿元，云终端制造产业规模达到6000亿元，这将是运营商未来转型发展的巨大蓝海。

“如今（2015年），人类每年在互联网上产生的数据已经有8ZB，8ZB的数据量有多大？相当于776万个中国国家图书馆。到2020年，这个数据应该会达到40ZB，40ZB相当于

3615万个中国国家图书馆。”腾讯云副总裁蒋杰在腾讯“云+未来”峰会上表示，以前昨天的数据只要今天能看到分析结果就可以，而现在数据是不能以天来计算的。巨量的数据对处理时效性的要求已经发生了翻天覆地的变化，这对企业提出了技术方面的挑战。

2015年，广东规模以上电子信息制造业产值达到3.27万亿元，全国第一；规模以上软件和信息服务业营业收入达到6994亿元，增长17.6%；云服务产业规模达到1000亿元，云终端制造产业规模达到3000亿元；大数据应用示范项目达到20个。特别是在腾讯、华为、中兴通讯、浪潮集团等一批骨干企业的带动下，逐渐形成了大数据集聚发展的趋势。

蒋杰提到，过去用的很多软硬件被一些国际巨头垄断，如今本土企业努力实现一些关键存储、传输、分析技术的自主化。“对于腾讯来说，现在已经拥有2万多台单机群，实时处理数据；每天所接入的数据量已经达到5万亿条，不光要实时收集，还要处理。除了实时计算，还有离线计算。”

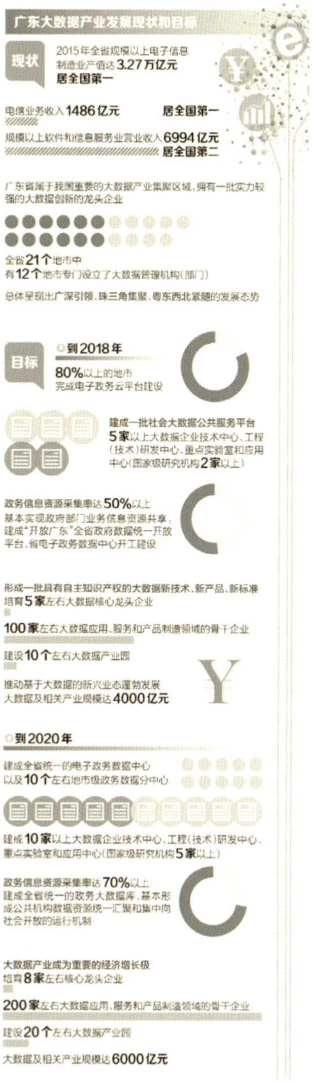


## 大数据创新活力引来“凤凰”

大数据产业链主要包括大数据IT基础设施、大数据组织与管理、大数据分析与发现、大数据应用服务4个环节。2014年全球大数据产业规模约为2100亿美元，发展迅猛。其中，大数据服务市场规模为285亿美元，年均增速为57.46%，作为大数据的核心产业，增速领跑其他所有IT产业。

在广东，不仅仅是大公司，很多小企业也纷纷发力深耕大数据，做新业态细分领域的“隐形冠军”。仅拥有200多人的广东互动派传媒科技有限公司，就是一家专注为企业提供大数据营销服务的专业机构。

据介绍，该公司利用核心团队近10年的海量数据挖掘和系统建设经验，开发了基础数据管理平台、数据应用平台等产品，在实时监控、周期跟踪、按需分析、自然语言处理和数据挖掘研究等方面，研发出自有知识产权的一系列技术，为多个行业的巨头提供大数据应用服务。

广东企业在大数据等新业态的创新活力不仅加速了本土产业的发展速度，还吸引了全球“凤凰”前来。2016年4月，美国思科公司与广州市政府签署合作框架协议，将思科中国创新中心总部正式落子广州。

据透露，接下来双方将携手共建中国首个以智能制造云产业为核心、年产值规模超千亿元、全球领先的智慧城。思科全球首席执行官罗卓克表示，思科将携手其战略合作伙伴，利用云计算、大数据、智能制造等技术创新，形成产业创新集聚区，在“互联网+”、智能制造、智慧城市等领域打造一个在中国和世界都叫得响的样板创新项目。

不过，有专家表示，虽然广东在大数据的商业开发上做得不错，但这类企业总体偏少，产业链的上下游配套还须完善，以营造更好的投资环境和研发氛围。据透露，接下来广东将围绕数据感知、传输、存储、安全、管理、统计、分析、挖掘等全流程，大力发展大数据有关硬件、软件、终端、内容与服务产业，建立大数据交易中心，构建完善的大数据产业生态体系。

具体来说，在硬件上发挥电子信息产品制造优势，大力发展海量数据存储设备、高性能计算机等大数据硬件产品制造，推动自主可控的大数据关键装备产业化；软件和应用服务方面，则将重点发展大型通用海量数据存储与管理软件、大数据分析挖掘软件等产品。目标是到2020年，打造2—3个自主创新能力强、具有国际竞争力的大数据产业园，大数据应用、服务和产品制造企业达到200家以上。

## 产业观察

### 实现数据共享关键是建立标准

当下，无论是在商业洞察、政府决策，还是城市建设、民生应用等方面，大数据已融入生产生活的方方面面，成为促进社会经济发展的重要资源和力量。广东作为我国的经济大省，属于我国重要的大数据产业集聚区域，发展大数据有着比较完善的基础设施、产业集聚和政策配套，优势非常明显。

但要想充分实现“用数据说话、用数据决策、用数据管理、用数据创新”，抢占这一全新领域高点，广东亟须做好三件事——建立数据共享和开放的标准和体系，搭建数据共享平台，促进商业和社会应用。

其中，建立标准和规范至关重要。大数据从挖掘到分析再到输出，目前还缺乏完善的规范和标准，并且在大数据挖掘上，如何处理好隐私等信息也是一个无法回避的问题。当下，数据共享和开放首先要解决规范的问题，抓紧制定出台一些标准，包括针对企业和政府的标准。而针对隐私还要解决立法的问题，明确哪些是不可逾越的红线。

例如大数据在交通上的应用，就面临政府、企业合作推行数据开放共享的问题。以深圳交通大数据应用为例，就得益于深圳市交委的数据积累比较早，掌握着大量数据资源，同时许多企业有较强的合作意愿。

对此，广东省大数据标准委员会委员、中国联通集团行业应用专家李慧认为："广东省要把台子搭好，通过政府引导推进实现数据共享和数据开放，同时重点扶持一些企业，鼓励大家都来干，把产业发展起来，真正发挥大数据的价值和效应。"

对于大数据产业发展，赛迪研究院华南分院院长王三义建议，政府可通过推行产业引导基金等方式来引导大数据产业应用的发展。对一些开发得比较好的项目，政府通过推广让企业有机会展示自己的应用。另外，还可以鼓励建立多层次的资本市场体系，推进产学研的合作研发，成立大数据联盟等。

同时，由于大数据的专业性要求高，专门人才的稀缺成为值得重视的问题。不少从业者谈到，找不到大数据应用等相关的专业人才，成为企业发展的困扰之一。

鉴于此，"加强大数据人才培育和引进"也被写入《广东省促进大数据发展行动计划（2016—2020年）》。接下来，广东将支持省内高校开设大数据相关专业，开展大数据专业人才的学历教育，建设大数据教学实践基地和新型大数据人才培育基地，培育数据分析师、数据咨询师等专门人才。

（文/肖文舸　王伟凯　马芳　图/丁铨，发表于《南方日报》2016年7月12日）

2015年，广东规模以上电子信息制造业产值达到3.27万亿元，全国第一；规模以上软件和信息服务业营业收入达到6994亿元，增长17.6%；云服务产业规模达到1000亿元，云终端制造产业规模达到3000亿元；大数据应用示范项目达到20个。特别是在腾讯、华为、中兴通讯、浪潮集团等一批骨干企业的带动下，逐渐形成了大数据集聚发展的趋势。

★2016中国创新创业成果交易会成果展在广州琶洲会展中心举行。图为可透光的3D打印成品

# 珠三角3D打印：占据全国八成市场

广州网能产品设计公司的展厅里，其自主研发的多款“立体易”3D打印机依次排开，涵盖工业、桌面、食品以及生物等领域，每年产值已突破千万元；黑格科技最新产品3D打印耳机U1正在网上预售，这款耳机的左右耳完全独立，采样数据来自3000多对亚洲人耳，经过22道工序307次逐层打印；迈普医学自主研发的世界上第一个用生物3D打印的硬脑（脊）膜——睿膜已经应用到全球3万多例临床病例中……3D打印技术及应用正在珠三角遍地开花。

目前，许多粤企利用3D打印技术开源平台二次研发迅速崛起，成为智能制造的新生力量；广东涌现出的原生技术创新企业，也正在生物3D打印等细分领域打破国外巨头垄断；

还有广东的创业团队攻克3D扫描技术，以自主研发的技术引领消费级产品定制潮流。

作为全球及国内制造业的重要基地之一，广东省具有较完善的市场基础、较强的产业转化能力，珠三角既是生产的中心，也是消费的中心。据2015年广州国际3D打印产业展览会上公布的数据，珠三角地区占据了国内3D打印产业80%的市场，广东企业的产品在部分欧洲国家的市场占有率也超过了50%。

A06 时局 观察

珠三角3D打印占据全国八成市场

3D打印技术及应用遍地开花，珠三角既是生产中心，也是消费中心

3D打印成为广东智能制造新助力

原生技术创新打破国外巨头垄断

粤迅速加入3D打印"跑马圈地"行列

产业化是推动3D打印发展关键

## 现状

## 3D打印成为广东智能制造新助力

由于拥有传统制造业所不具备的优势，3D打印技术被看成第三次工业革命的使者。在全球范围内，3D打印正在掀起一轮技术革新热潮。3D打印权威报告*Wohlers Report*显示，到2016年全球3D打印增材制造市场规模将超过70亿美元，2018年将达到125亿美元。

不过，3D打印在国内大规模爆发，却有一个历史契机。2008年之后，3D打印发明专利过期，国外一些公司将平台开源。正是在平台开源的关键时期，一批广东3D打印企业抓住了历史机遇迅速崛起。

广州网能产品设计公司就是其中一家。创始人邓以翔回忆，以前3D打印机器都要依赖国外进口。公司曾经花费400万元从国外买了一台3D打印机，用了一个月之后就坏了，换一个喷头就要40万元。“技术平台开源后，我们意识到中国3D打印企业的机会来了。”

尽管3D打印技术开源了，但并不是所有公司都能做好3D打印。邓以翔表示，开源只是提供了一个平台，就像虽然有了安卓系统，很多山寨手机做出的产品却很差，与华为、三星等大品牌相距甚远。

真正成功的3D打印机生产商，还需要在开源平台上进行二次开发，做出高质量的产品。邓以翔透露，广州网能二次开发推出的3D打印机，每年产值已突破千万元，“我们约有三分之一的客户在广州，主体是中小企业”。

不同于传统制造业的“减材制造”过程，3D打印采用的是“增材制造”。其产品是按照三维数据模型，由材料层层叠加“烧结”或“黏合”而成，整个生产过程不受任何复杂结构和生产工艺限制。任何空间结构复杂的产品，在3D打印机面前都是同样的程序生产。

“传统方式制作一个模型需要一周以上，3D打印只需要2—3个小时，价格比模具更便宜。”广州市阳铭新材料科技有限公司技术总监陈梓煜表示，3D打印将帮助珠三角的制造企业降低生产成本和时间成本。阳铭团队研发了国内首台先进并联臂结构的工业级3D打印机，目前已经应用在工业机械、汽车汽配、电子产品、模具等多个领域。

深圳化学化工学会理事长刘剑洪教授表示，我国正推动“制造大国”向“制造强国”转型升级，智能制造将是趋势。而3D打印技术则是实现智能制造的关键基础技术之一。在制造业大省广东，3D打印正陆续走进工业生产的各个领域，成为广东“智能制造”转型的重要助力。

有机构预测，到2016年底，中国3D打印机市场规模预测将扩大到100亿元，届时中国将超越美国成为全球最大的3D打印机市场。

巨大的中国市场需求和3D打印技术在广东的快速落地，也吸引了海外专家落户珠三角成立研究机构。2014年3月，美籍华人科学家许小曙博士带领3D打印团队落户广州，成立了广州南沙3D打印创新研究院。目前，南沙3D打印创新研究院已经拥有全世界最快的工业级3D打印机——FARSOON402。据介绍，该款设备的激光扫描速度达到了12.7 m/s，配合其他系统模块的升级，其打印速度相比之前提高了60%。

许小曙认为，3D打印辐射到材料、光电、控制等各个上游领域，以及汽车、医疗、精密机械等下游应用，成为世界经济中一个新的价值产生源。“越来越清晰地看到，3D打印技术将大批量无差异化的生产转化为个性化差异化的快速生产，正成为智能制造新生力量。”

## 突破
## 原生技术创新打破国外巨头垄断

在迈普医学公司的陈列橱窗里，陈列着数个3D打印的人脑模型。创始人兼董事长袁玉宇拿出模型说：“这是一个真实的脑部肿瘤病例，该病人颅内底部有一个肿瘤，而血管刚好从肿瘤中间穿过，这大大增加了手术难度，几家医院都不敢为她做手术。”

于是，迈普团队根据医院检测把模型精细地打印出来，让医生直接地观察肿瘤及所包裹血管的位置和形状，制定出手术规划。最终，广州军区总医院接下了这个病例，手术获得成功。由迈普自主研发的生物3D打印的硬脑（脊）膜——睿膜，目前已经在全球40多个国家和地区应用到3万多例临床病例中，被认为是最接近自体、修复效果最理想的硬脑

（脊）膜。

据统计，在中国每年有150万人需要进行器官移植手术，而能够幸运接受移植的不足1%；每年有1000万人因为各种疾病、意外而导致的损伤需要进行组织再生修复。强生、美敦力等国际医药巨头十几年前就开始生产脑膜补片，在国外占据绝大部分市场份额，而新生面孔睿膜犹如黑马杀入国外市场，打破了国外巨头的垄断。

“在研发睿膜的过程中，迈普最大的突破在于3D打印技术工艺上的原创性创新。”袁玉宇说，生物3D打印有很多技术分类，很多不同的应用，迈普的3D打印技术主要应用于植入类医疗器械的开发。

由于要植入到人体内，对于原材料有着严格的要求。迈普的创新则主要集中在产品制造过程中的3D打印工艺上。“迈普研发的3D打印硬脑（脊）膜，是最接近人体结构的活体组织产品。在植入人体后，会被降解吸收，从而达到一个比较理想的再生过程。”袁玉宇说。

2014年4月，睿膜获得CFDA（国家食品药品监督管理总局）产品注册证，这标志着全球首个生物3D打印软组织产品正式开始应用。与此同时，它也获得了欧盟、印度及韩国的产品注册证，成功进入国际市场。

“从实验室到产业化的转化过程中，最重要的是工艺技术扩大化的问题。”袁玉宇表示，大批量产后如何保障每一个产品的安全性，这就考验生产工艺的稳定性。迈普对于每一片3D打印睿膜都有严格的质量控制标准，确保每一个产品的安全。据袁玉宇透露，目前公司睿膜的产能达到五六万片，国外销售占比60%，国内销售占比40%。

相对传统3D打印行业，生物3D打印发展速度有些缓慢。但袁玉宇对行业前景充满信心：“生物3D打印产品开发周期比较长，行业增速短期内不会太快，但是未来产业前景不可估量。”统计数据显示，目前医疗领域只占3D打印行业的1.6%，但未来有望逐步增长到20%。可见预见，3D打印作为全球的前沿科技，将在医疗领域得到广泛应用。

市场研究公司Markets and Markets预测，到2020年，3D打印在医疗方面将创造21.3亿美元生产总值。而随着《中国制造2025》方案出台，作为一项前沿性的基础性制造技术，3D打印在医疗方面的应用也被纳入中国未来10年大力推动的重点领域。

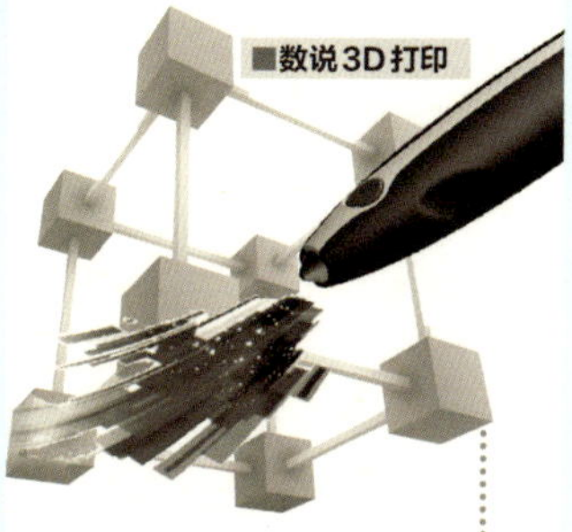


3D打印权威报告Wohlers Report显示，到2016年全球3D打印增材制造市场规模将超过**70亿**美元，2018年将达到**125亿**美元。具体到中国市场，有机构预测，到2016年年底中国3D打印机市场规模将扩大到**100亿**元，届时中国将超越美国成为全球最大的3D打印机市场。

据2015年广州国际3D打印产业展览会上公布的数据显示，珠三角地区占据了国内3D打印产业**80%**的市场

广东企业的产品在部分欧洲国家的市场占有率也超过了**50%**。

统计数据显示，目前医疗领域只占3D打印行业的**1.6%**，但未来有望逐步增长到**20%**。可见预见，3D打印作为全球的前沿科技，将在医疗领域得到广泛应用。市场研究公司MarketsandMarkets预测，到2020年，3D打印在医疗方面将创造**21.3亿**美元生产值。

2015年底，广东省3D打印应用技术创新中心落户佛山以来，3D打印技术研发和应用企业逐渐在这里集聚，目前已集聚了**8**家3D打印企业，为**200多**家企业提供技术服务。

2015年1月，广东省出台《珠江西岸先进装备制造产业带布局和项目规划》，对包括3D打印在内的先进装备制造业都做了明确规划。到2020年，珠江西岸规模以上装备制造业实现产值**2.2万亿**元。

数据文本：彭琳
图表：彭雳

“立体易”3D打印机打印的产品。
受访者供图

趋势

# 粤迅速加入3D打印“跑马圈地”行列

广东3D打印技术除了在工业智能制造领域大放异彩外，也开始逐渐应用到消费级市场，进入每一个消费者的日常生活中。

2016年6月，广州黑格科技发布了最新产品黑格U1。这款产品由两颗完全独立的左右耳组成，看起来很像两颗牙齿。

黑格科技CEO桂培炎表示，为了解决每一个人不同的尺寸需求，黑格科技自主研发了一款APP，用于3D扫描用户耳朵模型。用户只须通过APP将自己的耳朵拍照传输，黑格科技通过技术算法可以将其数据通过3D打印机直接打印成耳机外壳。“我们攻克了3D扫描核心技术，可以做到准确预留耳机里面每个零部件的槽位和卡口。”据他透露，经过两轮的预售，该产品目前已经接到了1万多张预售订单，8月初就将发货到第一批订购用户手里。这也是国内少有的将3D打印技术成熟应用到消费级市场，并快速实现了产业化量产的案例。

目前，广东3D打印市场份额在全国遥遥领先。据2015年广州国际3D打印产业展览会上公布的数据显示，作为全球及国内制造业的重要基地之一，广东省具有较完善的市场基础、较强的产业转化能力，珠三角既是生产的中心，也是消费的中心。在国内3D打印产业市场中，珠三角地区占据80%市场。其中，部分企业的产品在欧洲国家市场占有率超过了50%。由于交通便利，广州、深圳、香港、澳门已形成一条龙的黄金采购平台。

业内人士指出，珠三角地区能够在3D打印发展新浪潮中拔得头筹，政府前瞻性战略布局以及产业规划起到了关键作用。

早在2014年，广东就成立了3D打印产业创新联盟，目的在于整合广东3D打印产业上、中、下游产业链资源，促进行业间的交流与共同发展。邓以翔表示，3D打印产业创新联盟改变了广东3D打印企业“单打独斗”的格局，“同行之间彼此交流，整合产业链资源，抱团发展”。2015年1月，广东出台了《珠江西岸先进装备制造产业带布局和项目规划》，对包括3D打印在内的先进装备制造业都做了明确规划。与此同时，各地政府也相继出台扶持政策。

广东省技术经济研究发展中心张娟评价认为，在全球产业革命爆发的前夜，国内城市加快布局3D打印的背景下，广东牢牢抓住第三次工业革命的先导，建立3D打印产业创新中心及3D打印技术产业园区，迅速地加入到3D打印产业“跑马圈地”的行列。

## 产业观察

# 产业化是推动3D打印发展的关键

“我国3D打印技术起步较晚，虽然针对国际上的主流技术我国都已经开展了研究，但在应用和产业化方面还发展缓慢。”广东快速制造应用技术研究院的名誉院长、有“中国3D打印教父”之称的中国工程院院士卢秉恒表示，现在的缺陷就在于产业链尚未形成，产业化的应用规模远远不够。

卢秉恒指出，目前国内的企业，无论是做装备的还是做服务的，最大规模的年产值也就在1亿元人民币左右，而国外的相关产业，一年的产值接近10亿美元。“产业化，是我们今后应该进一步推进的地方。”

在迈普创始人兼董事长袁玉宇看来，生物3D打印企业要取得良性发展，市场也是关键。他坦言，生物3D打印产品要想实现市场化，必须要把市场准入环节打通，要让产品顺利进入到医院。但目前，广东省大部分医院都没有将3D打印产品列入收费目录，医院无法定价收费，这就严重影响了产品的产业化进程。

当前，广东省各产业领域对3D打印技术的需求十分巨大。但3D打印技术整体水平有待提高，从事3D打印技术研发和生产的单位企业研发力量不足，难以满足产品制造的需求，与国外相比存在一定差距。

华南理工大学教授、广州市3D打印技术产业联盟理事长杨永强认为，准确界定总体产业范围是促使3D打印产业化快速有序发展的前提。目前，3D打印技术在模具、生物医学、汽车、电子产品等领域得到应用发展，但具有重大应用前景的3D打印技术和与广东省支柱产业密切相关的3D打印技术之间的界定还不明确。

目前，广东省已经宣布启动重大科技专项增材制造（3D打印）产业技术路线图编制项目。据悉，项目将界定3D打印技术产业范围，通过3D打印技术研发需求和广东省产业的共性技术需求分析制定路线图。同时，对原材料生产能力和成本等方面的问题提出改进意见，提高装备、关键元器件和集成系统的研发生产能力。

（文/彭琳　陈荷，图/肖雄　张梓望，发表于《南方日报》2016年7月14日）

目前，广东3D打印市场份额在全国遥遥领先。据2015年广州国际3D打印产业展览会上公布的数据显示，作为全球及国内制造业的重要基地之一，广东省具有较完善的市场基础、较强的产业转化能力，珠三角既是生产的中心，也是消费的中心。在国内3D打印产业市场中，珠三角地区占据80%市场。其中，部分企业的产品在欧洲国家市场占有率超过了50%。由于交通便利，广州、深圳、香港、澳门已形成一条龙的黄金采购平台。

★广东新材料产业基地内展示的新材料飞机

# 粤新材料：“黑马”抢占全球产业制高点

最近，广州奥翼电子科技股份有限公司创始人、总经理陈宇特别忙。2016年4月，奥翼电子推出全球首款石墨烯电子纸，引得许多公司、高校研究者都来一饱眼福。

在奥翼电子一楼展厅，一张张犹如医院X光片一样的塑料薄板在工作人员手中任意地弯曲、折叠。石墨烯电子纸是目前已知最薄的显示材料，仅有0.3毫米，应用它的显示屏可以薄得像纸一样。同时，它比金刚石还坚硬，“像衬衣一样的防弹衣”不再是天方夜谭。

因为在新材料技术上的突破，陈宇一边要接待接踵而来的参观考察团，另一边还得“满世界飞”——为即将筹建的全球有机柔性显示中心选址，同时联系国外一些顶级科学家，邀请他们参与该中心的研究工作。

新材料是新兴产业的基础和关键。在广东，许多像奥翼电子一样的全球新材料技术“挑战者”，正在抢占软性显示、LED、农业、新能源汽车等产业的技术制高点。广东的新材料产业迸发出强劲的创新活力，既为产业转型升级贡献着源源不断的动力，也深刻地影响各行各业新产品、新业态和新模式的融合创新。

2015年，广东新材料产业基地在佛山里水正式开园，深圳新材料产业规模突破1500亿元；2016年7月，全国新材料高峰论坛在清远举行……以新材料为主题的创新故事在南粤大地不断上演。

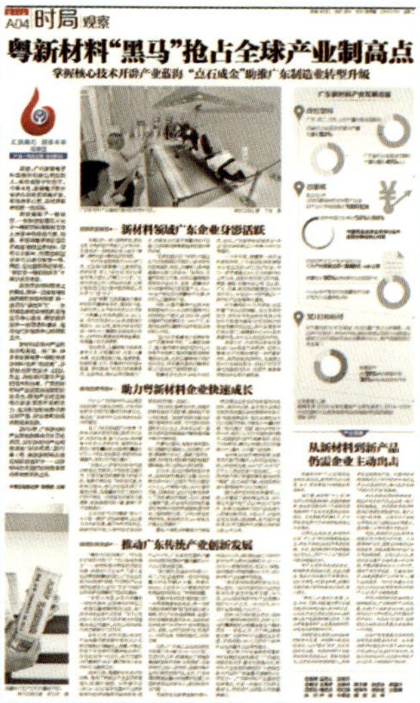
A04 时局 观察

粤新材料“黑马”抢占全球产业制高点

掌握核心技术开辟产业蓝海 “点石成金”助推广东制造业转型升级

新材料领域广东企业身影活跃

助力粤新材料企业快速成长

推动广东传统产业创新发展

从新材料到新产品 仍需企业主动出击

## 创新势能释放
## 新材料领域广东企业身影活跃

在佛山的一家大参林药店，药品名称、价格标签不再是人工手写卡片。而是换成一排排黑白色小电子“屏幕”，清晰地显示着药品的各项信息。

“我们在全国拥有近2000家门店，过去每月都要靠人工更换药品纸质标签，花上三天时间。现在如果全用电子显示，只需三个小时。”大参林药店工作人员如是说。这种价格标签已在大参林医药有限公司的多个门店“试水”。

这些“屏幕”正是奥翼电子最新研发的石墨烯电子纸。据陈宇介绍，目前世界上生产电子纸的企业仅有广州奥翼公司和美国的E-ink公司。作为亚马逊Kindle阅读器供应商的E-ink公司，其电子纸采用的是一种叫ITO薄膜的半导体显示材料。这种材料需要使用稀有金属铟，存储量少且价格昂贵。

相比起来，石墨烯电子纸具有更多优点：它轻薄如纸，只有0.3毫米厚，而且弯曲能力强，强度更高，耐摔耐撞。此外，石墨烯材料的透光率高，用它做电子纸显示的亮度更好。这些特性，使其应用范围更为广泛，非常适合应用于穿戴式电子设备以及物联网等需要超柔性显示屏的领域。

“在柔性显示这个领域，中国企业不仅没有落后于国际上技术领先的欧美国家，相反，关键核心技术都掌握在中国公司手中。”陈宇说，石墨材料取之不竭，采用石墨烯能明显降低产品成本。目前，奥翼电子90%的新材料已实现国产化。Kindle生产商也已与奥翼电子沟通，计划引入石墨烯电子纸。

中国石墨烯产业技术创新联盟发布的《2016全球石墨烯产业研究报告》中显示，到2020年，全球石墨烯市场规模可达1000亿元，中国将在全球石墨烯行业中起到主导和核心作用。

“业内仅有奥翼电子成功研制出了石墨烯电子纸。”从事软性电子、显示器件等方面研究的中山大学电子与信息工程学院副教授杨柏儒说，这款石墨烯电子纸的成功问世，标志着我国在石墨烯应用上已经走在了世界的前沿。

奥翼电子的技术突破并非孤例。如今，广东新材料领域技术“牛企”的创新势能正从南粤大地向世界释放。

2016年五六月份，随着第一条挤出机顺利开机，广州金发科技的德国分公司正式进入开工生产阶段。作为一家市值高达200亿元的新材料上市公司，金发科技目前已在中国、美国、德国、印度开设公司，在上海、广州、天津、武汉和成都建立分技术评价中心，并在这5个城市建立5个新材料产业发展孵化基地。

时下最热的3D打印领域，也活跃着广东企业的身影。经过多年的努力，深圳光华伟业股份有限公司如今已是国内桌面3D打印耗材领域出货最多的企业，其产品更是早已走出国门，销售额中近50%来自美国市场，30%左右来自欧洲市场。

2015年6月，光华伟业在全球首发4D-fila低温打印耗材。这款比普通3D打印耗材更进一步的最新材料，具有低熔点的特性，当温度达到60 ℃时就会软化，完成打印后可通过加温修改形状，在医疗、教育等领域中的应用价值极高。

## 修内功抓市场<br>助力粤新材料企业快速成长

为什么广东的新材料企业表现如此抢眼？笔者采访发现，对技术研发的专注和市场需求的快速反应，是这些广东新材料企业快速成长的共同基因。

坐了3年实验室的“冷板凳”才研发出电子纸的过程，陈宇记忆犹新。他说，每个Kindle阅读器电子纸有20多层材料，每层材料由数百万微胶囊组成，这些微胶囊直径仅为1/3的头发丝直径，是显示的关键器件，也称之为“电子墨水”。

“光是这20多层材料的排列组合就是天文数字，只有层层正确打开，才有可能实现清晰显示的电子纸。难度可想而知。”陈宇回忆道，在研发过程中，有几次已经取得了不错的成果，但奥翼电子的工程师们仍然不满足，“觉得显示效果可以更清晰，就继续倒回去计算，看哪个环节还能提升”。

企业创新不仅仅需要“弱水三千只取一瓢饮”的钻研精神。企业能大步向前发展，离不开听市场的话，踩准市场节拍。只有市场才是创新是否成功的唯一试金石。

“我们好比是烹饪大师，将相同的原料做成不同的菜，提供给不同口味的食客。”金发科技技术副总经理叶南飚表示，作为国内改性塑料的龙头企业，多年来公司一直在从卖产品向根据客户需求提供整体解决方案转型。

所谓改性塑料，是指在通用塑料和工程塑料的基础上，经过填充、共混、增强等方法加工，提高了阻燃性、强度、抗冲击性、韧性等方面的性能的塑料制品，可以应用在众多的领域。

2015年，在LED照明和显示领域，金发科技的高温尼龙基LED反射支架材料已占国内市场份额的60%以上。叶南飚介绍，LED灯虽然节能，但是传

★ 奥翼电子生产的可折叠电子纸

新材料是新兴产业的基础和关键。在广东，许多像奥翼电子一样的全球新材料技术“挑战者”，正在抢占软性显示、LED、农业、新能源汽车等产业的技术制高点。广东的新材料产业迸发出强劲的创新活力，既为产业转型升级贡献着源源不断的动力，也深刻地影响各行各业新产品、新业态和新模式的融合创新。

统LED灯反射支架用久了后因黄变而导致LED灯亮度大幅度下降。而金发科技研发的高温尼龙材料则在耐热温度和使用寿命上有明显的优势。“之所以研发这种新材料，就是响应中山一家知名灯具企业的要求。”

如今，叶南飚正带着团队为珠海一家空调企业自主研发新型挡风板材料。他说，由于用于空调挡风板的传统塑料会在使用中热胀冷缩，导致细微变形，因此空调的出风口必须留足空隙，正常是3—5毫米距离。“我们通过‘加固’高分子材料中的分子，微观上让它们注塑时排列整齐，在温度变化时不随意流动，改变了材料韧性，最终让空调出风口的缝隙小于1毫米，几乎看不出空隙。”

光华伟业与打印耗材结缘，也是来自客户的需求。光华伟业创始人杨义浒说，2007年“3D打印”对不少人来说还是个陌生词语，一位欧洲客户表示希望用聚乳酸线材做“焊接”。经过详细了解，他发现原来客户是用线材作3D打印耗材。

国外领先的市场应用案例，让杨义浒看到了新的商业机会。光华伟业先后开发了近20种3D打印材料，极具价格竞争力的产品迅速打入欧美成熟市场。2016年4月，光华伟业在北京新三板挂牌，成为国内首家将3D打印耗材作为主要业务的新三板上市公司。

## 新材料新突破
## 推动广东传统产业创新发展

“薄如衬衣的防弹衣”“可以轻松扛起的汽车门”“可以导电的墨水”……新材料技术带来的突破性发展，持续地对工业生产，乃至人类生活带来颠覆性的变化。广东企业在新材料领域的突破，不仅带动产业本身的迅速壮大，也为广东多个传统产业的创新发展奠定了坚实的基础。

“未来10年至20年内将爆发一场技术革命，这场革命的特征之一就是石墨烯等材料的出现，电子技术将发生换代式改变。”华为公司创始人任正非不仅多次表达对石墨烯未来应用的看好，也用公司的战略布局支撑着自己的观点。

2015年12月，华为终端公司手机产品线副总裁李昌竹曾在2015年移动智能终端峰会上透露，可能在明年下半年商用石墨烯电池技术。而在此后两个月之内，华为又宣布与石墨烯的“故乡”曼彻斯特大学合作研究石墨烯应用。

在珠三角，新材料技术的成熟，推动了制造业产品呈现向高端化发展的趋势。中研普华的《2014—2018年改性塑料行业竞争格局与投资战略研究咨询报告》显示，2013年，广东省改性塑料产量约占全国改性塑料产量总量的40%以上，位居全国之首，遥遥领先其他省份。

“我们跟比亚迪合作已有七八年了，为比亚迪提供一系列汽车轻量化材料的解决方案。特斯拉Model-X也有十几个零部件的材料是金发科技供应。”叶南飚透露。

在解决电动车的续航能力时，有两个方面需要考虑，一方面是增强电池电容，另一方面则是如何将车身“轻”到极致以减少能耗，却又不失安全保障度。在国内自主品牌新能源汽车中，金发科技的新能源汽车材料市场份额超过50%。目前，公司已经成为比亚迪核心一级供应商、特斯拉指定二级供应商。

2016年5月，《广东省工业企业创新驱动发展工作方案（2016—2018年）》正式对外公布，明确提出了将推动高端新型电子信息、生物医药、半导体照明（LED）、新材料、新硬件等产业成为新的支柱产业。此外，广东将围绕制造业重大共性需求创建三大国家制造业创新中心，新材料技术位列其一。

而各地也在紧锣密鼓布局中。早在2011年，深圳就出台了《深圳市新材料产业振兴发展规划（2011—2015年）》。根据该规划，自2011年起，深圳连续5年每年集中5亿元，设立新材料产业发展专项资金。

“深圳新材料领域的新生企业势头良好。”深圳市新材料行业协会秘书长李音表示，2013、2014年深圳新材料产业规模分别约为1020亿元、1260亿元，2015年预计全年将超1500亿元。

投资24亿元的激光项目、投资10亿元的建筑科技园项目、投资10亿元的覆膜铝板及制罐装备生产基地项目……2015年10月，位于佛山南海里水的广东新材料产业基地正式开园，总投资超100亿元的多个新材料企业和重点企业亮相里水。

“里水努力为全省探索积累新材料发展的经验和做法。”广东省经信委党组成员、副主任吴育光说，新材料产业是国家确定的七个战略性新兴产业和广东省重点培育的八大项目之一，广东新材料产业基地的创新模式，对进一步推动科研成果转化和促进产业转型升级有重要意义。

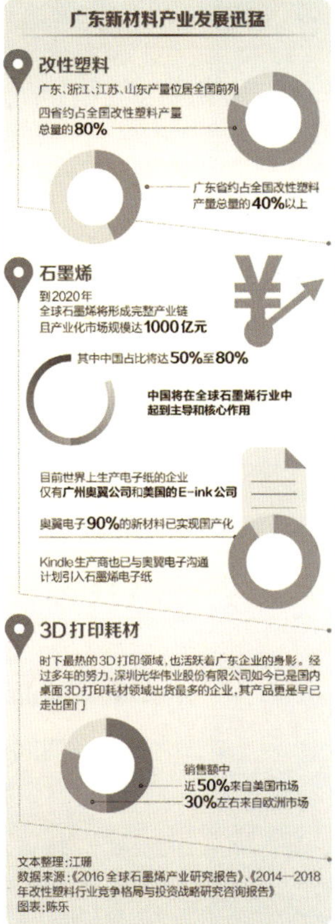

/ 产业观察 /

## 从新材料到新产品仍须企业主动出击

随着新材料“十三五”规划出台的日益临近，新材料行业从政策、企业、资本等各个方面都在厉兵秣马。

据了解，新材料“十三五”规划将从升级基础材料、发展战略材料、遴选前沿新材料三个层面对国内新材料产业未来发展做出具体规划。在政策暖风吹拂之下，产业界和资本界对于新材料的热情也日益高涨。

业界已达成共识，新材料行业在“十三五”期间将持续高速成长，部分子领域已经或即将实现突破。截至2016年7月，国内新材料市场规模超过2万亿元，预计“十三五”期间年均复合增速达20%。

用产业经济学的语言来说，新材料具有高细分度、高技术壁垒、高成长性和高毛利率等特点，这对于拥有一定资金积累，但增长放缓的珠三角传统制造业来说，意义重大。

“面对工业高级化发展，五金、纺织、汽配、陶瓷建材等行业通过更快创新响应植入新材料元素，从而与下游应用的关联方式由规模化生产过渡到规模化定制。”《佛山市南海西部产业发展战略研究》如是提及新材料的作用。

但拥有真正具有创新性的新材料并不容易。新材料一经发现或推出，往往“噱头”很足，引发很高的关注度。但是新材料产品的原始创新具有投入大、周期长的特点，没有长时间的持续投入，很难开发出稳定的产品。而国内新材料领域的不少科研院所和相关生产企业急功近利，难以容忍长期“只投入不产出”的局面。

而从实验室里的科研成果，到生产线上的产品，也还有一段不短的路要走。现阶段很多新材料技术还停留在实验室阶段，离产业化有一定距离。从技术到产品进入市场的这个过程往往非常漫长，甚至要以10年为单位才能实现。

同时，新材料行业依旧存在政策引导不够到位的问题。以石墨烯材料为例，国家应加强规划和政策引导，促进石墨烯材料生产与应用协调发展。业内人士认为，政府应当沿着产业链的每一环去布局，开展石墨烯首批次应用示范，推动下游应用发展；完善标准体系，组建石墨烯产业创新中心，强化公共服务；同时尽快建立以龙头企业为依托的国家级检测检验中心，引导产业健康发展。

任何一项创新性的活动都应该脚踏实地。广东新材料产业的发展，既有赖于上游的原始创新，也需要及时应对市场需求，尽快落地实现产品化。而在这个过程中，发挥好企业的能动性是最应该注意的一个问题。

正如广东西屋康达空调有限公司总经理蔡湛文所说：“企业最清楚市场需求和自身产品的创新方向，因此应该主动研发创新，与高水准院校合作，追求新材料的产业化应用，不断推动产品创新。”

（文/陈思勤　江珊　图/丁铨　梁文祥，发表于《南方日报》2016年7月19日）

任何一项创新性的活动都应该脚踏实地。广东新材料产业的发展，既有赖于上游的原始创新，也需要及时应对市场需求，尽快落地实现产品化。而在这个过程中，发挥好企业的能动性是最应该注意的一个问题。

★近年来，华大基因、冠昊生物、达安基因、迈瑞医疗、金域检验等一大批广东创新型企业迅速崛起，在各自的细分领域中领跑同行。图为深圳华大基因实验室工作场景

# “南派医药”：领跑医药健康产业发展

科幻电影《超能陆战队》里的“大白”曾打动不少人的心。这个有着胖胖外形的充气机器人，是人类身边的“私人健康顾问”，能够快速扫描和检测出人体的病痛并进行治疗。

2016年7月初的腾讯“云+未来”峰会上，深圳碳云智能CEO王俊说，运用生物大数据和人工智能，在现实生活中造出一个“大白”并非不可能。凭借极具创新性的业务方向，以及“前华大基因高管”的团队背景，这家明星级创业公司成立不到半年估值便超过10亿美元，跻身“独角兽”企业之列。

在追求创新的道路上，风头正劲的碳云智能并不孤单。近年来，华大基因、冠昊生物、达安基因、迈瑞医疗、金域检验等一大批广东创新型企业迅速崛起，在各自的细分领域中领跑同行。广药集团、丽珠集团、康美药业等南粤老牌知名药企，也不断加码技术投入和模式创新，增强作为业界龙头的创新实力。

作为医药大省，广东的医药产业总产值等主要指标均长期居于全国前列，并在创新能力上占据先发优势。《广东省医药产业“十三五”发展规划》（征求意见稿）提出，预计到2020年，广东医药工业产值将达到3500亿元，药品流通销售5000亿元。

围绕着这一目标，众多医药健康产业园区正在南粤各地竞相落地，汇聚起越来越多的创新企业和创新人才。而来自产业一线的创新实践，也正在不断推动着广东从“医药大省”走向“医药强省”，在医药健康创新发展的新时代继续领跑。

A04 时局 观察

新兴企业声名鹊起老牌公司巨资布局 创新“溢出”引爆产业上下游裂变

“南派医药”领跑医药健康产业发展

广东仍需不断强化领先优势

创新粤企领跑医药健康前沿领域

老牌药企加大技术投入寻求转型升级

溢出效应带动产业上下游不断裂变

## 创新粤企领跑医药健康前沿领域

“华大基因测序仪BGISEQ-500现已规模化生产，为我国生物测序领域和精准医疗行业的自主发展奠定了基础。”2016年7月初的第九届中国生物产业大会上，华大基因董事长汪建得意地展示了自主研发的第一代桌面型高通量基因测序系统。

作为国内第一款支持量产的基因测序仪，BGISEQ-500的诞生克服了测序领域仪器设备缺乏国产化、自主化的难题，配套试剂耗材也不再是测序应用的阻力。曾经被国外供应商封锁的华大，如今已实现了从基因产业链中下游向上游的延伸，使我国基因测序核心设备不再受制于人。

位于深圳市盐田区北山工业区的华大基因总部，不远处便是盐田港堆积如山的集装箱，载重卡车往来不息。这里曾是鞋厂的厂房，华大基因也曾被称为“基因行业的富士康”。如今，在这栋8层小楼的7楼展厅里，华大基因在世界各个顶尖科研期刊上发表的论文已经形成了一面巨大的“论文墙”。

自从2007年南下深圳，华大开始进入高速成长状态，以一家民营基因测序中心的身份，在科研和产业两个领域向全球领跑者地位发起冲刺。它不仅主导或参与完成国际顶尖“千人基因组计划”“国际大熊猫基因组计划”等，还在世界顶级科学杂志上发表了大量高质量论文。

“新中国的科学研究，一直扮演着追赶者的角色。但在基因研究的马拉松比赛中，华大基因处于第一梯队，时不时还能领跑。”汪建说，华大已经实现了从人类基因组计划时的“参与者”到“引领者”的跨越。而在产业链下游，华大基因整合了多个重要的数据库，通过自主开发的高效算法以及基因组数据分析云计算平台BGI-Online，为用户提供了便捷有效的一站式解决方案，从而完成了整体的产业链布局，建立起一条大数据分析和人工智能应用的创新链。

在广东，像华大基因这样在医药健康前沿领域取得突破的企业还有很多。

广州的锐博生物，推出让致癌基因“沉默”和“睡眠”的核酸药物，独占国内八成市场；冠昊生物耗时十余年自主研发的生物型外科补片，打破了国外进口产品的垄断地位；深圳的迈瑞医疗，先后推出中国第一台拥有完全自主知识产权的全数字黑白超、台式彩超和便携式彩超等70余项新产品，填补了国内在生命信息与支持、临床检验、数字超声、放射影像四大领域高端医疗设备的空白……

它们扎根精准医疗、基因检测、分子影像、细胞治疗、生物材料等新兴前沿领域，是各自细分行业的“隐形冠军”，也借此成为广东乃至中国领跑未来全球医药健康产业的“种子选手”。

来自广东省食品药品监管局的数据显示，在过去5年里，广东省获得了全国最多的生物制剂上市批文，文号数量达37个。而2014年和2015年，广东省新注册药品中，生物制品受理量占总量的比值均高于全国的平均水平，显示出广东企业在医药健康尤其是生物医药产业创新水平上的领先优势。

## 老牌药企加大技术投入寻求转型升级

除了近年声名鹊起的新兴企业，医药大省广东还拥有广药集团、康美药业、丽珠集团、华润三九等老牌知名医药企业。在创新能力上，它们同样实力强劲。

“目前广药正在调整新的产业布局。”广药集团董事长李楚源说。广药是广东的医药龙头企业，连续多年蝉联国家工信部颁布的中国医药工业百强排行榜冠军，2015年销售收入高达750亿元。但这家国内医药巨头，并不安于躺在功劳簿上坐吃山空。面对医药产业的技术发展新趋势，大象也要起舞。

李楚源介绍，广药是全国最大的中成药生产基地，旗下还拥有王老吉等众多中华老字号品牌。由于在中医药产品和医药商业体量上的传统优势，广药过去的业务主要集中在大南药、大健康、大商业三大板块。近年来，广药开始通过国际合作、并购、参股等多种方式，瞄准医疗服务、医疗器械和诊断试剂等高技术含量的新市场，在研发投入和创新合作上动作频频。

广药先后宣布投资50亿元进军医疗产业，设立1亿元的大南药滚动创新基金，出资1.5亿元参与设立广州中以生物产业投资基金引进以色列创新生物医药项目。2015年以来，广药又先后与鑫驹集团、西门子、美时医疗等国内外医疗器械巨头签约，共建医学诊断中心并引进先进医疗器械进行本土化研发、生产和销售。

“我们要加快推动新药研发、技术创新和科研成果转化，促进产品结构从普药为主向高附加值的创新药物转变，同时瞄准专利即将到期的国际创新药物，进行‘抢仿’和‘首仿’。”在李楚源看来，广药集团如果要想实现销售收入翻一番，进入世界500强的“十三五”发展规划目标，必须不断加大研发投入和科技体制创新的力度，变身为创新驱动型企业。

2012年，广药聘请诺贝尔奖得主、“伟哥”之父弗里德•穆拉德担任广药研究总院首任院长，并邀请其技术团队一并加盟。在其指导下，广药率先推出首个国产“伟哥”仿制药——白云山金戈。上市头一年，金戈的市场零售额就突破7亿元，实际销售数量甚至超过了原研药，一举打破了外资企业在国内抗ED类药物市场的垄断。

尝到甜头的广药集团，进一步加快了高端人才的引进。2014年广药宣布引进的“原创1.1类靶向个性化抗肿瘤药物开发及产业化创新团队”成功入选广东省第四批创新团队，获得2000万元政府资助。2016年，广药又成功聘

★ 广东企业在生物医药领域的领先优势明显，图为冠昊生物工作人员在工作

在追求创新的道路上，风头正劲的碳云智能并不孤单。近年来，华大基因、冠昊生物、达安基因、迈瑞医疗、金域检验等一大批广东创新型企业迅速崛起，在各自的细分领域中领跑同行。广药集团、丽珠集团、康美药业等南粤老牌知名药企，也不断加码技术投入和模式创新，增强作为业界龙头的创新实力。

任诺贝尔物理学奖得主乔治•斯穆特博士担任广药集团医疗器械研究院院长，加速高端医疗器械板块的布局。

2014年度的国家科技进步奖榜单上，广药集团旗下广州白云山和记黄埔中药有限公司参与申报的“调肝启枢化浊法防治糖脂代谢紊乱性疾病基础与应用研究”，就曾荣获二等奖，是广东省中医药领域唯一获奖项目。而截至目前，广药集团正在研发的一类新药已经达到11个。

类似广药这样的广东老牌药企还有很多。2016年1月公布的2015年度国家科学技术奖，丽珠、华润三九等老牌药企和华大基因等新兴企业均有参与完成的项目获奖。其中丽珠独立申报的“原创新药艾普拉唑的研发与产业化”，2016年获国家科技进步奖二等奖。

位列中国医药50强的丽珠，此前已有参芪扶正注射液和艾普拉唑先后荣获广东省科技进步一等奖。“艾普拉唑系列创新药物的研发及产业化”项目，还曾获批广东省第一批战略性新兴产业发展专项资金（省财政安排）4000万元。

诺贝尔奖得主、两院院士、“千人计划”专家、“珠江人才计划”团队……几乎每一家广东明星医药企业的成功，都闪现着高端人才的身影。科研资金和人才聚集，正推动着广东医药产业整体创新能力明显提升。

## 溢出效应带动产业上下游不断裂变

道生一，一生二，二生三，三生万物。

在广东，医药健康产业正在悄然发生类似核裂变的创新现象：一家创新企业成功之后，往往会通过创办孵化器、人才溢出等方式，主动或被动地派生出更多的创新企业。而这种创新的“裂变”，有时候给产业带来的巨大变化也丝毫不比核弹逊色。

“新一轮生命科学的发展给业界带来了更多想象空间。”金域检验董事长兼CEO梁耀铭说。总部在广州的金域检验，是国内最大第三方医学检验机构。2015年，金域检验宣布将以“检验+”的发展理念跨界融合形成更广泛的检验检测平台。同时，公司还打造了相关产业投资基金与企业孵化器，以向上下游产业扩展。

O2O上门体检平台“GO健康”是金域检验孵化的首个项目，主要通过手机APP等移动医疗平台，为普通消费者提供护士上门抽血体检服务。2015年正式上线以来，GO健康的服务已经覆盖10个城市，产品不仅有常规的体检，还有100多种针对熬夜、吸烟等高风险人群的专项体检套餐组合。

“GO健康在各大城市的扩展，只需要负责招募兼职护士和市场推广，护士采集完的血液样本可以直接交给金域在附近的冷链物流人员。”GO健康创始人陈迟说，金域检验在全国有近650个物流点及医疗冷链物流，覆盖全国90%人口所在的区域，这样的“靠山”让GO健康的起点很高，业务扩张也更为容易。

梁耀铭说，金域过去做的是服务医院等机构的B2B业务，要进入新兴的B2C市场服务个体消费者，扶持GO健康等创业公司是更有性价比的做法。而通过“孵化+创投+加速器”模式，培育扶持产业链上的中小微企业，可以让金域核心的检验业务更快地与临床研究、上游设备及耗材、健康管理咨询等更多领域业务对接上，“最终将变成基于检验而形成的大健康生态圈”。

“敞开平台的最大好处是技术的整合。”连续几个周末，达安基因董事长何蕴韶都在各地“打飞的”看项目。和金域一样，达安基因也早早构建起“创新链—企业链—资金链”三链融合机制，运用自身在医疗健康领域的龙头地位及资源，为许多技术含量高的中小企业提供成长土壤。截至2016年7月，达安基因培育投资了140多个项目，3个项目登陆新三板，2个项目已上市，10个进入Pre-IPO（准备上市）阶段。

其实，即便不是主动孵化，仅仅是明星企业本身的人才和技术溢出效应，就已足够孕育出更多的新兴企业。

2016年拿下国家科学技术进步奖一等奖的“新秀”深圳普门科技，其创始人、董事长刘先成就曾在深圳的医疗器械领头羊迈瑞医疗工作了15年，先后担任过迈瑞常务副总裁和美国分公司总裁。2008年创办普门科技后，成功推出国内首台光子创面治疗仪，不仅占据国内市场半壁江山，还成功销往中东、南美和东南亚等国际市场，成为又一家领跑细分市场的“隐形冠军”。

谈到为何放弃待遇优厚的高管职位从头开始创业，刘先成这样答道：“想做一些给人类健康带来价值的东西，也更希望能实现个人的价值。”

**■数说广东医药健康产业**

**“十二五”期间**

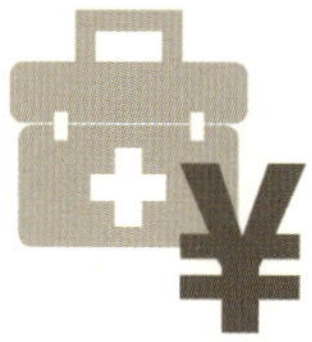

广东省医药产业整体运行平稳，产业集中度有所提升；企业的并购助推业绩上涨，重点医药企业保持平稳较高增长

2015年
广东医药制造业总产值达到**1500亿元**

主营业务收入**1400亿元**

比2010年增加**611.22亿元**
年均增长**15.5%**

利润总额**165亿元**

比2010年增加**96亿元**
年均增长**27.8%**

**“十三五”期间**

广东将加快培育支柱产业集群，建立以广州国家生物医药产业基地、深圳国家生物技术与医药产业基地、佛山市高新技术产业开发区医药健康产业园、中山国家健康科技产业基地、珠海生物医药科技产业园等珠三角地区为核心的医药产业集群，发展揭阳、惠州等具有传统优势的中药饮片、中药生产、流通产业集群

预计到2020年
广东医药工业产值达到**3500亿元**

药品流通销售**5000亿元**

## 产业观察

### 广东仍须不断强化领先优势

医药产业是广东省九大支柱产业之一。作为医药大省，广东医药健

康相关行业的产值规模在国内名列前茅。但如何从医药大省转变为医药强省，是广东“十三五”面临的一个重要命题。

从过去5年药品注册审评品种数量来看，广东药品研发和申报工作呈现“创仿结合，以创为主”的可喜态势，企业研发实力进一步增强，尤其是在生物制剂领域优势明显。

2015年的广东药品新注册申请量达到近5年来的高位，远超全国平均水平。其中新药申请注册量，已经连续两年依然高于仿制药的注册申请量。技术含量最高的1类新药申报量，过去两年分别达22个和20个，达到历史高点。技术含量较高的生物制剂上市批文数量，广东过去5年位居全国第一。

但成绩只代表过去，从最新的数据来看，相比国内一些医药健康产业的发达省份，广东的创新能力尚不具备太大的领先优势，甚至在某些具体领域还有待进一步加强。

截至2015年底，广东省药品注册审评品种数量化学药有248个受理号，全国排名第六；中成药53个，全国排名第二；生物制剂53个，全国排名第四。除了中成药注册审评申报数量排名比较靠前，广东的化学药和生物制剂的排名均比近5年上市品种排名有所下降。

在最能代表医药创新水平的新药研发成果方面，目前1.1类新药广东省有63个受理号，位于全国第四；重大专项的新药受理号23个，位居全国第四；特殊审批的受理号有62个，位于全国第五；加快品种则只有2个受理号，位居全国第九。

而这几个“高端”指标上，上海均进入全国三甲，江苏则除了生物制剂和加快品种位居第二，其他各类药品注册审评品种受理号数量均常居第一。

“从新中国成立初期到现在，医药产业从最开始的初级水平慢慢发展到今天的中高端水平，虽然进步卓越，但仍在中端水平徘徊了很多年。”国家食品药品监督管理总局前副局长任德权指出，中国目前制药企业仍有5000多家，多数层次不高，企业主体小而散、产业大而不强是制约产业升级的重要原因。

任德权认为，随着医疗体制改革的持续深入、产业政策的不断改进和行业监管的日趋强化，以药养医、药价虚高和药品监管薄弱、淘汰不利等问题正在逐步得到解决。中国医药健康产业已经形成迈向高端水平的基本条件。

“2014年中国大健康产业市场容量约44,532亿元，广阔的市场为医药健康产业可持续发展提供坚实的基础。”中国医药工业信息中心学术委员会副主任华雪蔚说，2016年及“十三五”期间，化学制剂、中成药、生物制剂仍将是重点发展的子行业，而中药饮片和卫生材料分别在大健康产业驱动与在生物创新技术驱动之下将具可预期的成长性，制药机械则可能成为潜在的行业盈利“黑马”。

面对万亿级的巨大市场，医药健康产业的重要性毋庸置疑。在中国医药健康产业迈向高端水平的前夜，先行一步的广东不能放慢脚步。以各种政策支持和鼓励医药健康企业加大研发投入和人才引进，是当前刻不容缓的重要工作。

只有不断强化领先优势，才能享受到这个高投入、高技术、高门槛的产业所带来的高产出与高增长。一个显而易见的事实是：在刚刚公布的2016年《财富》世界500强排行榜上，医疗保健和制药行业尚无一家广东医药健康企业。而在“世界500强最赚钱的50家公司”名单上，却不乏诺华、强生、葛兰素史克、罗氏、西门子等知名医药健康企业。

（文/牛思远　陈思勤　图/鲁力　李细华，发表于《南方日报》2016年7月26日）

医药产业是广东省九大支柱产业之一。作为医药大省，广东医药健康相关行业的产值规模在国内名列前茅。但如何从医药大省转变为医药强省，是广东“十三五”面临的一个重要命题。

面对万亿级的巨大市场，医药健康产业的重要性毋庸置疑。在中国医药健康产业迈向高端水平的前夜，先行一步的广东不能放慢脚步。以各种政策支持和鼓励医药健康企业加大研发投入和人才引进，是当前刻不容缓的重要工作。

贰

# 寻找独角兽

★ 企业是创新主体。广东要把创新驱动发展落到实处，加快形成以创新为主要引领和支撑的经济体系和发展模式，就必须大力培育高新技术企业，依托新技术发展新产业、新业态。

★ 在广东，除了耳熟能详的大疆、光启、华为、中兴、亿航等明星企业，还有许多各具特色的中小企业。它们当中，有细分领域的“隐形冠军”，有成长性极强的“潜力股”，也有资本青睐的“独角兽”企业。它们以创新为企业发展立命之本，多年来在各自领域默默耕耘，努力向“微笑曲线”两端奋进。

★中南机械的工人正在熟练地运作机器进行精密加工制造

# 中南机械："上天下海"的"隐形冠军"

熟悉佛山市南海中南机械有限公司的人，往往用"上天下海"来形容它。这家看上去不甚起眼的广东企业，却是"雪龙号"科考船、国产大飞机等"大国重器"零部件的供应商，是船用柴油机电喷系统领域的"隐形关键"。从关键零部件的国产化，到进军装备制造，再到依托精密加工的平台化发展，中南机械寄望"2025年成长为全国智能制造领域领先企业"。

## 质量速度成本完胜外国产品

走进中南机械的厂房，一个个长达数米的“狭长管”已装箱完毕，正等待交付。“别看它外表普通，这是船用柴油机的共轨单元，一套就值几百万元，用于万吨级油轮的柴油机电喷系统。”中南机械总经理助理黄平自豪地介绍，我国极地科考船“雪龙号”上就装载了这一共轨单元，“在这个领域，我们是国内唯一的供应商”。

过去，这一部件一直依赖进口，但中南机械的成功研制打破了国外厂商的垄断。这一项目也因此获得了“广东省机械工程学会科学技术一等奖”“佛山市科学技术一等奖”和“南海科技进步一等奖”等荣誉。

“共轨单元零件很长，要在十多米的零件上深孔加工；同时由于是用于船用柴油机，单元上要装很多阀，在试压150兆帕的高压之下要保证严格的密封性。150兆帕相当于1平方厘米要承受1500千克的压力，在这样的高压下，国外产品有时都会出现渗漏的现象，但我们的产品批量生产后，还没有出现一台渗漏。”中南机械总经理助理胡建武说。

打败进口产品的还不只这一点。“设计要求在十多米的管道上打出一个‘8’字形的小孔，我们能把精度控制在偏差2毫米以内；同时，我们的成本比外国便宜30%，交货时间还要快三分之一。”胡建武说。

不仅是“雪龙号”，中南机械还为国产大飞机的试飞下线做出贡献。“我们为国产大飞机的试验机制作了一些零部件。”胡建武说。

A05 时局观察

肇庆市委书记赖泽华：

增强珠三角意识 建设枢纽门户城市

年度投资70亿 半年融资200亿

中南机械：“上天下海”的“隐形冠军”

企业成功关键在人

## 20余年研发万种零部件

这样的成绩来之不易。“大型船用柴油机电控共轨单元经过了几十次试验和长达半年的研发才成功。干我们这行要沉得住气，也不容易赚大钱。我们也曾动摇过，但一想到很多关键零部件还被国外垄断，又舍不得放弃。”遥想创业初期，中南机械董事长许冠说。

1990年，许冠带着十几人的团队，开始关键零部件国产化的攻坚。“当时，广东引进了600多台大型柴油机的发电机机组，很多关键零部件容易损坏，如果都靠进口，每年需要十几亿美元，我们就决心自己研发制造。”

2000年转制成为股份制企业后，中南机械拓展业务速度进一步加快，涉及船用柴油机到航空发动机的关键零部件等；同时在精密加工领域加速发力，成为多家世界500强公司的合作伙伴。

零部件业务逐渐壮大的中南机械并没有小富即安。当许冠看到美国汽车刹车盘工厂24小时运行的自动化车间，4公里长的生产线仅需40来个工人就能完成通用汽车70%的业务时，他又有了新的方向。

许冠感慨道，2010年前后珠三角制造业的转型升级和技术改造给他带来新的机遇。凭借大量零部件研发生产积累的经验和数据，中南机械进军装备制造，推出了自主设计的数控机床“佛威机器”。

“在这个过程中，我们发现不同行业和细分领域对生产设备有不同的需求，需要从工艺上进行不同的设计；标准化的数控装备竞争也很厉害。20多年来，我们研发过1万多个零部件，积累了巨大的数据库，能够实现针对客户需求的个性化设计定制。”许冠说。

除了“佛威机器”，3D打印也是中南机械接下来发展的方向。2016年5月，中南机械成功研发出DiMetal系列金属3D打印机，技术水平国内领先。

## 以点带面联合智造企业

“这条路虽然难，但是有前途。”许冠介绍，中南机械目前拥有8个制造基地和2个工程技术研究开发中心，在船用柴油机电喷系统市场占有率全国第一，还被认定为“国家级高新技术企业”。接下来，中南机械将以精密零部件制造为基础，数控装备和系统为核心，网络化制造（技术服务）和智能装备为引领。

不仅如此，许冠还希望依托中南机械精密加工的优势，实现中南机械的平台化发展，同时也培养出更多的优秀的制造业企业。

“把彼此前端开发和加工制造的优势结合起来，再把有关领域的企业聚集起来，抱团成长，做大以后把好的资本引进来。”许冠说，要做智能制造，一家企业的力量太小，“中南机械要当一个点，‘以点带面’把大家联合起来。”

目前，中南机械正通过建设孵化中心，引进高校科研院所团队，进行产学研合作。参照《中国制造2025》和广东省《关于贯彻落实〈中国制造2025〉的实施意见》，中南机械也给自己定下了明确的目标：到2017年，孵化器初期引入5—10家创业团队；到2020年，智能装备研究院和孵化器正式投入使用，孵化出5—10家创新企业；到2025年，培养100名研究主导型创新人才，开发100个具有自主知识产权的创新产品，孵化10个高科技创新企业。

## / 企业家说 /

**佛山市南海中南机械有限公司董事长许冠：**

### 企业成功关键在人

谈及中南机械的成功秘诀，许冠毫不讳言要有“工匠精神”，“最终人还是最重要的精髓”。他解释，在执行层面，机器是可以做得很好；但对于前端设计和理念，要想做出精品，一定还是要靠人。

正是因为对人的重视，中南机械多年来高级技师的流失率仅有5%，还被评为“国家技能人才培育突出贡献单位”。许冠说：“培养了一大批技术骨干是最欣慰的事。”

“1995年3月我从技校毕业来到中南机械从学徒做起，一直在这里，最主要是因为公司能让我学到很多新的东西，有好的建议公司也愿意吸收。”在2016年5月佛山市政府评出的30位“大城工匠”中上榜的胡建武说。

许冠对此很认同：“这跟坚持把自主创新作为企业灵魂和核心竞争力密不可分。我们正是靠不断的内部创新，靠各种项目激发技术工程人员和工人的创造力，同时为他们提供国内外培训的机会，让他们在工作中不断挑战自己。这是仅仅靠收入不能获得的成就感，也是为什么我们能够留住人才的原因。”

广东省中小企业促进会会长谢泓也认为，“人”是中南机械能有如此成就的关键。“中南机械拥有一批具有20年工作经验、具有‘工匠精神’的优秀产业工人。这批人才对产品研发后实现‘落地’生产具有极强的执行力。”

（文/肖文舸　图/钟晨，发表于《南方日报》2016年8月10日）

➔ 零部件业务逐渐壮大的中南机械并没有小富即安。当许冠看到美国汽车刹车盘工厂24小时运行的自动化车间，4公里长的生产线仅需40来个工人就能完成通用汽车70%的业务时，他又有了新的方向。

➔ 正是因为对人的重视，中南机械多年来高级技师的流失率仅有5%，还被评为“国家技能人才培育突出贡献单位”。许冠说：“培养了一大批技术骨干是最欣慰的事。”

# 汉源新材料：做好“工业的味精”角色

如何在“冷门”行业成功创业并闯出一片天地？广州汉源新材料股份有限公司持续创新焊接材料技术，连续3年位列行业前五名，其助焊剂涂覆焊片产品技术达到国际先进水平。

依靠独有的“研究者精神”，汉源在几乎不存在的市场中挖掘和培育出巨大的发展机遇。一家百人小企业从贴钱代研发变身世界一流科技公司的独家供货商。

## 在“没人搞”行当中独创领先技术

汉源的成功，核心在于其世界领先的焊接材料技术，而这些技术从何而来？

焊接材料是电子组装的辅助物料，有人美称为“工业的味精”，可产品研发投入产出时间长，风险大。有的民营企业家直言：“焊接材料？没人搞的。”在国内，以前多是政府和国企从事研究。

汉源总经理陈明汉与材料结缘，是因为他大学毕业后进入华南最大新材料科研机构广州有色金属研究院工作。此后，他被调往南方特种铜材公司负责管理工作，“一下子体会到了市场的脉搏”。

20世纪90年代起，珠三角成为全国电子产品的生产基地。陈明汉发现，电子产品中的PCB电路板和组装插件等都要用到金属材料铜和锡，这两个配套材料市场需求很大。

2000年，陈明汉选择创业。在广州有色金属研究院一个废弃的幼儿园里，他做出了一个让如今创业者羡慕却又不敢实行的决定：找来了4位原来分别在金属研究院化学冶金研究室、新材料研究室、分析检测中心工作的退休教授级高工当创业伙伴，创办广州瀚源电子科技有限公司（2016年更名为广州汉源新材料股份有限公司），享受国务院特殊津贴的金属材料专家蔡烈松任公司总工程师。

初入市场，除了技术，一无所有。于是，汉源专门研究和生产行业内对技术要求最高的产品，意欲以此作为竞争优势。2000年，无铅焊料刚刚在国际上推广，汉源随即推出自主研发的无铅焊料“Sn—Cu—Ti”。陈明汉说：“这项技术一推出就达到国际先进水平，产品卖得很好。”初尝甜头后，汉源的发展模式初见雏形，即专门针对行业龙头企业的需求推出产品，以“高技术+低价格”抢占稳定的高端市场。

A03 时局 聚焦

助焊剂涂覆焊片产品达国际先进水平，百人小企屡屡“征服”世界级龙头企业

汉源新材料：做好“工业的味精”角色

持续创新是做大做强之根本

专题

为创新创业提供良好发展与孵化空间

碧桂园发布产城融合战略 投资千亿布局“科技小镇”

## 每年研发投入上千万元

虽然汉源至今只是一家有100多名员工的焊料小企业，但是近年来每年研发投入却都超过1000万元，居国内同行民营企业前列。仅2016年到位的3台超声波扫描显微镜等研发设备，每台单价都超过100万元。

汉源因此成为国内焊料技术研发重镇，目前已申请自主研发无铅焊料发明专利18项，获授权12项，其中一项还获得美国授权；两获国家重点新产品计划立项、十获广东省高新技术产品认证。汉源助焊剂涂覆焊片产品技术和高洁净功率半导体封装用焊片产品技术达国际先进水平。

近年由于电子产品生产规模总体缩小，作为配套的焊料行业苦不堪言。但汉源在2014年度、2015年度营业收入均超过4亿元；2012年至2014年，年营业收入及产销量每年平均以超20%的速度增长。

## “技术交流”打破“有色眼镜”

汉源技术好、价格低的模式，绝非一帆风顺。

品牌企业的供应商几乎都是品牌企业。当初，国内一家大型民营通信企业直接告诉汉源：“别看我们也是民营企业，选供应商时我们对不了解的小型民营企业也会戴‘有色眼镜’。”

怎么打破这个“有色眼镜”？“我们要有研究者精神，商业利益暂时放在一边。”陈明汉自豪地说，龙头企业不信任汉源，汉源便主动上门了解客

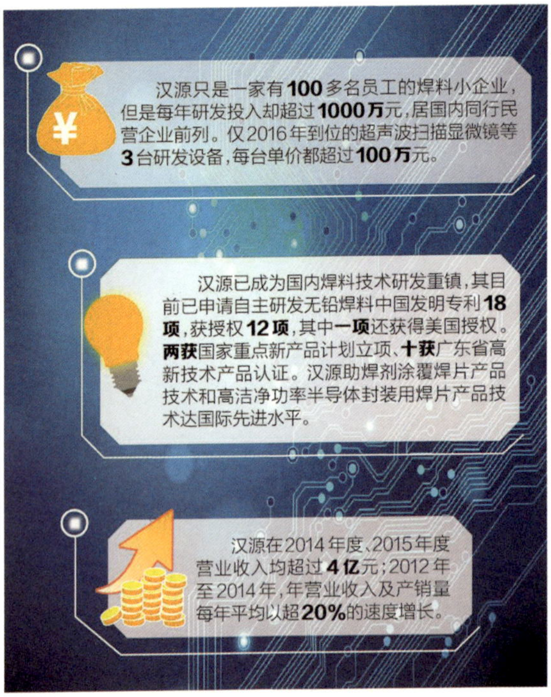


户在技术上有什么困难，免费当龙头企业的编外研发部，有针对性地提供最新研发的样品供试用。

“国外大客户在采购中真正有发言权的是技术人员，我们拿产品说话，和他们一来二去地改善样品。”汉源的员工称之为“技术交流”，短则2年，长的5年，没有任何报酬，义务做研发，最终用不用汉源的技术也悉随尊便。

结果却让人震惊。

全球技术最尖端的印制电路板生产商日本揖斐电株式会社的北京公司，和汉源“技术交流”了5年后，把汉源最终作为其手机电路板阳极材料的独家供应商。

全球电缆、天线等通信设备产品市场高端品牌占有率第一的美国康普公司中国分公司，把汉源提供的环形焊片和矩形焊片等焊料样品带回国详细研究了半年，拿出一份厚达130页的报告。结论是替换原供应商，其全球四大生产基地全部使用汉源产品，汉源成为其独家供应商。

众所周知，世界级的龙头企业，为了确保供货安全和压低价格，几乎不采用独家供应商模式。而汉源却一再成功。

除此以外，汉源通过“技术交流”的方式，近年相继成为苹果、三星等全球知名企业的供应商。

## 每年“倒贴”数百万保障质量

陈明汉说，做龙头企业的供应商，产品是不能出问题的。汉源为了用最好的原材料，自己承担了大量的成本。数据显示，汉源一年买入优质品锡2000吨，每吨和普通品差价2000元；买入优质品铜近万吨，每吨和普通品差价1000元。有同行笑着计算，汉源用普通材料，一年可以多几百万元的利润。“但世界500强的客户理解我。他们总说，‘汉源的东西就是好’。”

如今，汉源已经成为焊料行业中的佼佼者，在广州高新技术产业开发区拥有1万多平方米的现代化研发生产基地。2016年，公司成功挂牌新三板。中国印制电路行业协会发布《第十四届（2014）中国印制电路行业百强企业》，汉源位列专用材料第三名。

汉源的客户也络绎不绝。2016年慕尼黑上海展，汉源推出达国际水平的创新产品IGBT用高洁净焊片、预涂覆助焊剂型焊片、SMT填充用焊片，3天展期共有200余采购商上门咨询。

虽然汉源至今只是一家有100多名员工的焊料小企业，但是近年来每年研发投入却都超过1000万元，居国内同行民营企业前列。仅2016年到位的3台超声波扫描显微镜等研发设备，每台单价都超过100万元。

汉源因此成为国内焊料技术研发重镇，目前已申请自主研发无铅焊料发明专利18项，获授权12项，其中一项还获得美国授权；两获国家重点新产品计划立项、十获广东省高新技术产品认证。汉源助焊剂涂覆焊片产品技术和高洁净功率半导体封装用焊片产品技术达国际先进水平。

## / 企业家说 /

### 汉源新材料总经理陈明汉：
### 持续创新是做大做强之根本

广州汉源新材料股份有限公司总经理陈明汉认为，在材料领域持续保持技术创新，是民营中小企业汉源做大做强的根本保障。汉源现正在探索嵌入IGBT（绝缘栅双极型晶体管）市场。

他提出，当前IGBT是业界公认的、发展最迅速的新型功率器件，被认为是电力电子技术第三次革命最具代表性的产品，广泛应用于工业、4C、航空航天等传统产业以及轨道交通、新能源等战略性新兴产业。采用IGBT进行功率变换，能够提高用电效率和质量。目前世界各大功率半导体公司研发热潮高涨。预计到2018年，我国IGBT行业市场规模将达到134亿元。

2014年，工信部指导筹建中国IGBT技术创新与产业联盟。联盟由IGBT专用材料及设备、芯片及器件、模块、装置及系统应用等产业链各环节共24家骨干企业发起成立。2015年，汉源凭借达国际先进水平的“IGBT专用洁净焊片”技术优势，成为中国IGBT技术创新与产业联盟首批会员单位。

陈明汉透露，中国中车大功率IGBT产业化基地在2012年建设国内第一条8尺寸IGBT芯片生产线，这也是世界上第二条8英寸IGBT专业芯片生产线。目前，汉源和中车合作开展“技术交流”。

陈明汉说，大到高铁，小到手机，很多电子产品出问题，往往不是电子元件的原因，一半以上问题由于焊接导致。焊接非常重要，但目前国内焊接材料品质良莠不齐，焊接工艺管控能力不够，导致很多中国产的电子产品可靠性声誉不佳。汉源持续专注焊接材料和焊接技术的研究，希望能够与行业领先企业共同推动电子产品的焊接可靠性。

（文/苏力，发表于《南方日报》2016年8月11日）

# 博创智能：开中国注塑装备智能化先河

A03 时局 聚焦

外交部就习近平主席主持二十国集团领导人第十一次峰会举行中外媒体吹风会

杭州峰会：一次集众智、聚合力的峰会

关于G20杭州峰会 你需要知道这些

博创智能：开中国注塑装备智能化先河

投资1.5亿元！仅800名员工的传统制造业民企博创智能装备股份有限公司（下称“博创公司”）牵头，欲建大型注塑成型装备制造智能工厂。2016年8月，这项目有戏了——

博创公司收到工信部和财政部批复，该智能工厂通过“2016年智能制造综合标准化与新模式应用项目”立项，将获各级政府支持、监督。中央财政提供启动资金。

从“香港塑机大王”蒋震麾下高管，到辞职打造内地注塑机龙头，从自主研发亚洲最大、国内首台超大型注塑机，到首批、注塑业唯一入选工信部全国智能制造试点，再到2016年1月动工建设智能工厂，博创公司董事长朱康建和博创公司一直是中国注塑业标杆。

传统制造业转型怎么转，有何结果？博创公司是脱颖而出的清晰样本。

省中小企业发展促进会执行会长谢泓说，博创公司的转型跳出企业小格局，立足为产业和社会创造价值，跨越式发展为转型升级创造持久动力。

## 超大注塑机打破日本垄断

我国是全球最大注塑机生产国和销售国，但大部分企业技术、品牌和创新实力弱，产业大而不强。

朱康建深知，打破传统制造粗糙的痼疾，创新、升级是我国塑料机械行业发展的方向。创业伊始，博创公司便只做高技术产品，敢于叫板欧美日企业。任何时候致电博创公司，电话那头总是响起：“中国最具活力的塑机行业领军者博创。”

发展思路来自朱康建的从业经历。他1985年大学毕业进入杭州一家国企

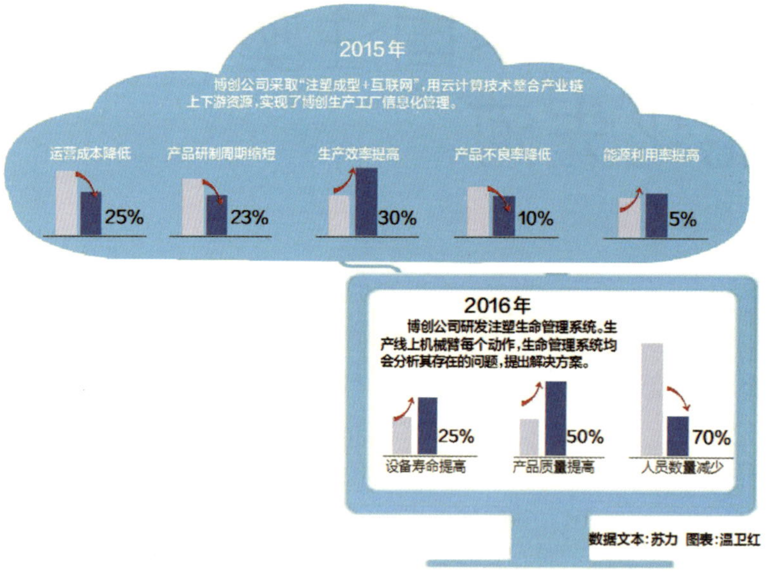


做工程设计，1993年被委派赴香港深造，随后加入全球最大注塑机生产商之一香港震雄集团。2003年，他放弃150万港元年薪的中国区总经理职位，来到广州创业。

从业18年，朱康建的专业和人脉积累俱佳。博创公司“先有品牌，后有工厂”，一起步即大规模改造厂房，制定研发、品牌、市场战略。100多名老同事先后加盟，共同创业。在工厂还没生产出产品时，朱康建就花1000万元在全国建17个4S店，投资近300万元构建销售CIM系统，从香港、台湾等地请销售、请顾问。

三年后，只做高技术产品的博创公司年营业额超过3亿元，成为国内知名注塑机品牌。2009年，公司搬至增城并增资扩产，大量引进国外先进设备和自主技术创新，建成现代化的数字工厂。

伴随着制造业智能化升级的浪潮，博创公司2011年开始升级改造注塑成型装备的网络、信息和智能化水平。当年便研发出首台集网络化与智能化于一体的注塑装备，开中国注塑装备智能化升级先河。

自主创新之路越走越顺。2013年，博创公司突破关键技术和生产难关，打破日本技术垄断，自主研发出亚洲最大的6800吨伺服节能二板式注塑机，并交付山东客户生产检查井。6800吨注塑机的问世，一举填补了我国自行研发制造超大型注塑机的空白。

技术导向让博创公司后来居上，短短十年已成为中国塑料行业综合实力前三名、业内首个被国家发改委列入国家重点产业振兴计划企业、唯一入选“国家重点火炬计划高新技术企业”的广东塑机企业。目前，博创公司拥有广州、杭州两大生产与研发基地，生产100多个机型的自主知识产权注塑机产品。

## 从“博创机械”到“博创智能”

在博创公司自办的一场研讨会上，香港科技大学教授高福荣一句“中国塑料机械业还处于工业2.5阶段”的论断，让与会者颇受刺激。

确实，中国注塑工业整体水平远不如日、德。劳动力成本上涨、环境要求愈发严格，企业向无人化、智能化发展大势已定。

“博创公司对智能制造不是畏惧，而是破冰。”朱康建说，“躲是躲不掉的，要与之共舞。”在塑料注塑成型机制造全国领先的基础上，2015年，“博创机械”改名为“博创智能”，投入研发注塑成型智能装备，迎来理念、思想、战略大调整。

如今，走进博创公司展厅，其推出的BE全电动、BM多色机等五大系列注塑成型智能装备让人叹为观止。目前，精密注塑智能解决方案、汽车行业智能解决方案等四大行业的智能装备已经成为该公司新的拳头产品。

“要站在智能制造的高度和新的起点去发展，坚持慎重的创新。”朱康建说。博创公司采取“注塑成型+互联网”，用云计算技术整合产业链上下游资源，实现了生产工厂信息化管理。2015年，该公司运营成本降低了25%，产品研制周期缩短了23%，生产效率提高了30%，产品不良率降低了10%，能源利用率提高了5%。

2012年，博创公司在美国高端市场只卖出了一台机器。三年后，美国市场销量激增至150台。包括卖出了一台重达1400吨的注塑机，专门用于生产克莱斯勒300高档轿车门内饰件，后来客户又有意再订购两台4000吨的注塑机。现在，博创公司的产品已经远销美国、欧洲和日本等传统注塑机制造优势国家与地区。

## 率先探索“注塑工业4.0”

2015年7月，工信部将博创公司定为全国首批46家智能制造试点示范项目单位，博创公司成为全国注塑行业唯一一家入选企业。朱康建大胆提出：响应《中国制造2025》，率先在塑机行业探索“注塑工业4.0”。

技术导向让博创公司后来居上，短短十年已成为中国塑料行业综合实力前三名、业内首个被国家发改委列入国家重点产业振兴计划企业、唯一入选“国家重点火炬计划高新技术企业”的广东塑机企业。目前，博创公司拥有广州、杭州两大生产与研发基地，生产100多个机型的自主知识产权注塑机产品。

2016年，博创公司成立由副总挂帅的智能制造事业部。在CHINAPLAS2016国际橡塑展上，首次发布智能工厂方案。当年1月，“博创智能新工厂”在增城经济开发区动工建设。

新工厂包括一栋现代化重型机械厂房和一栋科学技术研发中心，是集注塑装备研发、生产、质量管控和物流一体化的智能云工厂。利用工业现场智能化生产线，新工厂集成了ERP、PLM、CRM、MES等系统，建立起一套云化处理生产管理服务系统。

朱康建介绍，新工厂搭建的大数据中心，在采集生产、物流、人员信息后，可自感知、自诊断、自适应、自决策，通过云平台为客户提供故障诊断、客户行为分析、营销策略分析的服务。

“以后，客户对设备的保养和维护都可以由博创公司直接完成。”朱康建说。美的集团广州空调生产工厂就是探索的成果，博创公司为该项目供应80台注塑机，锁模力从600—1000 KN不等。在云端提供智能化的售后支持，客户塑机的所有数据都保存在云端，可以实时监控塑机情况，赶在客户之前发现问题。

在朱康建看来，为客户创造价值，可以归纳为四个方面，即帮助接单、提高附加值、降低运营成本、降低整体采购成本。

2016年，博创公司的目标是研发出智能工厂的重要一环——注塑生命管理系统。机械臂的每个动作，生命管理系统均会分析其存在的问题，提出解决方案。最终能让设备寿命提高25%，产品质量提高50%，人员数量减少70%。

一流的企业制定标准。在朱康建的计划里，一两年内，作为中国塑料机械工业协会会长单位的博创公司将会以协会名义，推出塑料机械行业智能制造行业标准，引导行业发展。

## / 企业家说 /

**博创智能装备股份有限公司董事长朱康建：**

## 将真诚服务做到极致

博创智能装备股份有限公司如何在过去13年里一直充当行业引领者？

博创公司董事长朱康建认为，在技术和营销的“外壳”下，核心动力是公司的价值观：“博大精深，价值共创”。

朱康建对儒家文化颇感兴趣，公司以传统文化作为企业发展的根基，总结出“安全、责任、诚信、卓越、感恩”的指导方针。他说，博创公司坚持“利他”思想，做任何事情都要为客户着想，对待客户时更增添了更多的人性化元素。

“博创公司处处为客户着想，帮助客户在恶劣环境下生存与发展得更好，这样客户才愿意与博创公司一起成就梦想。”朱康建说。博创公司一方面“以理服人”，另一方面也注重“以情感人”。

朱康建举例说，在打入北美市场时，除了快速适应客户定制化需求、设计、品味以及使用习惯，博创公司更将真诚服务做到极致。曾经有一家美国客户工厂里的博创机器发生了故障，博创公司整个团队彻夜赶修机器，博创北美公司总裁陈钱汉亲自爬到机器里排查检修，终于在凌晨5点把问题解决了。

“虽然听起来没有新意，但这种真诚的态度造就了博创公司在美国市场的成功。”朱康建表示，当前中国塑料机械市场，智能装备使用率仍然偏低。为让国内客户接受智能装备，博创公司2015年以来已在武汉、上海、重庆、天津、长春等城市举办近20场“注塑工业4.0技术研讨会”。

“让客户感受智能制造的优势，利好的不仅是博创一家公司，也是整个行业——这也算是一种‘价值共创’吧。”朱康建说。

（文/苏力，发表于《南方日报》2016年8月16日）

“博创公司处处为客户着想，帮助客户在恶劣环境下生存与发展得更好，这样客户才愿意与博创公司一起成就梦想。”朱康建说。博创公司一方面“以理服人”，另一方面也注重“以情感人”。

# 东莞劲胜：国产化智能工厂工信部都点赞

在东莞劲胜精密组件股份有限公司的车间，一台台数控机床自动运行。中控室里，显示屏上的三维仿真画面清楚显示机器运行情况。指标一旦异常，工作人员就可根据指示迅速定位所在机器，快速解决问题。在智能制造大潮席卷广东的今天，这似乎没有什么了不起。但如果仔细观察就会发现：劲胜所用的智能装备、数控系统、工业软件均实现了国产化。

就在2016年7月，全国智能制造试点示范经验交流会选在这里召开，这并非偶然。工信部副部长辛国斌表示，以前发展智能制造所需的关键装备、核心零部件和应用软件要想找到满足要求的国产品牌并不容易，“劲胜给了我们信心”。

## “十八罗汉”突破进口智能装备限制

“我们以前主要做消费电子领域的精密模具和结构件研发、设计、生产和销售。”东莞劲胜精密组件股份有限公司执行总裁王建介绍，随着人力、物流、土地等成本上升，个性化定制和多品种大批量生产新趋势的出现，劲胜和很多中国制造企业一样，面临外部竞争压力和内部生产模式挑战。

在尝试了向低成本国家转移、投入更多品质检测人员等措施之后，劲胜发现了以智能制造来应对挑战的新路。而智能制造首先面临的问题就是如何解决技术和设备。

“我们考察了西门子在成都的数字化工厂。”王建说，但西门子要求把已有设备的控制系统全部换成他们的系统，这不仅新增成本高，技术人员还需要重新适应新系统，“我们还无法获得制造数据的全部控制权，所以最终没有采用西门子的方案”。

除了西门子，劲胜还考察、比较了IBM、Oracle等国际巨头的产品，也都存在硬件成本高、系统不可控、数据不安全三大局限性。

最终，劲胜将目光转向了国产产品，并联合华中科技大学、华中数控、艾普工华、

A04 时局 聚焦

智能装备、数控系统、工业软件全部国产化

东莞劲胜：国产化智能工厂工信部都点赞

深圳为何出现一批"原生"全球化企业？

闪图科技、创世纪机械等18个国内单位，组成了以劲胜为核心的智能制造"十八罗汉"。

"我们一直重视自主研发，组建了博士后科研工作站、广东省院士专家企业工作站、广东省新型材料注射成型模具工程研究中心等创新平台，重视与国内专业高校及科研院所的技术合作，可以说有一定基础。"王建说，通过产学研密切合作，"十八罗汉"强强联合打造出性价比高、开放性好、服务到位的国产产品，打破了进口智能装备的种种限制。

## "吃螃蟹"带来降成本提质量增效率

选择国产设备之路并非没有风险。就连辛国斌也坦言，"以前，我们发展智能制造所需的关键装备、核心零件和应用软件难以找到符合需求的国产产品，即便有，大家也不太愿意用"。

敢于"吃螃蟹"的劲胜，很快尝到了甜头。借助自动化、网络化和数字化的国产智能制造设备，劲胜的生产质量和效率明显提升。

"以前的生产线只能做1个产品，通过柔性化生产线、通用性料盘、通用型机器人手爪等，现在生产线能做到同时有序生产9个产品而不乱。"王建举例说，借助断刀检测系统、机床健康诊断系统和自动监测系统等，劲胜就成功把品质良率提高到了98%。

劲胜的合作伙伴、武汉华中数控股份有限公司董事长陈吉红介绍，金属加工刀具相当于制造的牙齿，以前靠人来判断刀具的损耗程度，一旦出现失误，整个生产线都可能会瘫痪。而通过给刀具装上芯片实时传输数据，车间后台会定期比较刀具切割时声音的波形，判断断刀的准确率达到90%以上。

"相当于给机器人拍'心电图'，而且如果波形出现异常，大数据中心马上会发指令让机床暂停，并提醒操作人员换刀，有效避免断刀带来的损失。"陈吉红说。

如今，东莞劲胜公司生产智能手机机壳的智能工程示范车间，已经拥有10条高速钻孔机床自动化生产线，成功实现了"四化"和"三国"，即装备自动化、工艺数字化、信息集成化、生产柔性化，全部使用国产制造装备、国产数控系统、国产工业软件。

通过虚拟开发设计软件、自动化作业、信息化管理等，劲胜的产品开发周期由原来的120天缩短到80天，缩短了33%，产能提升了15%，人力精简83.8%。

## 用国产装备向服务型制造转型

“《中国制造2025》的重中之重是做强做优智能装备制造业，用自主可控的先进装备武装中国制造业。”中国工程院院长周济说。成功研发国产化智能装备，除了为传统业务升级出力，也让劲胜向着智能装备研发销售以及系统解决方案这一“服务型制造”领域转型。

据了解，凭借收购研发机床装备的创世纪，劲胜逐步进入智能装备制造领域；通过与华中数控和华数机器人的合作，劲胜又向数控系统和工业机器人迈进；借助参股专注于系统软件的艾普工华，劲胜打通了系统软件环节……

“目前智能装备已经占到公司总业务量的一半，利润占比达到80%。”王建笑言，集高端数控机床、国产机器人、自动化设备、国产系统软件于一体的智能制造产品和服务体系，让劲胜不再只是传统的生产型制造业工厂。通过提供系统集成总承包服务和整体智能工厂改造解决方案，如今的劲胜已逐步向新型服务型制造企业蜕变。

作为广东发展智能制造、大力推进工业转型升级的一个缩影，劲胜2015年获得国家智能制造试点示范项目，并将于2017年6月进行国家验收。截至2016年8月，广东省市共同建设了10个智能制造示范基地，11个智能制造试点示范项目通过国家工信部评审。2016年上半年，全省先进制造业和高技术制造业增加值分别占全省规模以上工业的48.8%和27.2%。

对此，辛国斌高度评价：“高度自动化、数字化、智能化工厂是用中国自己的装备武装起来的。近年来有了比较大的改观，在广东劲胜，数控机床、AGV小车、工业软件等都拥有自主知识产权，这给我们推进智能制造增加了信心。”

## / 企业家说 /

**东莞劲胜精密组件股份有限公司执行总裁王建：**

## 国产化才能保证数据安全应用

“国产设备如果能满足生产加工的需要，为什么要买国外的产品？”劲胜执行总裁王建说，东莞劲胜通过对国产智能装备、国产数控系统、国产工业软件的应用，证明国产产品也可以保证稳定性能、满足需求，而且性价比高。

在王建看来，最重要的是国产设备系统开放，能够完整、即时采集和加工数据，并保证大数据应用的安全可控，满足智能制造最核心的需求。

“我们基于对示范车间的人员数据、物料数据、设备数据、工艺数据、质量数据等进行大数据信息的集成、统计分析和应用，才能实现车间的数字化和网络化，以及机床健康保障、断刀监测等智能化功能。”王建说。

王建表示，美国的智能制造竞争优势在于互联网，德国的智能制造竞争优势在于工艺和设备，日本的智能制造竞争优势在于精益生产，而中国的智能制造优势在于数据的获取与应用。

作为制造业大省和大国，工业大数据正是广东和中国的优势，良好利用机器运行的数据能有效推进智能制造的进程，而要想将这些庞大的数据资源变现“为我所用”的前提，必须是使用国产装备。因此，应鼓励企业采用优质国产化的智能装备、工业软件、数控系统，在安全可控前提下实现设备互联和数据利用。

据中国工程院制造业研究室主任屈贤明透露，现在已经有一些企业开始尝试复制劲胜的模式。“这很令人高兴，因为如果市场不去用我们的国产装备，就肯定没法改进和提高。对于我们这样的制造大国，要培育强大的自主品牌装备和支撑系统，才能使制造业向服务化转型升级，提供数字化、智能化工厂的解决方案。”

（文/肖文舸　图表/彭雳，发表于《南方日报》2016年8月18日）

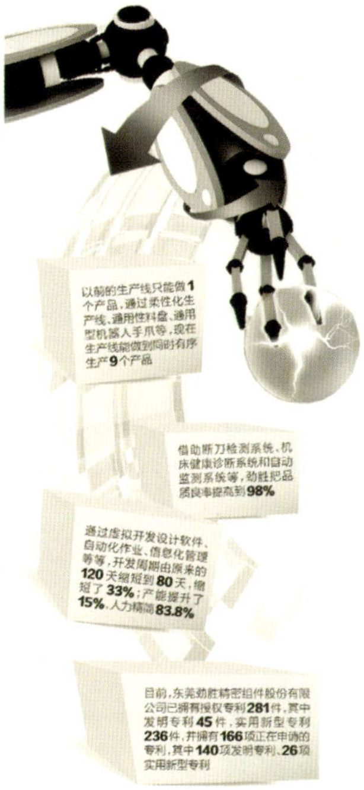


据了解，凭借收购研发机床装备的创世纪，劲胜逐步进入智能装备制造领域；通过与华中数控和华数机器人的合作，劲胜又向数控系统和工业机器人迈进；借助参股专注于系统软件的艾普工华，劲胜打通了系统软件环节……

# 嘉腾机器人：斩获工业设计“奥斯卡”

各式各样的电路板、机械图纸以及调度系统，三五成群的工程师在组装和调试各种设备，远处几台机器人自顾自地在磁轨上有序穿梭，还不时发出各类提示音……这样颇具科幻感的场景，每天都在广东嘉腾机器人自动化有限公司的车间里发生。

经过在搬运机器人领域长达11年坚持不懈的努力，嘉腾机器人已成为广东乃至全国机器人领域崛起的“新星”，2016年广东公布的首批15家机器人骨干企业名单，嘉腾机器人名列其中。财务数据显示，嘉腾连续三年营业额增长达40%以上，2015年盈利突破1亿元，2016年获得近5000万元投资，投后估值超过2.45亿元。

## 产品屡获工业设计大奖

在嘉腾的车间里，坐落于厂房一角的一台巨型机器人让人眼前一亮：外形设计酷似“铁胆火车侠”，橙黄的外壳散发着金属光泽，“后脑勺”上还有一块个人电脑大小的液晶显示屏。“这台AGV（自动导向搬运车）机器人外号叫大黄蜂，是我们嘉腾的明星产品。”嘉腾机器人副总裁陈洪波说。

据介绍，“大黄蜂”获得了2016年的“创客中国”大赛企业组一等奖，并斩获了2016年德国工业设计顶级大奖红点奖。

红点奖是全球工业设计界最权威的设计奖项，被誉为工业设计界的“奥斯卡”，也是Apple、IBM、Porsche等国际顶尖公司每年激烈争夺的设计高地。该奖项以评选标准苛刻而著称，入选产品必须有区别于其他同类产品的创新特点，代表着该领域全球最高工业设计水平。

“嘉腾此次获奖实际上也实现了中国工业机器人在红点奖上零的突破。”陈洪波说，“大黄蜂”能够摘得红点奖等众多奖项，凭借的不仅是精湛的设计和沉稳大气的外形，更是其中的“内涵”——这款产品在国际范围内首次使用了惯性导航技术，并且在室外环境也能自如运行，技术和品质在国内外都堪称首屈一指。

除了“大黄蜂”，嘉腾还研发了很多具有代表性的机器人产品。同样获得红点奖的“小白豚”，体型小巧行动灵活，额定负载却高达500千克；还有获得了中国设计红星奖的单举升机器人等。

最令人瞩目的新产品要数即将在9月发布的AGV中央调度系统。这是一个能同时对多台AGV实行中央监管、控制和调度的系统。通俗来说，它就像我们手机上常用的安卓系统，是各种APP应用开发和运行的后台。

“这款调度系统能够将不同功能和型号的AGV机器人在实际运用中联合起来，让工厂内的机器人实现全自动连贯作业，真正开启无人工厂新时代。”陈洪波和他的合作伙伴都对这款产品充满了信心。

他透露，嘉腾的AGV中央调度系统，价格几乎只要国外同类产品的10%，但却具有UGC（用户创造价值）的特性，即投入市场后，越多的企业使用这个中央调度系统，系统后台的兼容性就越强大，产品的价值将越高。“这样的产品，可以说为中小型制造企业实现智能化转型提供了可能。”

A04 时局 观察

十余年专注机器“脚” 搬运机器人新星要做世界级企业

嘉腾机器人：斩获工业设计“奥斯卡”

智能化必定是制造业未来

专题

以“靶向施策”“互联网+”为依托

深圳人社局走出精准扶贫创新路

→ 能够得到众多企业的青睐，是因为在智能装备制造企业大军中，嗅觉敏锐的嘉腾不仅提供装备，而且真正实现了从“卖产品”到“卖服务”的飞跃升级，除了做机器人生产制造商，更成为机器人系统整体解决方案服务商，为客户提供更加科学便利的服务的同时，自身也突破了处于产业链最底端的被动地位。

## “卖产品”升级到“卖服务”

“我们专注智能物流机器人，别人都在做‘手’（机器手）的时候，我们则专注于做‘脚’。”陈洪波说，嘉腾非常重视自主研发，目前有研发人员95人，拥有56项专利及软件著作权。从2008年开始推出第一个简易款的AGV至今，嘉腾AGV的市场保有量已经超过3000台，其中2015年销量近千台。

目前，世界500强企业有超过50家与嘉腾合作，众多国内一线汽车、电子、家电、卫浴、纺织、物流企业等一直是嘉腾的长期客户。2010年以来，嘉腾机器人为神龙汽车厂6条自动化生产线提供了123台AGV，为华为中央物料配送系统提供了25台AGV，还与联想、美的、神龙汽车、广达电脑、江铃汽车等知名企业展开合作，为其制定了产品及系统解决方案。

能够得到众多企业的青睐，是因为在智能装备制造企业大军中，嗅觉敏锐的嘉腾不仅提供装备，而且真正实现了从“卖产品”到“卖服务”的飞跃升级，除了做机器人生产制造商，更成为机器人系统整体解决方案服务商，为客户提供更加科学便利的服务的同时，自身也突破了处于产业链最底端的被动地位。

在美的的战略转型中，嘉腾就直接参与了工厂AGV无人物流配送改造工作。AGV系统全面导入后，通过公交站点控制系统自动排序，定点定位配送各产线信息系统通过点料，统计各生产线生产进度和不良率，实时跟踪产线各类信息，解决了人员搬运过程中物料损坏及误用的问题。不仅如此，AGV系统还为美的该物料组减员10人（从原来13人减到3人），降低成本38万元。

陈洪波说，工业4.0时代的核心是智能制造，而机器人是智能制造中的关键支持。中国的制造业目前有海量中小型企业面临智能化转型，可以说智能物流机器人潜力非常大。

“工业4.0时代中国是有机会弯道超车的。”陈洪波认为，与过去缺乏人才资金和基础设施不同，现在中国企业和全世界同行都站到了同一个平台上。而企业想要借着时代的东风乘风破浪飞速前进，必须找到一个切入口，“嘉腾选择智能物流这个切入口，并且敢于超越别人，敢于创新，做别人还没想到的”。

## 剑指世界级移动机器人公司

因看好嘉腾的市场发展空间，东方精工作为战略投资者，于2016年以自有资金投资4912万元认购嘉腾机器人20%股权。以此计算，嘉腾的投后估值已经超过2.45亿元。

“东方精工有丰富的海外销售经验，嘉腾机器人可以借道快速拓展国际市场。”陈洪波说，而且双方实现客户共享后，东方精工的数百家客户可以帮助嘉腾的机器人进入印刷、包装等市场，为嘉腾业务扩张提供新的市场领域。

谈及对公司未来的展望，陈洪波极富激情地描绘了嘉腾的蓝图——嘉腾要在移动机器人领域做有世界影响力的企业。

“未来几年，中国将在全球机器人市场占有非常重要的份额，中国和广东机器人应用都拥有良好的前景。”省经信委技术创新与质量处调研员李新星说。相关数据显示，2015年全国工业机器人保有量21.97万台，占全球保有量的13%，当年新增7.28万台，占全球新增机器人数的27%。

然而，广东机器人产业虽然前景广阔，但起步较晚，规模较小，技术能力和研发制造能力都亟待提高。李新星就特别提到，广东省机器人产业发展面临一些短板，比如缺乏核心技术和高端技术人才，缺乏龙头企业带动，企业和行业竞争力不强。

面对这些挑战，陈洪波有自己的看法。他认为，要成为世界级的企业，单打独斗是行不通的，任何人和公司要成才都需要相应的环境。嘉腾凭借在搬运机器人领域的丰富经验和先进技术，率先开发调度系统软件，不仅致力于把本体做好，更积极参与开展行业培训，做好带头作用。

"能承担多大的责任，才能成就多大的公司。"陈洪波说。

## 企业家说

### 嘉腾机器人董事长陈友：
### 智能化必定是制造业未来

随着我国经济高速增长和生产力水平的不断提高，劳动力成本优势不再明显，广东制造业正面临着用工难、生产效率不足、标准化生产水平较低等多重挑战，生产方式亟待转型。

近年来，以数字化、网络化、智能化制造为标志的新一轮技术革命，成为推动制造业升级的重要力量，以机器人为代表的智能制造已经成为制造业转型的标志之一。嘉腾机器人则敏锐地嗅到了这些时代的元素，其董事长陈友就认定，智能化必定是制造业的未来。

嘉腾机器人副总裁陈洪波则谈到，机器人以及智能化解决方案能够帮助企业解放生产力，倒逼企业调整生产结构和人才战略，促进产业升级。他以嘉腾新研发的AGV生产调度系统为例来说明，企业运用这个软件以后，一个工厂只需要几个人进行调控工作，节省了大量的重复体力劳动，另一方面企业需要引进能够开发软件、制定解决方案的技术型人才。

而对于当前一些人所持的中国机器人市场已经饱和的观点，陈友并不认同。他说，国内机器人的市场很广阔，中小企业的需求还不断在增长。况且机器人是定制化生产，有了订单制造商才会制定解决方案生产产品，几乎零库存，因此也并不存在产能过剩的问题。

另一方面，针对某些人"智能机器人是否会取代人类"的担忧，陈友的看法是，机器人某种程度上是由人制造为人所用的工具，而在未知领域的探索，人的创造性是无可替代的，因此陈友认为再智能的机器人都不可能取代人类，至少在现阶段无须杞人忧天。

（文/黄进　张楠　图/吴伟洪，发表于《南方日报》2016年8月23日）

嘉腾机器人的明星产品"大黄蜂"获2016年德国红点奖。

财务数据显示，嘉腾连续三年营业额增长达**40%**以上，2015年盈利突破**1亿**元。

2010年以来嘉腾机器人为神龙汽车厂**6**条自动化生产线提供了**123**台AGV，为华为中央物料配送系统提供了**25**台AGV。

还与 联想 美的 神龙汽车 广达电脑 江铃汽车 等知名企业展开合作，为其制定了产品及系统解决方案。

嘉腾从2005年起专注于AGV及智能物流配送解决方案的研发和销售，先后推出了共**5**代AGV。分设重新基地以及**20**个办事处遍布全国，员工**250**人，研发**45**人，**90%**本科及以上，硕士**10**人，拥有**21**项专利及软件著作权，是国内领先的AGV及智能物流配送解决方案提供商。

# 利迅达：抛光打磨机器人“领头羊”

走进佛山利迅达机器人系统有限公司的车间，一个带AGV（自动导向搬运车）底座、能够自主移动的新型机械臂格外引人注目。

“自主移动的功能让机械臂更好适应智能化工厂生产的要求。”该公司董事长霍锦添说。这家早在2008年就转型机器人研发的粤企，如今已是国内抛光打磨机器人领域的“领头羊”。

从起初仅带着减少职业病、降低用工成本的目的试水机器人，到经历质疑、纠结、迷茫，再到国内企业纷纷自动化改造的“羊群效应”和国家大力推动智能制造的“政策效应”逐步显现，利迅达的智能制造之路可谓柳暗花明。

“相比于以往单机或是单线自动化生产，接下来要向整个车间的智能化生产努力。”霍锦添说，如今利迅达正通过努力实现全厂自动化，帮助客户把工厂复制到欧洲、北美，把研发、营销等高附加值环节留在国内。这一尝试，也悄然改变着“中国制造”的内涵，重新确立中国在全球制造业产业链中的定位。

## 金属加工厂进军工业机器人领域

“最初想得比较简单，我们工人在对金属制品进行抛光打磨时容易吸入大量烟尘，这种职业病很难治好，就想看看能不能用机器把他们替换出来。”佛山市利迅达机器人系统有限公司董事长霍锦添说。

2008年，利迅达从一家普通的金属加工厂转型进军工业机器人领域。但初衷虽好，转型之路却并不易走。

据介绍，用于焊接、搬运、喷涂等功能的工业机器人，大多都是“点到点”操作，相对较易实现；而抛光打磨的机器人，由于要操作更加复杂的曲面加工，研发难度更大。

“一方面我们之前主营业务就是金属加工制造，和抛光打磨应用紧密相关，积累了一定的资源和技术；另一方面，这一领域的工业机器人市场相对没有那么饱和。”通过综合考量，霍锦添“知难而上”，前后花了3年多时间，投入了三四千万元用于研发。

霍锦添坦言，早期也有纠结要不要放弃，“但是越往后走，就越觉得明朗”。

由于新生代都不愿意再从事抛光打磨，工人稀缺伴随着人工成本迅猛上升，让整个国内金属抛光打磨产业都面临越南等低成本地区的竞争压力。而随着职业病防护要求愈发严格，很多大客户也都开始要求必须使用机器人来生产。此时，先行一步的利迅达已然看明了转型升级的机遇。

对此，广东省中小企业发展促进会执行会长谢泓表示：“为了避免工人得职业病，利迅达发现了一个行业巨大的需求。人本主义的思维，或许是转型中企业的新契机，或叫风口。”

“如果能自主研发出抛光打磨机器人，不仅能解决职业病和人力成本问题，也能带动产业升级，符合更多国际合作伙伴的要求，获得更多订单。”霍锦添说，更重要的是利迅达还可以借此从原来的简单加工向智能装备制造转型升级。

A03 时局

利迅达：抛光打磨机器人“领头羊”

书香节整合资源 全面推动全民阅读

广东“十大优秀书香之家”揭晓

## “羊群效应”叠加“政策效应”打开市场

据介绍，专注在抛光打磨应用领域的机器人制造商全球屈指可数。在国内，利迅达与另两家浙江、河北的企业位居前三名。但对手不多，并不意味

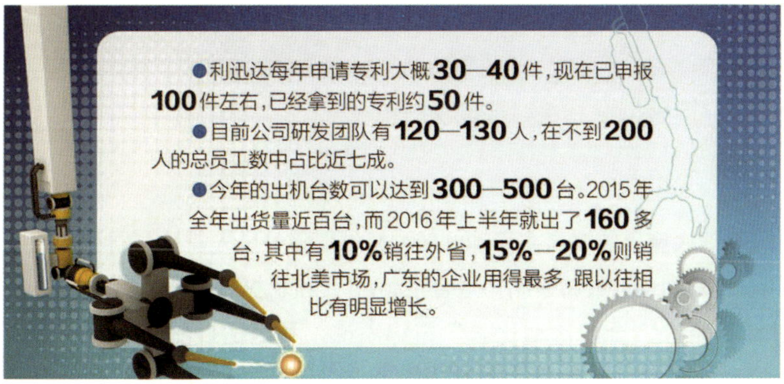

着打开市场就一定很容易。

“我们的产品研发出来了，但是客户并没有使用热情。”霍锦添回忆，许多企业主不放心机器人代替人工生产的质量水平，而工业机器人一次性投入成本高，也让很多中小企业望而却步。

霍锦添说，在很多老板眼里，设备是要买的，而且要一次性花钱；工人是不用买的，付工资就好了。相对于已采用自动化生产的美的、格力以及国外巨头等目光长远的大企业，众多中小企业的考虑相对保守很多。

而相比国外工厂标准化的自动化生产线，国内制造业企业往往只改造一部分工序，导致上下工序标准、精度不一，很难最大限度发挥机器人的优势。“这就是为什么很多企业买了国外的机器人回来用不好，因为上工序用人做，下工序用机器人做，机器人干起活来很吃力。”霍锦添解释说。

利迅达的办法是自己带头“吃螃蟹”，用机器人做好了产品，拿去给工厂比较。一边用实例证明质量，一边用效率的显著提升来扭转中小企业的思维方式。

“随着企业接了订单却找不到工人的现象越来越频繁，同时大家看到一些企业选择机器人以后尝到了甜头，中小企业出现了机器人应用的‘羊群效应’。”霍锦添说，2015年全年利迅达出机台数不到100台，而2016年上半年就出了160多台，全年有望达到300—500台。

在这个过程中，政府开始大力推动智能制造等发展方向的“政策效应”同样功不可没。对应用机器人的补贴政策相继出台落地，政府扶持的方向越来越明确，让越来越多的企业开始试水自动化生产。

“早期是‘谁做谁标杆’，现在是‘谁不做谁落后’。”霍锦添说，“羊群效应”和“政策效应”的叠加，使得2016年的新客户中广东企业增长明显。而随着合作的企业越来越多，利迅达也逐渐打响了品牌。2016年上半年出机台数中有10%销往外省，15%—20%销往北美市场。

## 用全厂自动化为“中国制造”全球再定位

在利迅达车间，一个带AGV底座、能够自主移动的新型机械臂格外引人注目。据利迅达机器人企划主管林浩龙介绍，这是利迅达最新研制，融合了AGV和传统机械臂的新型机器人。

“接下来我们的目标是全厂、全产自动化。”霍锦添说，利迅达目前正致力于整个生产线的自动化改造，通过全厂自动化，最大限度发挥机器人的优势，更好提高效率和质量。

一个全自动的工厂里，绝不仅是单一的抛光打磨，包括焊接、装配、物流等等，机器人将会应用到方方面面。为了实现这个目标，利迅达不断研发推出新的机器人。

“传统的机械臂大多固定在一个点上，只能够点对点进行加工。而一个可以自由走动的机械臂大大增加了机械臂的灵活性，机器人可以随意移动到任一条生产线的任一个点工作，移动范围覆盖整个车间。这种新机械臂将大幅推进智能化、自动化车间的建设。”林浩龙说。

而更重要的是，通过实现全厂、全产无人化和智能化，甚至能够实现到欧洲、北美设厂生产，把研发营销放在中国。

这听上去令人精神一振。这无疑将改变传统的“欧美研发，中国制造”的模式，让国内企业从生产加工等低附加值环节解脱出来，抓住“微笑曲线”附加值最高的两端。

霍锦添表示，只有高度的自动化乃至全自动化，才能避免在当地设厂大量雇佣当地人所带来的文化壁垒、理念壁垒等问题。他透露，在利迅达的协助下，目前已经有广东、台湾的客户把生产端移至欧美，以节省物流成本，加快出货效率。而留在国内的新产品研发、销售等环节，则为中国企业带来更高的效益。

“这将是未来趋势，利迅达的目标不仅仅是多卖几台机器人，我们希望为中国制造进行全球再定位。”霍锦添说。

## / 企业家说 /

**佛山市利迅达机器人系统有限公司董事长霍锦添：**

## 人才进步带动产业进步

面对研发难度较高的抛光打磨机器人，利迅达逆势增长，2016年仅上半年的出货量就超过了2015年全年。对于其中秘诀，霍锦添总结为：人才的进步带动产业的进步。

2016年8月，利迅达员工总量不到200人，研发团队就有120—130人。即

“如果能自主研发出抛光打磨机器人，不仅能解决职业病和人力成本问题，也能带动产业升级，符合更多国际合作伙伴的要求，获得更多订单。”霍锦添说，更重要的是利迅达还可以借此从原来的简单加工向智能装备制造转型升级。

霍锦添表示，只有高度的自动化乃至全自动化，才能避免在当地设厂大量雇佣当地人所带来的文化壁垒、理念壁垒等问题。他透露，在利迅达的协助下，目前已经有广东、台湾的客户把生产端移至欧美，以节省物流成本，加快出货效率。而留在国内的新产品研发、销售等环节，则为中国企业带来更高的效益。

便拥有占比近七成之高的研发人才，霍锦添还是不满意：“人才也是我的瓶颈，希望未来能建立更大的人才梯队。”

他说，最开始进入机器人领域时，国内工业机器人产业并没有今天这么火热，所以招人不算太难。而随着产业快速发展，人才也需要不断成长，建立培养体系和设法留住他们就成了重点考虑的问题。

为了方便员工开展技术创新，利迅达在员工的生活区附近配置了十几台机器人，让员工不需要回到车间就可以在宿舍楼下搞研究，实践自己的想法。另外，针对个人的研发成果，如果持续对公司有效益贡献，将会持续获得技术补贴和专利补贴等奖助。

培养并留住人才带来了良性循环，“团队越大，人才越集中，遇见的问题大家商量的解决方案就越完善，相应地给客户的风险就越小，产品也就越受青睐。”霍锦添说。

同时，产业发展不仅要有研发机器的人才，还要有使用操作机器的人才。他举例：“近期我去粤西企业调研，客户问我：‘买你的机器，在欠发达地区，如何留得住会使用机器人的人才？’我们决定从教育先行，在当地开设职业培训班，一次培养200名当地的专业人才，帮助工人就地转型升级，工资也不用外聘那么高，也有益当地人才发展。对我来说也是培养使用人才，是多赢的过程。”

（文/肖文舸　梁斯盛，发表于《南方日报》2016年8月25日）

★天禾农资农技服务队在田间地头讲解农作物虫害防治技术

A06 时局 观察

第二十四届广州博览会闭幕，完成贸易合同及意向金额2.34亿元

穗辐射带动泛珠区域合作成效凸显

□技术团队每年田间服务上万次　□配送网络直达上万家基层网点

天禾农资：田间地头走出的华南第一

农资企业应回归农业生产的本质

# 天禾农资：田间地头走出的华南第一

2016年7月的一天，梅州市梅县区松口镇大黄村金柚大户廖岸宾来到离家不到500米的大黄农技站，农技站门口的宣传栏上贴着金柚的栽培方案、植保方案和施肥营养方案。廖岸宾说，这里是自己学习新知识、掌握新技术的地方，“每个月天禾还会派专家来大黄村‘坐诊’，给我们柚农提供技术指导！”

梅州“天禾好金柚”农技服务品牌，是全国农资流通企业十强之一广东天禾农资公司加快构建“以作物为导向”服务体系的一个缩影。

农资公司卖化肥农药，那是本行。但传统模式门槛低，竞争激烈，难以做大。“不走寻常路”的天禾农资，通过组建技术团队，走上田间地头，为农民提供全程农技服务，摸索出一条传统农资销售企业转型农业综合服务商的新路。

而凭借“总部统一采购、网络深度分销”的商业模式，天禾农资又搭建起“深耕广东、覆盖华南、走向全国”的经营网络。63个区域配送中心，让天禾农资得以直接对接超过1万家终端门店和种植大户，大大减少流通环节和成本。

## 打造专业服务团队
## 传统农资批发商转型农业综合服务商

2009年，广东省农业生产资料总公司在产权单一、经营模式传统、内生发展动力不足等弊病缠身的情况下，启动了股份制改组，设立天禾农资。在4次增资扩股后，天禾农资成了一家混合所有制企业，省供销社所持有的集体所有制资本持股47%，自然人持股31%，社会投资者持股22%。

“改制是手段，不是目的，通过改制，我们充分发挥了各方投资主体的作用，借助市场机制激发企业活力。”天禾农资董事长邹宁介绍，为了增强对农业源头技术的掌控，天禾农资全资收购珠海瑞农植保公司，拥有了首个农药制剂定点企业，并于2016年推出首款自主研发农药新产品“瑞农稻瑞”。2015年以来，天禾还先后控股并购省农科院科农种业公司、参股大丰植保科技公司，增强种子、农药的研发创新能力。

邹宁认为，为农户和作物提供更直接、更优质、更专业的服务，是天禾的立足之本。天禾目前已经建立起一支400多人、占员工总数1/4的专业农化技术服务队伍。“在同等规模农资流通企业中，我们拥有的农技服务团队是最庞大的。”

天禾农资总经理梁品说，这些农技专业服务人员平均年龄33岁，他们常年在田间地头工作，为经销商、核心门店及农户提供从测土配方、育种、耕作到施肥用药的系统农技服务。每年，天禾农资都要到田间开展技术指导和种植试验示范等1万多次、举行各类技术培训会3000多场次。

从2015年起，天禾农资加快从农资销售向农业综合服务商转型，确立了“以农户为中心，以作物为导向”的经营理念。通过共建种植示范基地，天禾农资围绕作物全程解决方案，在全省建立了21个“天禾好作物”种植示范基地，涵盖金柚、果蔗等12种作物，编制了40多种作物的1000多套解决方案，构建起“农技—化肥—农药”三位一体的新型农技服务模式。

## 统一采购深度分销

## 创新经营模式撑起华南第一销售额

“对农资行业而言，无论是农资销售，还是农技服务，都离不开完善的经营服务网络”，梁品介绍，以物流配送网络为支撑，天禾农资建立“总部统一采购、网络深度分销”的采购经营模式。

从2010年开始，天禾农资提出要全力推进“配送网络终端化”战略，构建“深耕广东、覆盖华南、走向全国”的现代农资配送服务终端网络。

为全面提升物流配送网络的运营效率，天禾农资与市县供销社通过共同出资、业务对接等方式，合作共建区域配送中心，直接对接终端门店和用户，减少流通环节，降低流通成本。

“供销社系统目前在全省经营网点3.4万个，在农村特别是农业主产区拥有庞大的经营销售网络，这是我们可以借助的独特优势”，梁品说，目前公司业务已覆盖广东所有乡镇，辐射整个华南地区，延伸至全国各地。

与此同时，天禾农资还与中海化学、挪威雅苒、瑞士先正达等国内外著名农资厂商建立了战略合作伙伴关系，由总部统一为各经营分支机构采购和调配货源，确保供应链体系高效运作。

“统一采购，大大降低了产品购进成本。”梁品介绍，更重要的是公司通过统一采购，建立了健全的质量追溯体系，确保所售产品的质量及效果。

经过6年多的探索实践，天禾农资的商业模式日趋成熟，并在省内外快速复制。截至2016年3月，天禾在全国范围建立63个区域配送中心，服务于超过1万家终端门店和种植大户，拥有配送及农化服务车辆近400辆，仓储面积合计超过15万平方米。

强大的经营服务网络布局，直面终端的经营模式，带来销售额的迅猛增长。2009年至2015年，公司年销售额翻了一番，年利润总额翻了两番，化肥年销售量、农药年销售额分别达到208万吨和13.3亿元。2014年，天禾农资位列全国农资流通企业销售收入第七、华南第一，其高端化肥销售规模更是占广东市场份额的30%。在经营模式创新方面，天禾农资无疑是华南地区乃至全国农资流通行业的“弄潮儿”。

农资公司卖化肥农药，那是本行。但传统模式门槛低，竞争激烈，难以做大。“不走寻常路”的天禾农资，通过组建技术团队，走上田间地头，为农民提供全程农技服务，摸索出一条传统农资销售企业转型农业综合服务商的新路。

而凭借“总部统一采购、网络深度分销”的商业模式，天禾农资又搭建起“深耕广东、覆盖华南、走向全国”的经营网络。63个区域配送中心，让天禾农资得以直接对接超过1万家终端门店和种植大户，大大减少流通环节和成本。

## 拥抱“互联网+”
## 用信息化管理技术重塑农资生态圈

2015年，“互联网+”概念成为各行各业创新的新思路。天禾农资在“低头看地”的同时“抬头看天”，紧跟时代大潮。

“在同行业中，天禾的信息化管理应用水平是一流的。”邹宁对公司“互联网+”战略的实施颇为得意。在相对传统的农业领域，应用信息技术建立企业资源管理信息平台来推进企业精细化管理，确实并不多见。

通过引入国内最先进的NC-ERP6.0管理系统，天禾农资实现了对供应链、资金、财务、人力资源、物流、客户信用的全程监管，逐步打造出一个具备促销管理、全渠道营销管理、知识管理和统一会员管理功能的互联网营销平台，以及电商平台和大数据分析系统。

2016年，广东天禾又与用友软件合作，通过移动互联网技术，打造ERP、营销、零售、农技服务、作物圈、社群一体化的农资行业领先的O2O综合信息化平台，并重点开发了天禾宝、天禾联盟和门店通三大信息系统。其中，天禾宝APP主要针对农户直接提供技术市场和服务；天禾联盟APP主要面向核心门店；门店通则连接天禾、门店和农户三者，打造专门的为农服务平台。在整个系统中，前台营销系统与中台无缝对接，实时获取费销比数据。

同时，天禾还牵头组建省级供销系统电商平台运营平台，以农资电商为突破口，目标对接整合供销社系统电商资源，探索建立供销社互联网营销平台。

“我们要用‘互联网+’思维重塑农资生态圈。”邹宁说，在他的计划里，未来几年，天禾农资将加快建立起涵盖种子、化肥、农药、技术服务、物流配送、农村金融、农产品加工等功能在内的综合服务体系，发展领先的现代农业综合服务商。

## / 企业家说 /

## 广东天禾农资股份有限公司董事长邹宁：
## 农资企业应回归农业生产的本质

种子、肥料、农药、兽药、饲料及饲料添加剂等农资产品，是农业生产的重要投入品。作为农业生产大省和消费大省，广东也是农资生产和消费大省。来自广东省农业厅的数据显示：广东共有农资生产企业1800多家，农资经营门店5.2万多家，农资年使用量约4000万吨。

在农资行业，上游产能严重过剩、入行门槛低、主体多小散都是行业痛点。随着国家提出2020年化肥农药施用量“零增长”，农资企业的发展可谓压力重重。

“农资商品不同于一般消费品。”邹宁说，大部分农资企业还是停留在关注经销商和自己的销售渠道上，关注的是如何通过各种营销方式销售更多的高利润率的产品，“这偏离了农资企业的本质价值和意义”。

在邹宁看来，农资企业应当把注意力聚焦在最终的使用者，即农户和作物上面，去帮助农户生产高品质、标准化的农产品，实现农业增产、农民增收，进而实现农资企业的价值。“要不忘初心，回归农业生产的本质，回归农资服务的本质，摒弃营销型的浮躁气息。”

正是基于这个“初心”，天禾农资将“以农户为中心，以作物为导向”作为自己的经营理念，定位成为以现代农技服务为先导、直达终端的配送体系为支撑，专业提供作物解决方案和优质农资产品的农业综合服务商。

（文/胡新科　周长乐，发表于《南方日报》2016年8月30日）

在邹宁看来，农资企业应当把注意力聚焦在最终的使用者，即农户和作物上面，去帮助农户生产高品质、标准化的农产品，实现农业增产、农民增收，进而实现农资企业的价值。“要不忘初心，回归农业生产的本质，回归农资服务的本质，摒弃营销型的浮躁气息。”

# 永顺制药：水产疫苗“蓝海”领航

见到王汉清是在广东永顺生物制药股份有限公司（简称“永顺制药”）研发中心。作为永顺制药细菌类水产疫苗项目的主要负责人，这位青年科研骨干刚做完复核用疫苗相关动物实验，正准备去参加公司每个月底举行的研发工作总结会议。

王汉清所在的永顺制药，是中国兽用生物制品十强企业之一。14年间，通过不断的技术创新，永顺制药已经从一家经营岌岌可危的老国企成长为国家高新技术企业。2015年，永顺制药营业收入超过3亿元，2016年正计划登陆新三板。

目前，永顺制药拥有的明星产品群已基本涵盖了必需疫苗品种，其中禽流感系列灭活疫苗在中国兽医药品监察所多年的会检中效力、质量排名第一，其他多项产品的技术和质量也处于国内领先、国际先进水平。

而通过大胆起用王汉清这样的年轻人，永顺制药的研发团队正在“动物疫苗界的蓝海”——水产品疫苗领域不断填补国内甚至国际空白，迅速发展成为该领域的领航者。

## 招贤纳才
## 科研骨干助老国企新生

永顺制药的前身是广东省生物制药厂，2002年重组为一家股份制民营企业。纵观其发展历程，除了改制，猪链球菌2型灭活疫苗的研发是一个关键性节点。

2005年，为应对四川部分地区发生的人感染猪链球菌的疫情，农业部专家组经过严格考察，决定把生产全国首批猪链球菌2型专用灭活疫苗的重任交给广东永顺生物制药公司。经过七天七夜的奋战，永顺制药成功研制和生产出疫苗，为四川防疫工作解了燃眉之急。

经此一役，这款疫苗荣获“国家重点新产品”称号，而刚刚经历改制的永顺制药也大大提升了行业地位和社会知名度。

“这是对永顺（制药）最好的肯定。”永顺制药总经理林旭埜认为，能够担此重任，离不开永顺多年在研发创新上的坚持。

他介绍，在研发资金投入方面，永顺制药可谓不惜血本，2014—2016年累计投入研发费超亿元，占销售收入总额的10.45%。公司目前建立了专门的研究中心研发中试基地、试验动物中心等，配备有超微量分光光度计、荧光显微镜、细胞高密度培养反应器等先进设备。

“在企业众多可利用的资源中，人力资源可谓最具核心竞争力的资源。”林旭埜说，研发创新，先进设备的投入只是一方面，更重要的还是人。在永顺制药全部300余名员工中，研发人员就达55人，其中不少都是二三十岁的年轻人。

“作为一个进入公司仅仅几年的员工，公司能够让我承担水产细菌疫苗研发工作，表明公司在人才培养上具有很强的意愿和魄力。”2016年27岁的王汉清说。

“（王汉清）这样的情况在永顺比比皆是，因为我们选拔人才看重的是人品和能力。”林旭埜表示，公司特别强调员工与公司共同发展，“起用年轻员工，有利于为公司研发团队注入具有创造思维和革新精神的新鲜血液。”

A06 时局 观察

中国兽用生物制品十强企业 科研项目屡受国家部委垂青

永顺制药：水产疫苗“蓝海”领航

企业创新发展要有长远眼光

省代建局、省公共资源交易中心、省新闻出版广电局、省人防办、省统计局、省社科院整改情况公开

逐条逐项、不折不扣地抓好整改落实

清退私车公用报销应由个人承担款项9.5万

严格禁止使用公款购买高档茶叶

纪检组长不再分管采购中心业务工作

已将两台超标准公务用车进行拍卖处理

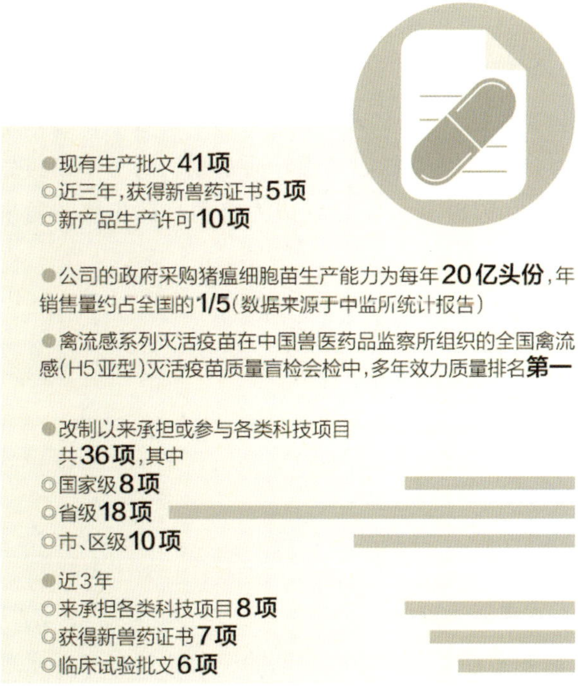

## 协同创新
## 产学研一体提升研发效率

永顺制药不仅重视自主研发，还展开了与高校和科研机构之间的协同合作。2016年，永顺生物制药有限公司还作为产学研一体化的成功典范，出现在国际权威科学杂志《自然》刊登的《聚焦广州：从贸易枢纽到创新热土》一文中。

林旭埜介绍，目前公司的产学研合作模式主要有三种：一种是直接向高校或科研院所购买研究成果；一种是通过产学研的合作模式共同研究开发新疫苗；还有一种是成立专项，联合对口的专业机构和技术人员共同研发。

这些合作模式，大大提高了公司疫苗研发的效率。

ST猪瘟活疫苗（传代细胞源）就是一个非常成功的例子。该疫苗由永顺制药和中国兽医药品监察所联合研发，2013年至2015年连续三年被评为“中国生猪业产品榜最具影响力猪瘟苗”。

疫苗的成功还得益于另外一个平台——广州国家生物产业基地生物制品研发和中试生产公共服务平台。其在2008年由国家发改委立项，平台项目总投资为5213万元，由永顺制药承担建设。整体目标是建立集动物疫病病原检验检测、新产品研发、新药中试、工艺技术研究、技术服务、产业化于一体的一个“共享”平台，推动整个产业的聚集化。

作为建设者，永顺制药也是受益方。至今，公司依托平台，承担了国家、省、市科研项目20余项，与20多家科研院所、企业开展科研合作或提供中试服务。

“单是ST猪瘟活疫苗，2015年的销售额就达到1.5亿元以上；同时，此项成果转让给国内18家同行企业，首期转让费就达1.44亿元。” 林旭埜说，而永顺制药与中国药品生物制品检定所合作研发的蓝耳病疫苗（GDr180株），已经成为公司目前主要利润来源之一。

## 瞄准“蓝海”
## 敢于“吃螃蟹”成为行业龙头

如今，永顺制药的疫苗研发工作又有了重大进展。

国家一类新兽药，是世界范围首次研发成功的兽药才能申请的证书。2015年，永顺制药的迟钝爱德华氏菌弱毒活疫苗就成功获批，成为目前国内获得国家新兽药证书仅有的4种水产疫苗之一，国内首个针对海水鱼研发的疫苗。2016年，永顺制药又有两个属于一类新兽药的水产疫苗进入评审。

“我们要勇于成为第一个吃螃蟹的人。”林旭埜说，水产鱼类疫苗是公司当前和未来研发生产的一个重点。

据他介绍，中国拥有世界上规模最大的水产品市场，仅草鱼一个品种每年生产量就达1000多万吨。鱼类疾病的频发，每年给我国水产养殖业直接造成数十亿元经济损失，而“疫苗是最安全而且效果最好的一种防疫措施”。

然而，迄今为止我国尚未有任何一例商品化的海水养殖鱼类疫苗上市，整个国际市场也都处于相对空白状态。

“可以说水产疫苗市场是疫苗界的蓝海。”林旭埜说。

经过十余年潜心研究，永顺制药已经获得一系列创新性成果，成为该领域的国内龙头。除了迟钝爱德华氏菌弱毒活疫苗，目前永顺制药还有已经在申报生产批文的嗜水气单细胞菌灭活疫苗、草鱼出血病活疫苗等多个品种。

“永顺制药在水产疫苗领域是国内绝对处于领先地位。”省海洋与渔业局相关负责人说，鉴于此，他们将广东省海洋经济创新发展区域示范项目——几种海水养殖鱼类重要疫病高效疫苗研制及产业化交给了永顺制药，项目总投资7160万元。

倚靠永顺制药在海产品疫苗所取得的成绩，2014年底的全国科技兴海大会上，公司被推选为典型，在大会上做了《提升创新能力，优化创新模式全面进军海洋生物医药与制品产业》的经验分享发言。

“这些疫苗投入使用后将开启我国水产养殖业的疫苗时代，说不定能再创一个永顺奇迹。”林旭埜说，新研水产疫苗预计明年开始就能产生经济效益，有望为公司创造超过1亿元的利润。

在研发资金投入方面，永顺制药可谓不惜血本，近三年累计投入研发费超亿元，占销售收入总额的10.45%。公司目前建立了专门的研究中心研发中试基地、试验动物中心等，配备有超微量分光光度计、荧光显微镜、细胞高密度培养反应器等先进设备。

## 企业家说

**永顺制药总经理林旭埜：**

# 企业创新发展要有长远眼光

“智圆行方，锻百年基业；德至善明，炼永顺人生。”这是永顺的企业精神，也是永顺的愿景。

林旭埜说，所谓“智圆”，是指一种战略思维，即鼓励公司要灵活变通，要敏锐地抓住市场机会。另一方面，“智圆”也要求创新。这种创新涵盖各个方面：不仅是指技术创新，更指思维创新、体制创新。虽然2002年永顺制药已经经历了国有企业改革，但改革后的体制能不能适应未来的发展，还须审时度势，有需要时还要根据时代的发展不断调整。

“永顺人希望把这个公司做成一个‘百年老店’。”林旭埜说，首先公司的发展不能拘泥于眼前，而要有长远的眼光。比如公司董事会允许企业牺牲一些效益，允许脚步慢一点，先把产品质量提上去，做到全国前列。

林旭埜认为，水产疫苗的研发就能很好地诠释永顺精神。水产类疫苗不仅中国很少，到今天市面上也只有两种（草鱼出血病活疫苗和嗜水气单细胞菌灭活疫苗），世界上数量也不多。2005年永顺制药就具有长远的目光，看到了它的市场潜力，估计2017年这批疫苗就会开始为企业创造经济效益。

（文/黄进　张楠，发表于《南方日报》2016年9月1日）

# 分期乐：抢占互联网消费金融风口

A05 时局 观察

互联网思维改造传统分期付款，多轮融资受追捧

分期乐：抢占互联网消费金融风口

互联网金融胜在差异化经营

专题

在全省率先开展重大工程项目风险评估核查

江门 第三方评估+信息科技

探索“点面结合”防控廉洁风险

2016年6月15日，互联网消费金融服务商分期乐宣布，已完成D轮系列首笔融资2.35亿美元。这是国内互联网消费金融领域创业公司获得的最大一笔投资，经过该轮融资，分期乐成为目前国内估值最高的互联网消费金融创业公司。

过去三年，深圳市分期乐网络科技有限公司凭借在获客、风控、运营和资金端突出的综合实力，开始飞跃式发展。在大浪淘沙的竞争环境下，从校园起步、壮大的分期乐，走出校园后依旧保持高速增长，其创新的商业模式一直备受国内外顶级风投的青睐。

2013年8月，分期乐获险峰长青（原险峰华兴）天使轮融资；2014年3月，获经纬中国领投的数千万美元A轮融资；2014年12月，获得由DST领投，贝塔斯曼等跟投的1亿美元B轮融资；2015年3月，又获京东集团的C轮战略投资；最近的D轮融资，分期乐又得到华晟资本、共建创投和一家国内大型保险机构的认可，融资金额创下行业新纪录。

2016年，互联网金融优胜劣汰愈发明显。一家深圳的年轻企业为何一再成为风投的宠儿？分期乐迅速壮大的经验，又能为广东互联网金融行业带来怎样的启发？

## 创立
## 抓住互联网+消费金融创业风口

2013年的夏天，还没有“京东白条”，也没有“蚂蚁花呗”。消费金融的风口尚在酝酿，而分期乐已在初创的襁褓中，呼之欲出。

2013年，在腾讯任职六年的肖文杰，无意中在大学校园内的3C电子产品店嗅到大学生消费分期市场——很多老板在向学生销售手机等电子产品时采用了分期付款的方式。肖文杰受到启发并随即开始调研，发现大学生消费市场酝酿着巨大商机。

“当时国内互联网金融的概念还没有热起来，在我们看来，消费金融是一个尚未被发现的巨大市场，没有被互联网深入服务。”肖文杰说，“传统消费金融公司的做法属于集众模式，与线下的消费场景合作，比如卖手机的实体店付款柜台挂着‘××分期付款’的牌子，可在店里当面办理。”

在肖文杰看来，这种模式是“守株待兔”，而且线下推广布点的人力压力非常大。“要做到我们今天这个资产规模，传统模式需要几万名线下推广人员。”

分期乐的主要团队都来自腾讯，互联网基因让这群创业者决定用全新的互联网方式改造传统消费金融行业。肖文杰表示，用互联网改造金融，可以极大地提升效率，也能提供更好的用户体验。如今，分期乐每天面临几十万笔交易。“如果单靠人工的方式去审核，是没办法处理的。成本上去了，效率又跟不上，而且审核标准没办法统一。现在我们全部自动化审批的业务占比达到95%以上。”

通过抓住在校大学生、刚毕业的白领和工厂蓝领三大年轻人群，分期乐很快迎来用户量激增，第一个月20万，第二个月40万……2015年年底，针对蓝领人群的子品牌“提钱乐”上线；2016年初，分期乐商城向白领人群开放；目前，来自白领和蓝领人群的销售额已突破10亿元。

“我们自己也是从大学走过来的，知道对于物质的消费欲望和需求最强烈的时候是30岁之前。”肖文杰说，年轻人缺少财富的积累，而传统的金融企业因为效率低、成本高，在服务小微、普惠人群方面存在缺失，有着互联网基因的分期乐抓住了这个崛起的机会。

## 战略
## 自建消费场景深挖数据严控不良率

“通过自建场景，所有用户都可以持续性经营、慢慢培育，也可以用促销的手段去获取更多新用户，打破守株待兔的模式，”肖文杰说。从大学生市场开始，分期乐就明确要搭建自己的消费场景——分期乐商城，利用自己的消费场景做促销，让顾客全部到平台上消费，而不是去别人的平台上消费。

与不少银行从头到尾都自建电商平台不同，分期乐选择了与成熟电商平台合作这种互联网式的“轻模式”，其中一个重要战略合作伙伴就是后来投资了分期乐的京东。通过合作模式，分期乐省去了仓储、物流和供应链管理的成本，得以专注于擅长的金融服务。

经过两年多的稳健运营，分期乐业务从校园起步，并逐步拓展到蓝领和白领人群，相继开拓了3C数码、运动户外、洗护美妆、教育培训、吃喝玩乐等多个闭环的电商消费场景，用户突破1000万，业务覆盖全国31个省市区。

如今，分期乐已经成为众多品牌的第三大线上出货渠道，其中魅族、OPPO、vivo等品牌在分期乐商城的出货量仅次于天猫和京东。仅2016年上半年，分期乐销售额就已突破100亿元。

很快，分期乐就尝到了自建场景的另一个好处——用大数据记录用户在商城中的消费行为，用于后续产品完善和风险防范。根据其覆盖的4000所高校分期消费数据，分期乐团队进行了系统调查分析，刻画出使用分期业务的学生群体画像。通过对数据的分析和风控模型的不断完善，分期乐平台的不良率至今仍然小于1%，远远好于传统的消费金融公司和信用卡。

与不少银行从头到尾都自建电商平台不同，分期乐选择了与成熟电商平台合作这种互联网式的“轻模式”，其中一个重要战略合作伙伴就是后来投资了分期乐的京东。通过合作模式，分期乐省去了仓储、物流和供应链管理的成本，得以专注于擅长的金融服务。

经过两年多的稳健运营，分期乐业务从校园起步，并逐步拓展到蓝领和白领人群，相继开拓了3C数码、运动户外、洗护美妆、教育培训、吃喝玩乐等多个闭环的电商消费场景，用户突破1000万，业务覆盖全国31个省市区。

## 未来

## 搭建规范完整的互联网金融生态链

随着互联网消费金融迎来爆发时期，分期乐也面临着转型升级。

“我们现在最看重的是合规，如何符合监管的要求，让企业更加规范化运作。”肖文杰说，互联网金融创业的门槛并不高，但是要真正做大规模的要求非常高。“如何获取资金，如何做好大规模资金风险防控，如何获得金融牌照，这些都是非常重要的问题。”

在中国互联网协会，分期乐是理事会单位，与京东金融等几大机构并列。“消费金融牌照、小额贷款牌照、融资租赁牌照，我们都会申请，不断完善自身的规范化发展。金融其实还是一个强监管的行业，必须拥抱监管，提升自身的规范化经营。”肖文杰说，最好的“初创”窗口期已经过去，未来行业将迎来“严监管时期”，而这对走在行业前列的企业而言则是一个“红利”。

值得注意的是，分期乐也开始尝试搭建更多的平台，集团旗下相继成立的分期乐、桔子理财、提钱乐、鼎盛资产等公司，初步完成整个互联网消费金融生态的布局。2014年年底，分期乐推出了独立品牌桔子理财，将手上的应收账款对应桔子理财的金融产品，开始做起P2P。

但就在市场都以为分期乐要多元化经营的时候，分期乐却仍把自身定位在做年轻人消费金融公司。

“分期乐未来的核心还是做年轻人的消费金融公司，这是我们的愿景。”肖文杰表示，当前分期乐其他的布局，更多是围绕着消费金融来进行的。如有更多的分期需求就意味着需要更多资金，理财平台、资产公司可以帮助分期乐把外部的资金引进来，帮助外部资金找到更好的资产。肖文杰透露，经过两年多的努力，分期乐初步建立了连接优质互联网债权和银行、信托基金、保险资金、私募资金之间的金融生态圈。

## / 企业家说 /

**分期乐公司创始人兼CEO肖文杰：**

### 互联网金融胜在差异化经营

虽然分期乐公司是资本的宠儿，但在肖文杰看来，获取资本并不是企业走向成功的唯一手段。“资本手段更多是帮助企业走得更稳健的方式而已，一个企业成功的关键，我始终认为是为用户创造了多少价值和优质服务。”

对于上市，肖文杰表示目前还没有具体计划，“不能说上市就是一家公司最终成功的标志，我们并不是一个资本运作型公司，而是一家以‘为用户提供价值和优质服务’为导向的公司”。

“消费金融业务肯定要用互联网来做，并且会比银行做得更好。”肖文杰说，大额度信贷要求的期限很长，对利率的要求也更加敏感，而流动性管理能力与获取低成本资金都是银行等传统金融机构难以被撼动的优势。而用互联网技术和思维来提高效率、用户体验、降低不良成本则是消费金融的出路，也是互联网金融与传统金融差异化经营的窍门所在。

在肖文杰看来，未来要继续取得成功，关键是要在用户的成长过程中不断用互联网思维提供更好的消费和金融服务，这就要求企业从内部组织体系、业务系统、互联网技术等方面全面提升效率。

## 分期乐大事记

**2013年8月**

分期乐2013年8月成立于深圳，业务从校园起步，逐步拓展到蓝领和白领人群，相继开拓了3C数码、运动户外、洗护美妆等多个闭环的电商消费场景。

**2015年**

分期乐全年销售额突破100亿元，是国内最快实现年销售额破百亿的互联网公司。如今，分期乐用户突破1000万，业务覆盖全国31个省市区。

**2016年1月**

“嘉实资本—分期乐1号资产支持专项计划资产支持证券”完成资产交割，分期乐成为国内创业公司中最早成功发行标准ABS的公司，利率5.05%。

**2016年初**

分期乐商城向白领人群开放；截至2016年9月，来自白领和蓝领人群的销售额已突破10亿元。

**2016年上半年**

分期乐与京东、苹果、OPPO、魅族等数百个品牌和供应商建立了合作关系，已成为众多品牌的第三大线上出货渠道，仅2016年上半年，分期乐销售额就已突破100亿元。

（文/黄倩蔚，发表于《南方日报》2016年9月9日）

在肖文杰看来，未来要继续取得成功，关键是要在用户的成长过程中不断用互联网思维提供更好的消费和金融服务，这就要求企业从内部组织体系、业务系统、互联网技术等方面全面提升效率。

# 随手科技：从记账本应用到金融平台

从记账本起家，到个人理财，再到金融平台，作为中国互联网金融“南派”的代表，深圳随手科技正成为国内最大的个人理财服务平台。

易观智库2016年第二季度的《中国记账理财APP移动市场季度监测报告》显示，随手记以绝对优势占据活跃用户数首位，达1108.2万人，是第二名的两倍。

从2010年成立至今，随手科技旗下随手记系列产品的用户数增长到了2亿，2015年平台理财交易额已经超400亿元。而随手记系列产品的营收也是大幅增长，2016年上半年收入同比增长500%，预计全年将达到4亿元。随着移动支付的兴起，互联网金融快速发展。除了支付宝、微信支付等巨型流量入口外，投资方都在寻找更新的互联网金融入口。作为互联网金融个人记账理财领域的独角兽企业，随手科技坐拥上亿用户，被视为“超级入口”。

## 白手起家却成长迅猛　6年时间用户累计超2亿

随手科技位于深圳南山科技园区，相隔不远处就是腾讯大厦和微众银行。不过，与背靠巨头腾讯的互联网金融企业微众银行相比，随手科技可谓白手起家，却成长迅猛。

“因为员工数增加太快，我们公司每年都得搬家。”随手科技CEO谷风笑着说。6年时间，公司员工从60人增加到400人，预计2017年将增至1000人。

比员工增长速度更快的是用户数字。目前，随手科技旗下拥有随手记、卡牛、随管家等多款应用。随手记是最早上线的记账应用产品，6年时间用户累计已超过2亿；卡牛信用卡管家是目前用户规模最大的信用卡管理应用，累计用户超过6000万；随管家则是最新推出的理财超市类产品。

易观智库2016年第二季度的《中国记账理财APP移动市场季度监测报告》显示，随手记活跃用户达1108.2万人，是主要竞争对手的两倍，环比增长达6.5%。

事实上，随手记并不是最早进入记账理财市场的APP。“快捷记账”和“超级理财”早在2008年和2009年就已上线，随后又出现了“挖财”等应用。2010年随手记上线后，市场上陆续出现了近200款记账软件。但经过几年的市场洗礼，目前季度活跃用户超过10万的产品仅剩10款。

谷风认为，用户在不同人生阶段都有记账的刚需。比如刚参加工作，比如准备结婚，这个时候用户需要一个好用的记账类APP。当用户形成使用习惯后，会一直使用下去。

A07 时局 观察

□产品活跃用户数居中国记账理财类APP首位 □上半年营收同比猛增500%

随手科技：从记账本应用到金融平台

专题

深圳光明新区打造优质产业优秀人才集聚地

## 用高频记账带动低频理财　大数据智能推荐理财产品

个人理财是一个低频事件，而记账却是一个高频事件，由高频记账带动低频理财，这是随手记利用超过2亿理财用户撬动亿万元互联网金融市场的商业逻辑。

数据显示，2015年我国个人理财市场基本规模在40万亿—50万亿之间，理财人数达到4亿—5亿，人均理财金额约为10万元。而瑞士信贷2015年全球财富报告显示，英、美两国的人均金融资产为中国居民的20倍左右。谷风认为，国内的理财规模提升的空间非常大，而庞大的个人金融市场规模给了随手科技更广阔的发展空间，

“从记账到理财，是非常自然的场景转化。”一位长期投资互联网金融的投资人表示，使用记账工具的互联网用户都有财产管理的需求，是互联网金融理财产品的潜在用户。作为个人记账理财领域的独角兽企业，随手科技顺利完成了高频记账带动低频理财的用户转化。

随手科技副总裁、随手财富管理公司总裁吴晓慧认为，在智能金融这片

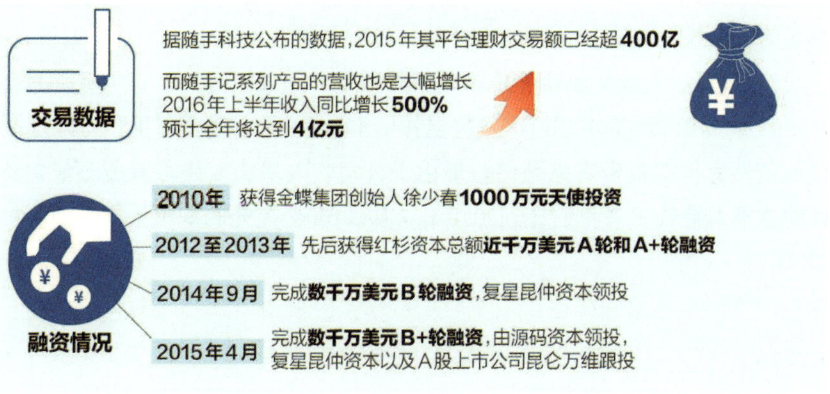

蓝海市场，随手科技有得天独厚的优势。

吴晓慧表示，依托大数据体系，随手科技在智能金融方面已经取得阶段性成果，“与今日头条精准推送相似，随手记用户所看到理财产品的信息，就是基于大数据描绘的用户画像智能推荐出最适合的理财产品”。

“而从金融产品周期来看，理财产品类似于生鲜，每一季都有当季产品。”谷风表示，随手科技希望能提供全品类的金融产品服务，多元组合满足用户在不同时期的金融需求。

## 资本宠儿并不着急变现　计划2019年百亿规模上市

据随手科技公布的数据，2015年其平台理财交易额已经超400亿元。而随手记系列产品的营收也大幅增长，2016年上半年收入同比增长500%，预计全年将达到4亿元。

“目前随手科技已经实现收支平衡。”谷风介绍，随手科技就像一个金融产品“大药房”，给用户推荐金融产品，通过推广这些金融产品获得收益。他坦言，作为中间人的角色，随手科技获利并不多，约为1%，但是因为基数大，收益增长很快，目前月收入增长达30倍。

“很多人问我们为什么不急于挣钱，我认为我们公司离钱非常近，盈利是很容易实现的。”谷风表示，以前行业环境不成熟，手机红利刚刚开始，移动用户正在爆发性增长。一些同行早期急于变现是因为用户端处于弱势，需要更早赚钱。

在易观智库最新公布的6月金融移动应用排行榜中，随手记与支付宝、同花顺、中国工商银行等APP位列前十，而随手科技也是其中唯一一家还没有上市的创业企业。在不少投资机构眼里，随手科技已经成为继支付宝、微信支付后又一个互联网金融“超级入口”。

自成立伊始，随手科技就是风投宠儿。早在2010年，随手科技就获得了金蝶集团创始人徐少春1000万元的天使投资；2012至2013年，其又先后获得红杉资本总额近千万美元的A轮和A+轮融资；2014年9月，完成复星昆仲资本领投的数千万美元B轮融资；2015年4月，完成数千万美元B+轮融资，由源码资本领投，复星昆仲资本以及A股上市公司昆仑万维跟投。

谷风说，目前依然有很多投资者来敲门，但由于公司收入增长太快，双方不好定价，而且随手科技目前也不太缺钱。“我们计划2019年左右以100亿美元的规模上市，对标的美国公司当时是300亿美元上市。”

## 企业家说

### 随手科技CEO谷风：脱颖而出关键在于专业团队

“随手科技能够在众多竞争者中胜出，关键在于创始团队在财务领域的专业。”谷风说，其本人早在1995年就进入财务行业，至今已有20年。他曾在银行系统工作，还曾在金蝶软件做了十多年企业软件开发，创始团队其他成员也大多具备专业财务软件开发背景。

随着互联网金融用户普及，从做记账工具起家的随手科技一步步转型个人理财服务。谷风将这种转型称为“进化”。“2010年个人在线记账需求激增，而2014年后更多的人有个人理财及资产管理需求，随手记是顺势而为。”

为了完成这种“进化”，随手科技大量聘请金融专业人士。2015年，拥有长期跨国投资银行管理经验的吴晓慧，出任随手科技副总裁、随手财富管理公司总裁。吴晓慧曾任巴克莱银行全球金融市场部董事。

“如何让超过2亿用户的金融数据产生最大的价值，是我们一直思考的问题。”谷风说，目前，随手科技并没有着急将海量用户变现，而是专注于通过大数据云计算等技术向智能金融管家平台转型。“智能金融将是下一个百万亿级的蓝海市场，并在未来5年迎来爆发式增长。”

（文/彭琳　林子煜，发表于《南方日报》2016年9月13日）

比员工增长速度更快的是用户数字。目前，随手科技旗下拥有随手记、卡牛、随管家等多款应用。随手记是最早上线的记账应用产品，6年时间用户累计已超过2亿；卡牛信用卡管家是目前用户规模最大的信用卡管理应用，累计用户超过6000万；随管家则是最新推出的理财超市类产品。

# 优得清：借力孵化器打开“10亿+”市场

2016年，来自大理漾濞县苍山西镇的老赵特别高兴。2016年6月在大理大学第一附属医院做了生物角膜移植手术后，他失明近20年的右眼重见光明。

老赵手术中用的是来自广州优得清生物科技有限公司（以下简称“优得清”）自主研发并拥有知识产权的脱细胞角膜植片（商品名：优得清角膜）。2016年4月6日，这款目前全球唯一以复明性为主要疗效指标的生物角膜产品，获得了国家食品药品监督管理总局（CFDA）批准上市销售。

优得清角膜的面世，为我国400多万角膜盲患者带来了机会，也开辟了一个十亿级的巨大市场。这家正式成立不过3年的初创企业，创造了技术“从实验室到市场”转化的惊人速度。

优得清短短数年间异军突起的背后，隐现上市公司冠昊生物的身影。在这家再生医学材料龙头企业的扶持下，优得清得以迅速壮大，并反过来让冠昊生物在财务回报和产业布局上受益。而这种独特的企业孵化器，也为众多高新技术领域的企业指明了一条多方共赢的创新创业之路。

## 创新生物角膜消除技术盲点

“角膜是眼球前部的一层仅有0.5毫米厚的高度透明组织，起的作用就像照相机的镜头。”优得清总经理谢丽君介绍，角膜受损会影响视觉能力，严重的甚至导致失明。目前，角膜移植是角膜盲患者重见光明的唯一治疗方式，而传统的角膜移植主要使用的是志愿者捐献的人体角膜。

在西方国家，眼角膜捐赠已是常见的遗体处置选择。但在东亚国家，受文化观念的影响，捐献角膜的人还不多。我国每年仅有约5000个病人可以获得角膜移植的有效治疗，大量失明患者还在漫长的等待中苦苦煎熬，甚至因为病情恶化而不得不摘除眼球，完全失去复明的机会。

近年上市的人工角膜产品，虽然能够用于移植手术，却因无法脱盲而难以替代人捐献角膜。“病人移植之后可以避免炎症继续恶化导致的眼球摘除等问题，但没法恢复视力，眼前就像有一块‘毛玻璃’，还是看不清。”谢丽君说。

此次获得CFDA批准上市的优得清角膜，由专利保护技术对生物源性材料进行制备，使之具有与人角膜高度相似的纤维结构和形态，基本光学特性接近人角膜，并且具有免疫原性低、透明度高和组织相容性好的特点。

这也意味着，优得清角膜能够在很大程度上替代人捐献角膜，让角膜盲患者恢复视力。全国6家重点医院开展的临床随访结果显示，优得清角膜用于治疗感染性角膜炎的治愈率高达100%，脱盲率也达到83%，远超最初75%的目标。如此高的“脱盲”成功率，堪称人工角膜技术领域的世界级创新成果。

作为目前世界上唯一以复明性为主要疗效指标的生物角膜产品，优得清角膜因其技术上的重大突破，屡获嘉奖与认可。

2015—2016年，优得清的“生物型人工角膜制备及临床研究”及“生物眼角膜生产工艺优化和产业化研究”项目先后获得广州市和广东省政府科技专项资金资助。2014年9月，优得清角膜更是获准进入CFDA创新医疗器械特别审批程序，以自主创新产品的身份获得上市“绿色通道”，仅用一年半时间便成功获批上市。

A06 时局 观察

携新型人工角膜仅用3年实现上市，创造技术“从实验室到市场”转化的惊人速度

优得清：借力孵化器打开“10亿+”市场

创新中医为全球健康开出“新药方”

中医原创医学内涵日益丰富，现代化与科学化是发展趋势

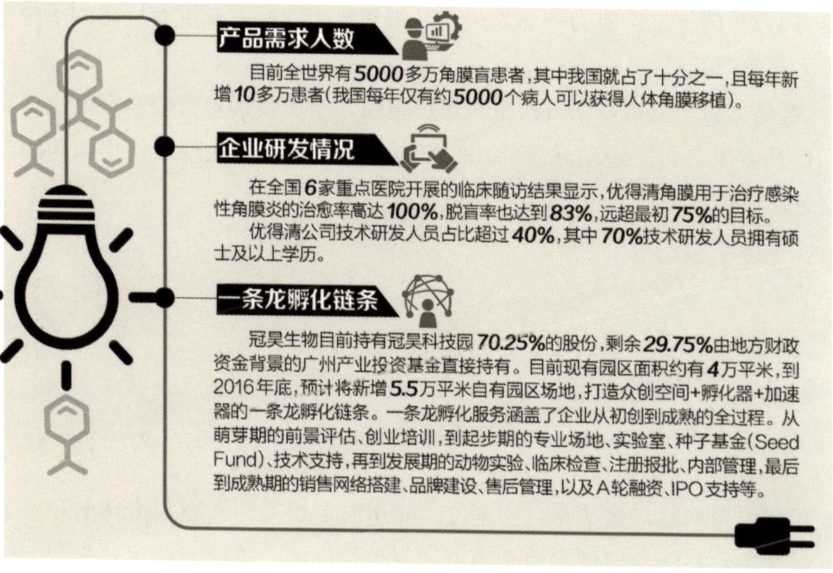

## 成立3年打开十亿级市场

世界级的创新产品，带来的是一个巨大的市场。公开资料显示，目前全世界有5000多万角膜盲患者，其中我国就占了约十分之一，且每年新增十几万名患者。

优得清副总经理林永亮说，优得清角膜主要适用于板层角膜移植，而角膜移植患者中，板层角膜移植患者约占全部角膜移植手术量的50%以上。尽管优得清目前的产品还无法满足所有角膜移植患者的需求，但这超过50%的市场已经足够大。

按照目前国内人体角膜移植手术总体花费约2.5万元/例，每年新增约15万患者一半适用来粗略估算，优得清每年的新增市场空间高达18亿元左右。而如果再算上约400万患者的存量市场，可替代人体角膜的生物角膜市场更是巨大。

令人惊讶的是，填补全球人工角膜技术空白的优得清，竟然还是一家成立不过3年的创业公司。只不过，这家创业公司的背后站着一家成功的上市企业。

2011年，从事再生医学材料及再生型医用植入器械研发、生产及销售的冠昊生物科技股份有限公司（以下简称“冠昊”）登陆创业板。同一年，其生物角膜研发取得技术突破，谢丽君、林永亮等技术骨干被抽调组成团队，专注于将这一技术产品化。

两年的动物试验后，这个“内部创业”的团队与合作的医学院专家一起成立了优得清。由于跟冠昊的深厚渊源，优得清获得了上市公司众多方面的资源支持。冠昊先后多轮投入合计约7600万元资金入股优得清，占股49.33%，并助其组建团队和引入风险投资。

谢丽君介绍，在冠昊的支持下，优得清快速建立起研发实验室和生产车间，仅用3年就形成了从技术开发、产品转化、临床应用和规模生产的产业链经营格局。如今，优得清建成的生产线已具备3万片的年生产能力，而如果产品销售势头较好，在现有厂房的条件下可以快速将产能扩大至年产9万片。

2016年3月，冠昊又启动上市以来首次重大资产重组，全资收购主营眼科产品进口和销售的珠海市祥乐医药有限公司。借助祥乐的1800家白内障手术合作医院，优得清角膜产品销售渠道大为缩短。

## “育苗”实现多方共赢

“从一项专利到成为产品，这条路我们走过，知道有多艰难，需要很多环节和要素的支撑。”冠昊生命健康科技园总经理张倩介绍说，作为最早的一批民营孵化器平台，这个冠昊占股70.25%的企业孵化器成立于2013年，服务涵盖了企业从初创到成熟的全过程，可以说是众创空间+孵化器+加速器的一条龙孵化链条。

优得清是冠昊科技园的首批入孵企业，也是36个累计入孵企业之一。生物医药是一个高度专业化的领域，也是创业风险最高的领域之一，创业成功率仅5%左右。对于其出孵后的迅猛发展，张倩颇为欣慰，也颇感自豪。

由于生物医药科研需要大量经费，且研发周期相当长，一般风投机构都不敢轻易涉足，因资金问题造成的研发中断案例比比皆是。与此同时，生物医药产品审批周期长、手续繁复，报批工作并非科研人员为主的创业企业所长，而即使取得了产品批文，生物医药产品的销售也是难题。出于谨慎，医生在尝试新产品、新技术时一般都会比较保守。

类似的问题，冠昊都遇到过。而像优得清这样的入孵企业则无疑要幸运得多。从初期研发到动物实验再到临床试验、注册报批、产品入市，再到最后的渠道拓展，冠昊积累的丰富经验与既有资源均能为其所用。例如，借助冠昊再生型医疗器械国家工程实验室技术平台，优得清的初期研发得以省下大量实验场地和仪器设备的采购成本。

其实，上市公司打造孵化器，不仅有利于创业企业和风投资本，也能给自己带来好处。生物医药细分市场空间有限，研发周期又很长，要保持快速增长，广撒网“育苗”，养大之后分享红利是个不错的选择。

张倩说，借助孵化器这个平台，冠昊正在构建再生医学、细胞干细胞、精准医疗、创新药产业集群。“我们用了近二十年时间和精力，以大量资金投入打造了一条生物医药领域科研成果产业化的高速公路，只有冠昊的产品在上面跑太浪费资源了。”

这也意味着，优得清角膜能够在很大程度上替代人捐献角膜，让角膜盲患者恢复视力。全国6家重点医院开展的临床随访结果显示，优得清角膜用于治疗感染性角膜炎的治愈率高达100%，脱盲率也达到83%，远超最初75%的目标。如此高的“脱盲”成功率，堪称人工角膜技术领域的世界级创新成果。

## /企业家说/

**优得清副总经理林永亮：**

### 应用市场机制破解科研成果转化难题

“我曾查阅过大量学术文献，二三十年前就有医生尝试以黄河大鲤鱼、兔子和猪等动物角膜替代人角膜进行手术。”优得清副总经理林永亮说，患者的期待与巨大的市场需求之下，寻找人体角膜的替代品，一直是医学专家和生物医药企业努力的方向。

林永亮介绍，国内一些医学院的专家同时也是附属医院的医生，在临床实践中积累了不少经验，在实验室条件下已经实现了各方面性能接近人角膜的人工产品。而冠昊生物也早在2003年就立项开始了生物角膜的研发。

但为什么在优得清角膜之前一直没有同类产品成功？

林永亮说，来自动物的异体角膜移植面临着免疫原性、透明度和组织相容性等许多问题，要真正替代人角膜有许多技术难关需要突破。然而，但在传统的科研体制下，医学院专家对于如何把科研成果产品化和产业化，既缺乏经验也没有足够的精力和动力，常常只停留在学术研究阶段。而擅长产业化的企业，则往往缺乏丰富的临床经验和某些具体领域的尖端科研人才。

“从学术性的研究成果到产业化的成熟产品，还有很长的路要走。”林永亮透露，优得清生物角膜产品的技术瓶颈突破，就源自企业研发团队与医学院专家的一次碰撞。2013年成立公司时，创始团队既有来自冠昊生物的技术骨干，也有知名医学院的专家。因此，优得清一方面获得了上市公司提供的资金、团队和设备等资源，另一方面又得到了医学院的基础研究与临床实践支持。

在他看来，短短3年就完成了原创研究技术成果的产业化，依靠的正是这种更为市场化的产学研合作方式。

（文/牛思远，发表于《南方日报》2016年9月14日）

# 必要商城：助制造企业实现“零库存”

A04 时局 观察

凭借“先下单再生产”的C2M模式，70人的小公司成立两年估值20亿

必要商城：助制造企业实现“零库存”

企业在单品上获利不会减少

专题

深圳盐田：发力城市更新助推城区华丽蜕变

正在推进的重点项目

2016年中秋假期，北京白领小张在手机上的必要商城APP选购了一套餐椅，点下购买按钮一秒钟后，订单便到达广东的联邦家私ERP平台，转化成采购、生产、物流等数据计划指令，流向各部门终端。20天后，这个消费者通过电商平台“反向定制”的产品将完成生产，由工厂直接发货，配送到达消费者手中。

这种被称为C2M（Customer To Manufactory，即“用户直达工厂”）的新型电商模式，近年来用户越来越多，而号称“全球首家C2M电子商务平台”的珠海必要科技有限公司便是其中的先行者。正式上线刚刚一年多，必要商城已经实现月活跃用户超50万，年销售额突破1亿元。其新锐的模式不仅屡获业界大奖，也吸引了众多风投追捧，2016年年初的估值报价高达20亿元。

凭借“先下单再生产”的C2M模式，必要商城找到了一条用“互联网+”解决制造企业产能过剩和供需错位等转型痛点的新路。

## 精
## 用户下单后才生产

创办必要商城平台之前，曾是百度高管、乐淘网创始人的毕胜早已实现财务自由。

毕胜曾研究过许多零售上市公司的财报，发现商场里几乎所有常用品牌的售价都是成本的五六倍，但有很大一部分品类都仅有微薄的净利润，剩下的全是亏损。而即便是那些仅有微利的品牌，如果库存的计算方法稍稍一变，也会变成亏损。

在B2C电商领域，赚钱者同样寥寥无几。毕胜甚至曾在公开演讲中表示“垂直电商是骗局”，因为流通、库存以及流量等成本太高根本无法盈利。

毕胜说，他找到的破局办法是C2M模式，以消费者需求为开端，用互联网数据驱动生产制造，直接连接消费者与生产制造商。“这样才能把所有的流通环节、库存全部打掉，用户下单才生产，不仅实现零库存，也能最大程度降低产品成本。”

在这一模式里，必要商城扮演的角色很简单，以抽取佣金为盈利点，一方面确保生产厂商能够在每单中稳定获利，另一方面为消费者提供高性价比的商品，实现三方共赢。

C2M模式的吸引力似乎不错。2016年7月底必要商城发布的年度报告白皮书显示，目前其通过与Burberry、Armani、Diesel、Adidas、CK、始祖鸟、新秀丽、依视路等31家全球顶级制造商合作推出产品，已进军眼镜、家居、箱包、服装、个护、汽车、房产等10大品类，上线产品498款。

## 细
## 推柔性生产线改造

毕胜回忆，当时曾先后拜访了上千家制造商，却不下10次被保安当成骗子轰了出来。

制造商不愿加入C2M试验的原因不难理解——必要商城的合作条件颇为“苛刻”：必须是全球顶级制造商，必须拥有自己的柔性制造链，必须接受必要商城的定价体系（在制造成本的基础上加价不超过20元），必须与全球顶级的设计机构合作。

传统制造生产模式是大批量少品类，只要一开机器就是一万件；而C2M模式注重的是个性化定制、高性价比的前端用户体验，100件也得开机生产。这就意味着，制造商必须进行后端供应链的改造和重构。

改造或者新建柔性生产线的投入不菲，经常一条生产链的改造要在5000万元以上，而且需要不短的时间成本。首吃螃蟹的3家合作伙伴，仅柔性生产线的改造最短的花了七八个月，最长的一年零四五个月。

一直到必要商城上线时，真正谈成合作的只有3家，分别是上海的依视路代工厂、东莞的Burberry代工厂和一家湖北的耐克产品制造商。

“制造业不像互联网产品，有个BUG马上改了就能上线，工厂的一个模具开坏了，没有3个月投不了产。”毕胜说，必要商城用了两年多的时间去改造前端的生产企业，以适应柔性生产的需求。作为一家电商平台，前两年时间都没有上线，这是罕见的。

**热**

## 月活跃用户超50万

磨刀不误砍柴工，正式上线才一年多，2016年9月，必要商城已经实现月活跃用户超50万，销售额突破1亿元。央视此前在为中央经济工作会议做前瞻报道时，也将必要商城作为未来制造业转型商业模式中的唯一样本进行分析。

认可C2M模式的不仅有市场和媒体，还有风投。但从2014年正式成立至今，必要商城一直没有融资。

和此前乐淘2000多人规模的团队相比，这次创业毕胜的团队仅有70多名员工。不打广告、不烧钱，7%左右的订单抽成，基本上已经能够覆盖团队的所有开销。按照毕胜的预测，到2016年年底公司将实现盈利，因此融资并不是一件很着急的事情。

而随着早期和必要商城合作的不少制造商开始盈利，当初那些曾经拒绝他的制造商，也越来越看好C2M模式，开始主动找上门寻求合作。

毕胜认为，前期的积累让必要商城深入产业链，这让其模式难以复制。现在，他仍把主要精力放在谈合作企业和开发系统两件事上。

必要商城自己的系统也在不断的迭代之中，其在全球有8个在线实时计算的3D引擎专利。而2016年5月，必要商城又上线了AR（增强现实）购物体验技术，成为中国第一家将AR技术应用到网购之中的电商平台。

➔ 毕胜说，他找到的破局办法是C2M模式，以消费者需求为开端，用互联网数据驱动生产制造，直接连接消费者与生产制造商。“这样才能把所有的流通环节、库存全部打掉，用户下单才生产，不仅实现零库存，也能最大程度降低产品成本。”

在这一模式里，必要商城扮演的角色很简单，以抽取佣金为盈利点，一方面确保生产厂商能够在每单中稳定获利，另一方面为消费者提供高性价比的商品，实现三方共赢。

### / 企业家说 /

**必要商城创始人毕胜：**

## 企业在单品上获利不会减少

毕胜和他的必要商城模式，在业界颇受争议：低价能否保证产品品质？国际品牌代工企业在必要商城低价销售是否甘心？会不会因为担心得罪国际大牌而不愿合作？

“在用户面前性价比是可以称王的。”毕胜表示，C2M不仅价格够低，而且性价比高，产品的品质至关重要。必要商城不仅选择合作伙伴有苛刻的要求，产品上架和下架同样有严格的标准。产品上架必须通过用户盲测、产品委员会决策，这两关投票都要超过80%同意。而如果这个产品上线后一个月内因质量问题的退货率超过5%、差评率超过1%，则会直接下架，不再回头。

“一旦产品下线，真正着急的就会是厂家，因为这意味着投下千万元的柔性生产线就完全打了水漂。”毕胜说，在必要商城平台上，产品的生产和设计、售后均由工厂来主导，每件商品总共20元的利润中，绝大多数的份额都交给生产商，这给制造业企业带来的绝不仅仅是当前的收益。

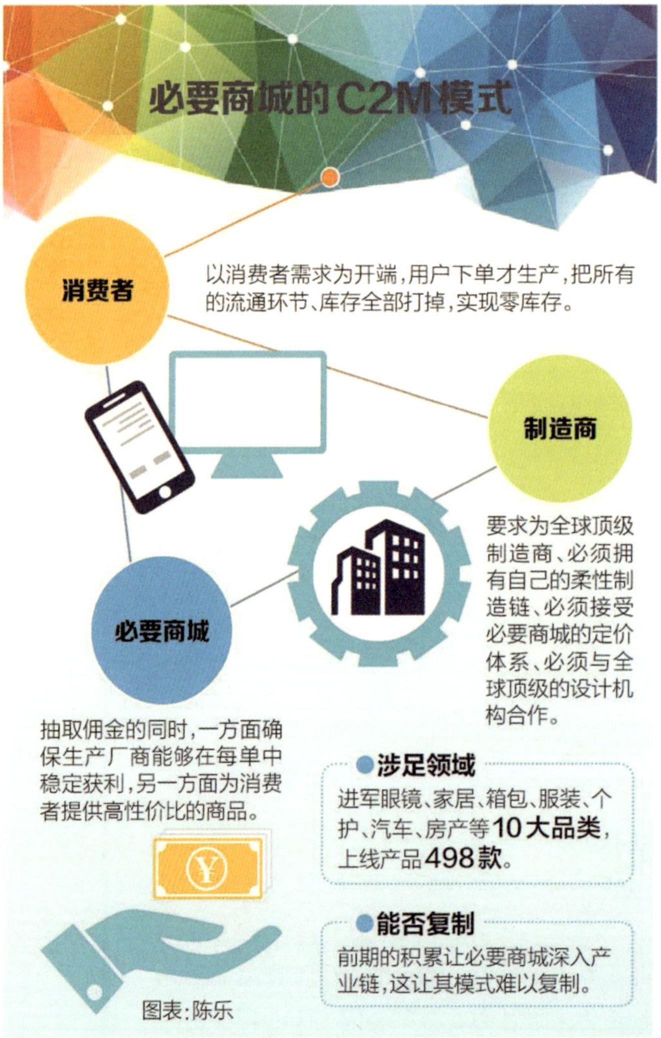


在毕胜看来，中国制造的趋势是，低质高价和低质低价的低端制造业都会被逐步淘汰，未来只有高质低价的高端制造业才能活下来，而用户先下单厂家再生产的C2M模式，不仅能实现零库存，还能解决制造商产能过剩和供需错位的问题，是实现高质低价的一个有效手段。

“C2M模式将成为B2C、B2B、C2C模式之外的全球第四种电子商务模式。”毕胜说，C2M模式解决了制造企业转型的痛点，参与到必要商城，他们在单品上的获利一点也不会减少，却真正接触到消费者，掌握用户资料，在某种意义上，这是一次解放运动。

（文/欧志葵，发表于《南方日报》2016年9月19日）

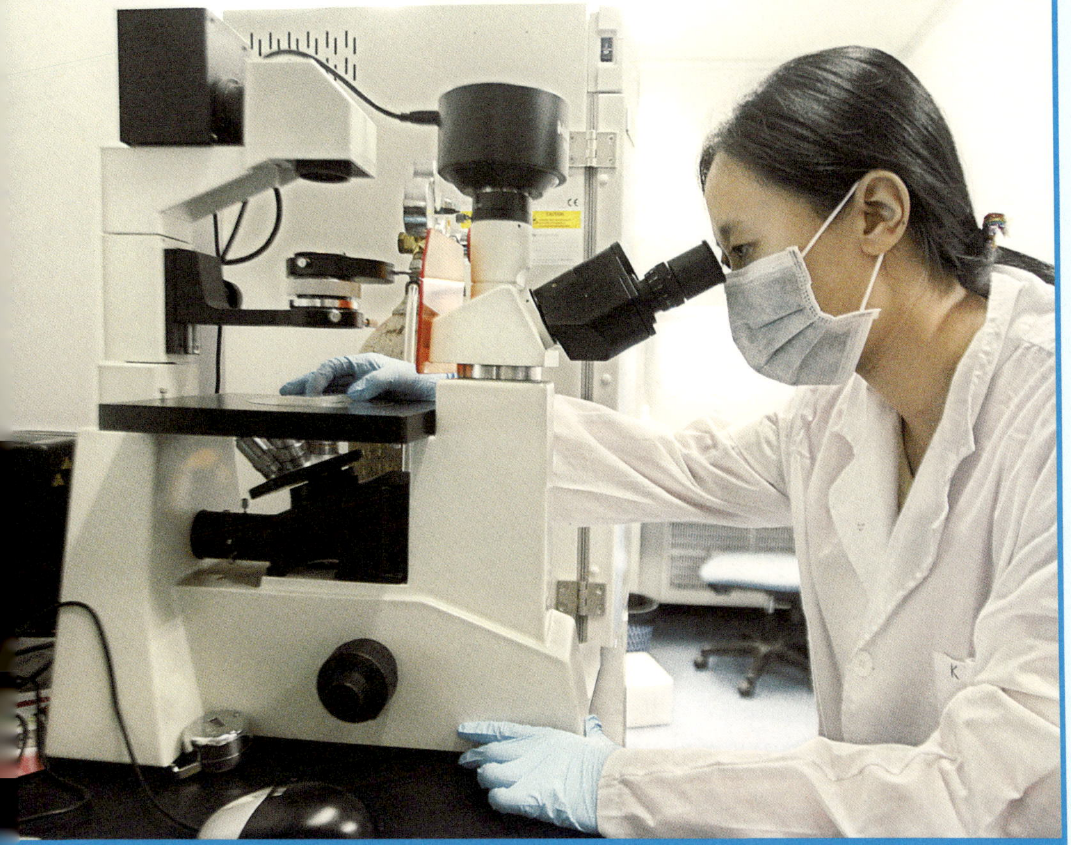

★微芯生物科研人员在观察实验结果

A05 时局观察

海归科学家攻关十余年炼就新药研发"独门秘笈"

微芯生物：自主研发抗癌新药创多个第一

四大百亿项目撬动千亿产业集群

# 微芯生物：自主研发抗癌新药创多个第一

2016年9月，原本就常常满世界飞的鲁先平更忙了。就在笔者造访的半小时前，他刚刚结束了湖南电视台和韩国电视台一部有关创新的纪录片拍摄。

自从自主研发的原创抗癌新药西达本胺（商品名：爱谱沙/epidaza）获批上市，这位深圳微芯生物科技有限责任公司（以下简称“微芯生物”）总裁，愈发成为新闻界的“宠儿”。连同15年前与他一起归国创业的留美科学家团队，也都屡屡曝光在镁光灯下。

其实这也难免。中国虽然是全球第一大制剂药和第二大原料药生产国，但是98%的产品却是仿制药。作为我国首个授权美国等发达国家专利使用，进行全球同步开发的原创新药，无疑将在中国医药创新历史上留下浓墨重彩的一笔。

而作为西达本胺的发明者，微芯生物也自然光环耀眼。如今，凭借自主构建的药物创新技术体系，这家国内研发小分子专利创新药物的标志性企业，已在肿瘤、糖尿病、免疫性疾病等领域建立了多个原创新药产品线，即将迎来业绩爆发的丰厚回报。

## 开中国原创新药授权发达国家使用先河

提到微芯生物，就不能不提西达本胺。

目前，同类药物全球仅有3家企业生产，其中两家在美国。与国际PTCL治疗新药相比，西达本胺具有明显的亚型治疗优势及患者生存长期受益。前期临床结果显示，服用西达本胺的患者临床获益率近50%，生存期明显延长。

而相比国外同类药物分别高达28万元和14万元的每月治疗费用，西达本胺的每月治疗费用为2.6万元，堪称价廉质优。

尽管我国是全球第一大制剂药和第二大原料药生产国，但98%的产品是仿制药，由中国创制并得到世界承认的新药只有寥寥数种。尤其在抗肿瘤药物方面，国产药品几乎全部是仿制药品，真正具有自主知识产权的创新药绝无仅有。

“在生物医药领域，拥有核心技术和专利发明非常重要。因为只有独立研发、获得核心的专利技术，我国医药企业才有希望摆脱一直‘仿制’和单纯靠价格战来赢得市场份额的命运。”鲁先平说。

作为具有全新化学结构且获全球专利授权的原创新药，西达本胺创下了多个第一：全球首个治疗复发及难治性外周T细胞淋巴瘤的口服药物，全球第一个获批的选择性组蛋白去乙酰化酶抑制剂……

更为重要的是，西达本胺还成为全球首个授权美国等发达国家专利使用、全球同步开发的中国原创化学新药。2014年12月，西达本胺获国家食品药品监督管理总局（CFDA）批准上市，而早在2006年，微芯生物就成功将正在研发中的西达本胺海外地区专利授权给美国HUYA Biosciences公司，获得了2800万美元的资金以及未来的销售分成。

中科院院士陈凯先表示，西达本胺的出现，让中国在这个领域实现与国际先进水平并跑和部分领跑。国家新药重大创制技术总师、中国工程院院士桑国卫则评价其“填补了我国外周T细胞瘤治疗药物的空白，为我国生物医药产业的转型升级起到积极的示范作用”。

## 短短十余年研发出多个原创新药

如果说只有一款创新药，或许还有运气的成分。但实际上，除了已经成功上市的西达本胺，微芯生物自主研发的创新成果还有很多。

如治疗Ⅱ型糖尿病的西格列他钠已经进入临床三期，治疗癌症实体瘤的西奥罗尼进入临床一期，西达本胺除了用于治疗淋巴癌之外，用于治疗非小细胞肺癌和乳腺癌的新适应症也都已进入三期临床。

在全球制药行业，一直有着“10年10亿美元”的说法——研发一款原创新药，需要花费10年时间和10亿美元的投入，这期间还伴随着研发失败的高风险。而近些年，这个投入甚至水涨船高达到25亿美元的水平。

成立于2001年的微芯生物，凭什么在短短十余年间研发出如此多的原创新药？

“如果说手机行业是‘工程驱动’，那么医药行业就是‘假设驱动’。”鲁先平解释说，一款新的化学药物，需要从上万个化合物中筛选出一个有用的分子结构，每一个可能的都需要通过反复实验。原创化学新药研发的高投入、高风险、长周期，大多来源于此。

西达本胺十多年的研发，同样经历了这个“大海捞针”的过程。但不同的是，在研发西达本胺的过程中，微芯生物自主构建了一套基于化学基因组学的集成式药物创新与早期评价技术体系，解决了原创药研发链条中风险最高的环节——判断全新分子先导化合物的潜在安全性及可能的临床有效性，以此决定是继续开发还是尽早放弃。

“我们15年前开始做的时候，技术水平可以排到全球前三。”鲁先平说，这个平台体系有效地整合了包括计算机辅助药物设计、药物及组合化学、高通量高内涵药物筛选、化学基因组学基因表达谱研究、生物信息学和化学信息学数据挖掘等多项现代技术，能有效加速小分子创新药物的研发历程、降低新药开发风险，是研发出具有临床差异化新药的重要技术。

凭借这一“独门秘笈”，微芯生物研发效率和成本控制优势明显。目前，微芯生物已申请73项化合物全球发明专利，其中45项已获授权；在国内外高水平学术刊物上发表论文30余篇；共承担了30多项国家、省市重大科技项目。

值得一提的是，主打小分子创新药物研发的微芯生物，甚至将这一研发技术平台应用到了中药领域。其参与的“中药安全性关键技术研究与应用”

“在生物医药领域，拥有核心技术和专利发明非常重要。因为只有独立研发、获得核心的专利技术，我国医药企业才有希望摆脱一直‘仿制’和单纯靠价格战来赢得市场份额的命运。”鲁先平说。

作为具有全新化学结构且获全球专利授权的原创新药，西达本胺创下了多个第一：全球首个治疗复发及难治性外周T细胞淋巴瘤的口服药物，全球第一个获批的选择性组蛋白去乙酰化酶抑制剂……

项目，荣获了2013年国家科学技术进步奖一等奖。

## 用海外所见所学推动中国医药行业创新

“身为60后，我们赶上了好时代。”鲁先平感慨道，他和微芯生物其他几位创始人均是留美的科学家，作为改革开放初期的大学生，都曾深受国家的培养恩惠，也始终有一个共同的想法：希望用个人所学去回报祖国和人民。

鲁先平1988年获得博士学位后远赴加州大学圣迭哥分校医学院做博士后研究员。当时恰逢美国生命科学技术大爆发，以基因泰克（Genentech）为代表的新兴生物制药公司也正迅速崛起。

“发表论文、成立公司、早期研究、IPO、后期开发、被收购，基因泰克的发展对我触动很大。”鲁先平回忆，基因泰克的成功，催生了一大批风险投资，这些风险投资又将一大批科学家从象牙塔拽进了工厂，形成了从实验室到市场的成熟创新模式。

在科研领域崭露头角后，风投带着资金鼓动他创业，将研究成果产品化。而这次创业经历，也推动鲁先平和其他几位创始人下定决心回国，将在美国所学的科学知识与见识的创业经验应用到祖国的大地上。

中国是制药大国，却不是制药强国。近5000家制药企业数量约为美国的5倍，却大多数都是靠生产仿制药低水平同质化竞争，无一进入全球药企排名前50强。

“我们国家有非常优秀的科学家，有巨大无比的市场，有很好的制药基础，为什么产业会处在生态链的最低端？是因为不具备将科学与商业、资本、市场、团队融合起来的能力。”鲁先平说。

怀着满腔报国心，鲁先平要在中国打造自己的“基因泰克”。从首轮5000万元的风险投资开始，微芯生物至今已完成4亿元的5轮融资，持续的研发投入近10亿元。如今，十多年付出也终于将迎来丰收。

随着西达本胺上市，微芯生物未来5年的销售额有望达到5亿元，如果其他药物也成功获批，则将带来至少20亿元的营收。

鲁先平透露，微芯生物在成都新建的研发中心和生产基地2016年1月也已经开工，未来还将继续加大人才和资金的投入，继续培育核心优势，增强公司在创新和专利药物方面的国际竞争力。

微芯生物所开创的从“中国仿制”到“中国创制”的研发模式，也为更多有志创新的企业展现了新的可能。

## 企业家说

**微芯生物副董事长、总裁、首席科学家鲁先平：**

## 为创新企业营造公平市场环境

"创新企业必须遵循市场规律，让市场自由选择。"微芯生物副董事长、总裁、首席科学家鲁先平说，"强者放在温室中都会退化，市场经济是大风大浪的，如果不能经受住大风大浪的打击，要么死掉要么转型。"

在鲁先平看来，当前政府拿出了许多资金直接对创新企业进行扶持，但要鼓励创新更重要的还是营造公平的市场环境、完善市场配置，让企业在竞争中优胜劣汰。虽然企业在发展的关键时刻很需要资金支持，但这种支持也应该首先要做到公平和透明。

鲁先平建议，对于生物医药领域，政府应在医保等政策上更公平地对待国内的创新企业，让敢于投入资金进行自主研发的创新企业能够得到市场的回报。例如西达本胺这样的产品国内没有同类产品，但2016年4月才纳入深圳市地方补充医疗保险药品目录，全国医保则还进不去。

"我们的很多管理体制，是按照过去的传统产业特点搭建的，很难适应创新企业的发展要求。"鲁先平说，未来中国有待进一步完善资本市场，根据不同行业企业的特点制定不同的准入政策，给风投资金以较方便的退出渠道，"只有这样才能鼓励更多资金进入高风险但也有高回报的创新领域"。

（文/牛思远　向雨航　柯超　图/鲁力，发表于《南方日报》2016年9月21日）

"创新企业必须遵循市场规律，让市场自由选择。"微芯生物副董事长、总裁、首席科学家鲁先平说，"强者放在温室中都会退化，市场经济是大风大浪的，如果不能经受住大风大浪的打击，要么死掉要么转型。"

★龙腾出行移动APP页面

# 龙腾出行：借移动互联网技术弯道超车

2016年8月1日，广州龙腾出行网络科技股份有限公司举行了新三板挂牌发布会，招股说明书披露的信息让这家一向低调的粤企迅速受到外界关注。

作为第一个探索机场和高铁商圈高端出行服务的民营企业，龙腾出行覆盖贵宾室、礼宾车、要客通以及餐饮等一条龙服务。数据显示，龙腾出行已经覆盖全球超过450家机场及850多间商务休息室，拥有超过1200万的高净值用户群体。

从一家名不见经传的公司到全球最大的高端出行服务平台，龙腾出行仅用了10年时间。根据龙腾出行2015年度审计报告，公司2015年营业总收入为1.87亿元，2016年半年报显示，公司上半年营业收入为1.76亿元，接近2015年全年总营收。

完成全球化布局后，龙腾出行开始向移动互联网智能出行平台转型。2015年10月，龙腾出行移动APP正式上线。龙腾出行董事长蔡可慧表示：“在机场和高铁商圈，中国移动互联网技术是领先国际的，我们很有希望弯道超车。”

A08 时局 观察

低调粤企十年打造全球最大高端出行服务平台

龙腾出行：借移动互联网技术弯道超车

专题

同心共绘“广东蓝”

## 市场化探索
## 覆盖国内机场高铁高端出行

2000年前后，中国民航正在探索市场化发展路径，尝试把一些如机场服务业等“非航”的业务剥离出来进行市场化运作。广州在此轮改革中全国领先，龙腾出行则抓住了这个机会。

捕捉到了中国民航机场服务市场化改革的大趋势，从金融机构辞职的蔡可慧与海归回国创业的朱江南不谋而合，2005年成立了龙腾出行的前身“广州新贵通管理顾问有限公司”，整合机场商务休息室资源，并开发成产品销售给有需求的机构。朱江南任龙腾出行总裁兼联合创始人。

成立首年，龙腾出行便一举签下国内25家机场商务休息室的代理合同。但在创业初期，由于各地机场并没有完全市场化，谈合作就成了“啃硬骨头”。

“2006年，我们同事去机场谈的时候，他们会说你们连个介绍信都没有。”蔡可慧回忆，当时很多地方机场不愿意把休息室等拿出来做成产品，而且体制内外存在一些沟通问题。

蔡可慧坦言，无论是资源的整合还是销售，当时都没有太多的背景，就是靠“死磕”。“好多人去谈，可能听到说要介绍信就走了，但我们没有走，想各种办法与他们沟通。”

凭着一家一家机场业务“啃”下来，龙腾出行覆盖的范围越来越大。与此同时，龙腾出行开始考虑用户增量。由于高净值人群是机场出行的主力，龙腾出行选择的重点用户就是金融机构。

据蔡可慧介绍，2008年各大银行都相继推出了信用卡白金卡，这些白金卡用户直接拉动了龙腾卡的发展。随后，中行、工行、花旗、银联、万事达、VISA等数十家银行及金融机构都成了龙腾出行的合作伙伴。

而随着出行服务业市场化改革加速，龙腾出行业务覆盖的领域也不再局限于机场。2012年，龙腾出行开始涉足高铁商圈。

蔡可慧表示，机场有贵宾室等基础设施，但是高铁只是商务座价格贵一点，基础设施并没有差异。于是，龙腾出行的策略是和高铁站一起建立商务休息室，相当于增加他们VIP服务的功能。2012年，龙腾出行开始进军高铁，2014年在广州南站建了第一个厅，其他在建的有11个站，接下来会在北京、上海建站。

## 国际化布局
## 组建本地团队抢占海外市场

覆盖了全国大部分城市机场服务后，2013年龙腾出行把目光瞄向了海外。数据显示，从2013年10月在英国建立了子公司开始，龙腾出行迅速拓展了海外市场布局。截至2016年7月，龙腾出行的机场休息室网络已覆盖全球超过450家机场，其中国外及港澳台机场就有356家。

蔡可慧直言，龙腾出行之所以国际化道路走得快，很重要的原因是本地化团队运营。进军第一个海外市场英国，龙腾出行就收购了一家英国公司。“英国团队非常有经验，熟悉当地的市场规则，成本会低很多。很多中国企业‘走出去’完全靠自己的力量，发展慢且效果也不好。”

蔡可慧表示，2016年的一个重点是拓展亚太市场。2016年，龙腾出行公司股东会通过了设立新加坡全资子公司议案，新加坡中心的建立将覆盖亚太地区中国以外市场和资源的开拓。

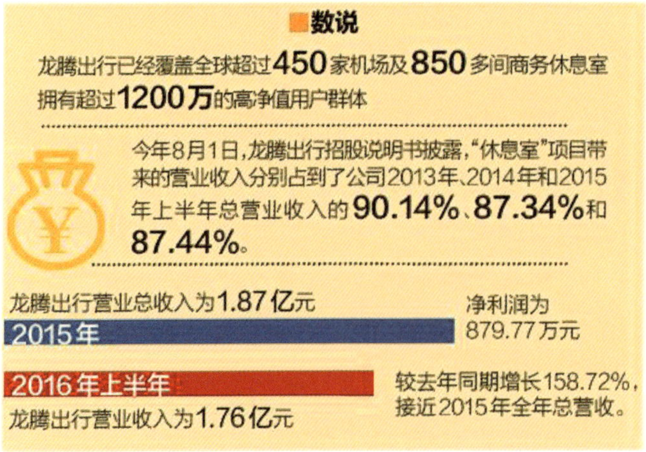

而对于不同的区域市场，龙腾出行还做了很多针对性的策略。比如美国市场很大，但其机场高端服务业态却落后于欧洲。龙腾出行采用的方法是加强和美国供应商的合作，逐步完善其高端服务功能。龙腾出行副总裁姚克诚说，龙腾出行很愿意与供应商和合作伙伴一起发展。“比如美国的这家合作伙伴，他们在我们平台上做当地的市场”。

目前，龙腾出行的全球化服务网络已经构建完毕。

而对于不同的区域市场，龙腾出行还做了很多针对性的策略。比如美国市场很大，但其机场高端服务业态却落后于欧洲。龙腾出行采用的方法是加强和美国供应商的合作，逐步完善其高端服务功能。龙腾出行副总裁姚克诚说，龙腾出行很愿意与供应商和合作伙伴一起发展。“比如美国的这家合作伙伴，他们在我们平台上做当地的市场”。

## 平台化发展
## 转型做智能出行平台

“从2014年开始，由于受到互联网的冲击，我们开始思考转型做一个智能出行平台。”蔡可慧表示，之前是整合资源形成产品，但平台化发展是大势所趋。2015年10月1日，龙腾出行移动APP正式上线。

在蔡可慧看来，过去1.0版本的内地机场以服务保障为主，没有商业概念。现在1.5版本的机场已经开始商业化，但是与新加坡、中国香港2.0版本的机场相比还有差距。同样的吞吐量，发达国家地区的非航业务占据了50%—60%，内地不到10%。对于境内机场服务业来说，不靠移动互联网很难超越。

他分析：“机场和高铁是互联网的洼地，互联网化的程度一直不高。龙腾出行的移动互联网平台，可以实现其商圈的电商化。”

“从2011年开始，个人出行的比例逐渐攀升。我们判断，未来个人出行用户的数据会超过商务出行。”蔡可慧透露，过去龙腾出行定位为高端商旅服务管理专家，但商务出行市场也有局限，例如，一到节假日机场休息室产品使用率就下降50%。现在由于消费升级，个人出行市场越来越大。最近两年，龙腾出行已经陆续和国内OTA（在线旅游）达成合作。

眼下，龙腾出行正在考虑如何利用超过1200万的高净值用户群体的大数据做更多营销。朱江南表示，通过大数据做精准营销，手握海量高端人群的龙腾出行未来只靠流量就能盈利。

“之前和英国团队合作，他们教我们如何做，但在移动APP上线后，我们反而成了老师。”蔡可慧表示，移动平台上线后，原来一些没有谈下来的合作企业也迅速达成了合作意向，主要就是因为对方看中了龙腾出行在移动互联网方面的实力。

## 企业家说

### 龙腾出行董事长蔡可慧：
### 抓住转型重要节点敢于革自己的命

回顾龙腾出行十年的发展历程，取胜的关键在于对商业市场趋势有敏锐的判断，并且牢牢抓住每一次转型重要节点。

“创业就是一种冒险。”龙腾出行董事长蔡可慧说，当初辞职下海需要勇气，同时也需要具备把握行业改革大趋势的眼光。果断转型奠定了如今的全球化布局优势，体现的也是龙腾出行对国人消费升级带来红利的准确判断。

作为近几年转型的一个重要节点，制定平台化发展策略同样是基于对行业趋势的预判。蔡可慧透露，对于平台化转型，内部曾出现过一些争议。以往龙腾出行主要是卖产品，从销售导向转为科技驱动，无论高层还是员工都需要时间去适应变化。为此，龙腾出行甚至特意聘请了知名咨询公司来做培训，花了一年时间完成内部调整变革。

“2014年平台化转型至今，效果非常明显，尤其在国际市场，我们的移动互联网技术远远领先海外竞争对手。”蔡可慧说，从靠服务和价格取胜，到靠移动互联网技术取胜，让龙腾出行领先一步，而这一切的关键，就在于看准时机，“敢于革自己的命”。

（文/彭琳　陈荷　柯超，发表于《南方日报》2016年9月22日）

# 地尔汉宇：要做全球“显性冠军”

广东

04

惠州警方侦破首例利用微信缴违章罚款新型诈骗案件

扫二维码可缴违停罚款?骗局!

女子广州地铁晕倒 热心乘客接力急救

地尔汉宇:要做全球“显性冠军”

滚筒洗衣机、洗碗机、搅拌式洗衣机、冷凝式干衣机……这些都是人们常用的家用电器，它们都有一个看似不起眼却非常重要的零部件——排水泵，排水泵的质量稳定性和节能效率是洗衣机和洗碗机等产品整体质量和节能降耗的重要保障。

曾经，全球的家用电器生产商所需的排水泵主要来自欧美等发达国家，而近年来，尤其是2010年以后，一家来自江门的企业改变了这一局面。它凭借领先的技术优势，击败众多生产家用电器排水泵的知名公司，其家用电器排水泵的产销量占全球市场份额由2010年的16%上升至当前的约30%，位列全球第一。

它就是江门市地尔汉宇电器股份有限公司（以下简称“地尔汉宇”）。在排水泵领域领跑全球后，地尔汉宇又把目光瞄准了水疗马桶、伺服电机、机器人制造、新能源汽车等领域，并且都取得了不错的开局：水疗马桶连续2年实现100%的销售增长；在电动车厂还未竣工的情况下，已经有众多客户提出40万台电动汽车的订单意向……

## 20年专注细分领域打造“名牌背后的名牌”

地尔汉宇董事长石华山大学毕业后便到江门金羚洗衣机厂工作。凭借过硬的技术，在工作期间他获得过20多次洗衣机技术奖励。一次偶然的机会，石华山“相中”了排水泵这个小小的零部件。

石华山在金羚洗衣机厂出口部工作时，工厂有一批洗衣机出口到南非，使用的是国内一家企业生产的排水泵。因为排水泵有问题，这批洗衣机返修率非常高，“还有一排水泵竟然起火了，差点把人家的房子给烧了”。

“那时候我就发现，水泵这个东西非常重要。”石华山说，他发现，这个重要的零部件，国内却没有太多厂家做。1995年，石华山揣着身上仅有的2.5万元开始创业，在一所废弃的小学创建了江门市蓬江区华健电器厂，生产、设计、改造洗衣机排水泵。2002年，企业正式改名为江门市汉宇电器有限公司。

多年的发展中，地尔汉宇始终专注排水泵这个细分领域。如今，其已成为世界第一的排水泵制造商与供应商，年销售3500万个，占全球市场份额约30%。凭借稳定的业绩，2014年地尔汉宇成功在创业板上市，成为江门第9家A股上市公司。

更令地尔汉宇感到骄傲的是，公司凭借部分优质产品在国际市场上与欧美等发达国家的老牌水泵生产企业竞争中取得完胜。如代号为007、008的水泵，结构更优化、效率更高，排水效率提升15%—20%。曾有两家生产水泵的欧洲企业，来地尔汉宇参观了解到这两款水泵的基本情况后，当即决定关闭自己的水泵厂，“因为地尔汉宇的技术太强，实在竞争不过”。

凭借技术优势打败海外竞争对手后，原来这些企业的大客户，也转而采购地尔汉宇的产品。如美国通用电气，一年的订单量就有100多万个。

如今，美国的惠而浦、韩国的三星、欧洲的伊莱克斯、日本的夏普、国内的海尔和美的等世界500强白色家电企业都已经是地尔汉宇的长期合作伙伴。而地尔汉宇也凭借为这些名牌产品提供排水泵，成为“名牌背后的名牌”。

## 建立激励机制推动员工技术创新

然而，销量世界第一、打败欧美老牌生产企业的背后并非一帆风顺。

“说实话，刚开始挺难的。”石华山坦陈，因为最开始他们的水泵是仿造出来的，没有自己的专利，这样想大批量卖给主机厂，尤其是对专利特别重视的发达国家的企业就更为困难。

地尔汉宇意识到，缺乏专利严重掣肘了企业的发展壮大。

“要想做大，专利问题必须突破。”石华山当机立断，在企业起步资金相当困难的情况下，地尔汉宇于2004年组织技术力量来解决这个专利问题，认真研究专利问题。“我们在2004年就成立专利办公室，把欧洲的专利全部下载下来，有这么厚。”石华山比画着。

突破了人家的专利，相当于拿到了进军国外市场的准生证，但在一些关键技术上还必须要有更大突破。

2006年国际铜价大幅上涨，原材料价格大幅上涨，这让地尔汉宇的管理层非常头疼。

是否能研发用铝线来代替铜线的技术来解决这一困境？早在2005年，地尔汉宇就开始了这方面的探索，2006年5月铜价奇高的时候，石华山要求必须加快研发速度，后来在三个月之内便取得成功，也申请了很多专利。

铝漆包线代替铜漆包线应用于排水泵电机这一技术上的重大突破，让地尔汉宇取得世界性的核心竞争力，他们的水泵成为世界500强企业争先订购的宠儿。

对于地尔汉宇取得的这些成绩，石华山将其归结于靠技术创新和精益生产。该企业还科学设计创新激励机制，企业一个3年提成方案就是很好的体现：一个创新项目成功后，按照项目为公司所节省成本进行奖励。第一年奖励所节省成本的5%，第二年2.5%，第三年1.25%，并且与项目相关的所有人员都能拿到奖励。

对于地尔汉宇取得的这些成绩，石华山将其归结于靠技术创新和精益生产。该企业还科学设计创新激励机制，企业一个3年提成方案就是很好的体现：一个创新项目成功后，按照项目为公司所节省成本进行奖励。第一年奖励所节省成本的5%，第二年2.5%，第三年1.25%，并且与项目相关的所有人员都能拿到奖励。

## 开发差异化产品发展道路越走越宽

“目前我们生产的电器排水泵的产销量占全球市场份额30%，再往上升的话，最多50%，那我们企业的发展空间就会很小。”石华山说，传统家用电器排水泵领域发展空间已经不大，地尔汉宇在发展主业的同时也在积极寻找新的市场。

石华山又创办了地尔汉宇全资控股的地尔肠道健康科技有限公司，并在企业建立初期就明确：毛利率低于30%的产品不做，没有专利的产品不做，没有差异化的产品不做。要用创新的思维和技术，开发极具市场潜力和高技术含量的产品。

截至2015年6月30日，地尔汉宇已获得授权的专利共**197**项，其中境内发明专利**30**项，境外发明专利**6**项；拥有计算机软件著作权**8**项。此外，公司与子公司正在申请中的专利共计**54**项（其中发明专利**33**项，实用新型专利**15**项，外观设计专利**6**项）

图表：刘桂嫦

非接触式的用水清洁直肠的水疗仪——iDear水疗马桶便是地尔肠道健康科技有限公司的差异化创新产品之一。它创造性地将日韩智能马桶与医用灌肠机巧妙地结合在一起，独具“直肠清洁”的功能。

为了研发iDear水疗马桶，地尔汉宇先找了日本最好的自动马桶来试用和测试，并在此基础上进行改进，同时让员工亲自体验，根据发现的问题和要求对产品不断调整。

与此同时，地尔汉宇在巩固好家用电器排水泵这一主业的基础上，开发的产品越来越多：伺服电机、水疗马桶、电动汽车、高新材料……通过用创新的思维和技术，开发极具市场潜力和高技术含量的产品，地尔汉宇的发展道路正越走越宽。

## / 企业家说 /

### 企业创新要沉得下心

在石华山看来，一个具有创新精神的企业的成功就像竹子的成长过程。在创新准备阶段就如埋在泥土中的竹笋还没破土时的孕育阶段，需要沉得下心来，能够埋头钻研，而一点创新成功，就像竹笋破土，会有一种无穷的力量，疯狂成长。

石华山认为，企业持续创新最重要的动力来自两个方面：一是来自于外面的压力，包括市场的压力，同行竞争的压力，地尔汉宇很多创新就是被竞争逼出来的；二是来自于内部的一种创新文化，这需要管理层去主导，比如对于具有创新精神的员工要多奖励，而对于守旧的员工要督促其创新。

此外，作为管理层，还要充分挖掘员工的特质，做到人尽其才，而不是把一些具备创新精神的员工特质给扼杀。

“当然创新有时也需要灵感。”石华山说，创新不在于资金要投入多少，而在于要用心，持续不断地用心有时会突然冒出一个灵感，这种灵感点就像火花一样开启人的智慧。

（文/黄进，发表于《南方日报》2016年10月4日）

# 土巴兔：互联网家装“独角兽”的进化论

04 时局 观察

省纪委暗访曝光四起“为官不为”问题

万亩滩涂遭霸占 渔民反映问题无果

土巴兔：互联网家装“独角兽”的进化论

全国开通250个城市分站、27家落地分公司、拥有超3000名员工；日均订单量3.6万单，累计服务1100万业主家庭；平台汇聚近1万个建材商家、7万家正规装修公司、95万名室内设计师……这是深圳市彬讯科技有限公司旗下土巴兔装修网的最新“成绩单”。

随着“互联网+”“O2O”概念的走红，各大实体经济领域涌现出不少创新发展模式的新兴企业。创办8年的土巴兔，赶上了互联网家装行业的“红利期”，成为国内家装行业最大的流量入口。

2015年艾瑞咨询的中国独角兽企业估值榜上，位居第24位的土巴兔估值已达13.3亿美元，进入“独角兽俱乐部”。但就是这样一家初具“巨无霸”格局的互联网公司，并未停止探索新的模式与业态。

## 每两个中国人装修就有一人用土巴兔

根据百度发布的报告显示，中国每天大约有500万人检索装修、家具、建材相关的信息，而土巴兔平台当前每天的独立访客超过400万——也就是说每两个中国人寻找装修、家具、建材相关的信息，就有超过一人会通过土巴兔平台来完成。

“我们赶上了互联网的红利期。”土巴兔联合创始人兼副总裁、公司元老谢树英笑言。从2008年到2010年初创的这三年“没赚钱，就是赚了口碑”。

依靠优质内容的口碑，土巴兔的流量很早就做到了业内第一。但在中国，家装消费者始终缺乏为设计方案买单的习惯，而是更看重如何高效省钱地完成装修。

意识到这个最大的“痛点”，土巴兔启动了第一次迭代。2010年年底，土巴兔的商业模式调整为连接业主与装修公司，由1.0版本的家装信息平台开始迈向对线下质量把控与介入的2.0版重度垂直模式。截至目前，驻土巴兔的装修公司已经超过7万家。

如果仅仅是促成交易，并不能解决施工质量低、增项漏项、材料虚假、延误工期等家装行业普遍存在的问题。2012年，土巴兔又推出了“装修行业的支付宝”——装修保，通过由土巴兔托管业主装修资金，提供监理服务的方式，加强对装修公司服务质量的监管。

推出“装修保”服务之初，土巴兔遭遇了部分装修公司的抵制。不断的博弈和平衡之后，土巴兔还是将这一模式坚持推行了下来，并最终获得了市场的认可。

作为国内家装行业最大的流量入口，土巴兔没有放慢脚步。谢树英透露，目前土巴兔有20多款APP，覆盖了各类工具和综合类应用，拥有稳定的自然流量。

## 用互联网方式解决传统家装“痛点”

“创业是实践出来的。”谢树英说，凭借业内首创的装修保，土巴兔有效地解决了装修交易环节中建设信用体系的问题，实现了业主装修满意后再付款的消费模式。但家装是一个“痛点”颇多和链条漫长的行业，需要解决的问题还有很多。

2014年，随着装修保获得业内广泛认可，土巴兔开始了大面积地推行装修保在全国的落地。此后，土巴兔又开始投入大量的精力，着手改变装修过程中施工环节的生产方式。

土巴兔创始人、董事长兼CEO王国彬说，土巴兔制定了统一的行业标准，装修公司必须按照其作业标准制定和签订合同，比如瓷砖怎么贴，墙刷几遍，甚至连衣着和沟通技巧等都有规定，土巴兔的监理也会按同样的标准做检查。

在谢树英看来，土巴兔的竞争对手不是互联网家装企业，而是传统装修公司。因为超4万亿规模的巨大泛家装市场，互联网家装渗透率仅为3%。土巴兔做的，正是用互联网的方式改变整个产业链条的传统“痛点”。

作为互联网公司，土巴兔推出了云设计、云呼叫、云结算、云调度乃至VR/AR等一系列互联网技术系统。其智能报价系统能直接为客户精确计算装修费用，3D云设计平台等不仅提升了装修公司的效率，也为客户提供了DIY设计的空间。

而基于大数据分析，土巴兔不仅能就近安排装修订单给装修公司与施工队，提升服务效率，还能对接单者的业务能力进行智能化评级，并以此推动从业者的优胜劣汰。

## 布局家装大数据谋划切入智能家居

早在2011年就完成A轮融资的土巴兔，分别于2014年2月和2015年3月完成了B轮和C轮融资，创下装修家居电子商务领域单笔融资额纪录，投后估值已达到13.3亿美元，进入“独角兽俱乐部”。

谢树英说，因为提早抢占风口，土巴兔已经开始进入收获期。目前，土巴兔品牌已经被广泛认可，在自身造血能力的保证下，也实现了业务的几何级别增长。家装行业用户消费低频，客单价高，决策周期长，口碑的重要性远远高于打车、外卖等行业。因此，虽然土巴兔不打补贴大战，但却仍需要新的资金进入，以强化自身的核心竞争力。

基于这样的考虑，土巴兔一边加大投入、大打广告，一边开始迅速扩张。从2014年年底只有800多人的团队，如今已增至3000多人。其业务也不断延伸，意图打通家装全产业上下游的供求两端，转型为一站式家装服务平台。

2016年6月，土巴兔“云工长”服务正式上线，而其“互联网家装3.0生态战略”也同步宣布启动，明确将重点布局家装大数据、提供金融消费场景、升级的服务链和完善的供应链，并谋划未来从家装直接切入智能家居。

“现在家装3.0战略推出，之后会继续推出4.0、5.0……”王国彬说，互联网家装就是要以全产业链的视角，通过互联网技术，极大地提升生产效

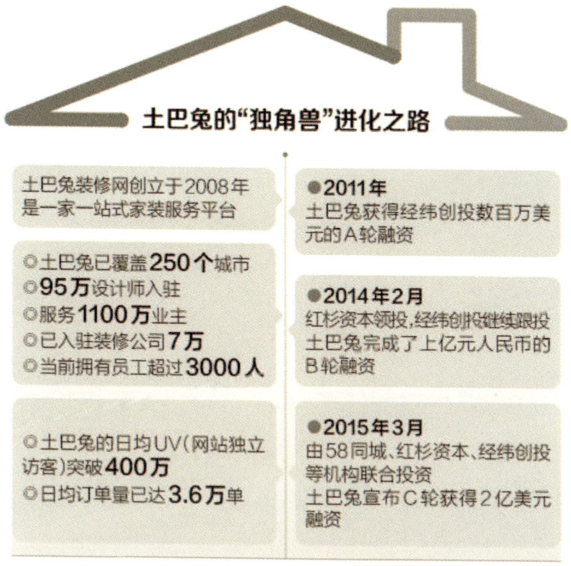


“创业是实践出来的。”谢树英说，凭借业内首创的装修保，土巴兔有效地解决了装修交易环节中建设信用体系的问题，实现了业主装修满意后再付款的消费模式。但家装是一个“痛点”颇多和链条漫长的行业，需要解决的问题还有很多。

率，降低行业成本。从流量入口到一站式家装服务平台，再到家装生态系统平台，“行业的发展在继续，土巴兔也将不断成长”。

## 企业家说

### 土巴兔创始人、董事长兼CEO王国彬：
### 真正的“独角兽”企业要能重塑产业规则

“只有对行业有一定的改变与颠覆，才算是真正的独角兽企业。”在王国彬看来，真正的“独角兽”企业，应该是重塑了这个产业的规则，帮助这个产业极大地提高了生产效率，降低了行业成本的企业。

而在这个过程中，王国彬认为能够诞生“独角兽”的商业环境非常关键。他说，现在那些用户体验不好，交易效率、生产方式效率低下的产业领域，只要能做出创新，就都有机会产生“独角兽”。“作为一个创业者，重要的是只要选择了这个产业，就要保持学习力和创业者的韧性，坚守住自己的初心和创业者精神。”

王国彬说，任何一个领域做创新，都是做别人没有做过的事情，这就需要一支强大的团队。这个团队一定是跟CEO互补的团队，尤其是在创业初期，不一定要有一个特别豪华的班底，但一定是最合适的。“最最关键的是，团队成员要相信创始人的梦想。”

（文/牛思远　柯超，发表于《南方日报》2016年10月7日）

# 小鹏汽车：务实的互联网汽车制造者

A06 时局 观察

投入2亿多元推进农牧业产业化，打造南疆首个大宗农产品电子交易平台……

广东产业援疆夯实受援地发展基础

南方报业

小鹏汽车：务实的互联网汽车制造者

2016年9月13日，小鹏汽车Beta版电动SUV在北京发布。与乐视、游侠等互联网汽车品牌相比，小鹏汽车要低调不少，自2015年底完成A轮4200万美元融资及6000万美元无息贷款后，其曝光度才开始有所提升。但在产品研发上，小鹏汽车的步伐却比对手们快许多。按照规划，小鹏汽车2017年上半年将争取实现小批量生产，2018年底前实现2万台的产量，2020年底前生产20万台。

小鹏汽车的迅速成长，折射出广东雄厚的传统汽车产业基础与新兴互联网行业结合所产生的巨大活力。而小鹏汽车的研发思路，也呈现出浓厚的“互联网+”特点。

## 电池包能量密度超特斯拉

广州小鹏汽车科技有限公司创始人、总裁夏珩说，很多汽车制造业的业内人士当初不理解小鹏，“但看见样车后，觉得我们做得还是不错的”。

创立小鹏汽车之前，夏珩是广汽新能源控制科科长，负责广汽多款新能源汽车及智能汽车的控制系统开发工作。在这里，他结识了后来一起创业的何涛与杨春雷。

何涛是广汽集团首个汽车电子开发平台引入者，负责广汽智能汽车Witstar和无人驾驶样车的开发。杨春雷曾参与主导一汽大众电动车项目及广汽丰田电动车项目的研发。

2014年6月，特斯拉公司对外开放所有专利。不断地有互联网从业者来找夏珩交流，UC创始人何小鹏就是其中之一。

“他对这事特别感兴趣，觉得这可能是下一轮创业机会。”夏珩回忆说，两人一拍即合，踩着特斯拉“开源专利”时间点，在何小鹏、YY创始人李学凌领投下，小鹏汽车正式成立。

团队刚组建的一年半时间里，小鹏汽车投入大量的精力只做一件事——“三电一屏”（电池、电机、电控和大屏智能交互系统）。尽管有特斯拉的开源专利技术，但小鹏汽车并不满足于做简单的“山寨货”。

夏珩说，在拆解特斯拉进行研究时，小鹏汽车团队仔细揣摩了各个设计背后的思路与想法，并在此基础上不断改进创新。小鹏汽车的电池包虽然也采用了18650电芯，但在特斯拉的基础上进行了升级，为每一个电芯都增加了保险丝连接，液冷散热，并且超过特斯拉实现了高达152 Wh/kg的能量密度。

## 将汽车变成科技电子产品

作为互联网汽车，小鹏汽车Beta版实现了低速跟随、自动泊车、远程召唤等一系列酷炫的智能功能。发布会当天，这款汽车从后台开到前台又退回去，这个过程中完全无人驾驶，一时技惊四座。

随着“互联网造车”概念企业不断涌现，很多项目也被质疑是通过卖概念圈钱、“PPT造车”。夏珩认为，互联网汽车要让好产品自己说话，让产品形成口碑，“我们的想法就是直接上车给大家体验”。

和许多“互联网造车”企业不同，小鹏汽车以科班出身的专业人才为基础，结合互联网思维来造车。其人才70%是来自广汽、比亚迪、福特、宝马和德尔福等整车与大型零部件公司的“汽车人”，30%是来自阿里巴巴、腾讯、三星和华为等互联网公司与科技公司的“IT人”。

夏珩对互联网汽车有着自己的理解，“迭代”和“粉丝经济”等互联网行业的概念被他反复强调。小鹏汽车在研发过程中，产品在不断迭代升级，每个阶段的产品也都与用户深度交流，200多人的公司，至今累计线上粉丝社群却已经达到上千人。

“年轻人更在乎车辆的使用权。”夏珩说，消费者只需要通过小鹏汽车的账号，就可以在任何小鹏汽车上同步自己的个性设置，“我们要慢慢将汽车变成科技电子类产品”。

## 推动传统汽车工业转型

夏珩认为，汽车产业内燃机技术比较成熟，在这方面创业比较难。但电动汽车不同，传统企业和新玩家大致在同一起跑线上，对汽车行业来说，确实是一次创业机遇。

重资产的汽车制造业，有着高度复杂的漫长产业链。由于核心创始团队在传统汽车工业的经验，小鹏汽车深知汽车制造体系中供应商的重要。经过拓展，跟小鹏汽车合作的供应商从最开始的三五家发展到了现在的两三百家，其中不乏广东本地企业。

正是有了这些供应商的信任与合作，让小鹏汽车在研发的过程中少走了很多弯路，避免了天马行空的随意设计所导致的无法量产问题。而小鹏汽车这样的新兴品牌一旦成功，无疑也将为这些供应商找到新的市场。

或许正是出于这种考虑，有供应商为了配合小鹏汽车的量产，在产品还没完全定型时就出资数千万元对其生产线进行改建，更有供应商直接入股小鹏汽车。

和许多“互联网造车”企业不同，小鹏汽车以科班出身的专业人才为基础，结合互联网思维来造车。小鹏汽车的人才70%是来自广汽、比亚迪、福特、宝马和德尔福等整车与大型零部件公司的“汽车人”，30%是来自阿里巴巴、腾讯、三星和华为等互联网公司与科技公司的“IT人”。

## / 企业家说 /

### 小鹏汽车总裁夏珩：
### 南派造车理念是务实、开放、叛逆

“我们将车放在清华大学让大家随意试驾，这是互联网汽车头一次。”毕业于清华大学的夏珩说，现在每天试驾这款Beta车的人络绎不绝，小鹏汽车的合作伙伴、投资人、粉丝以及汽车行业内的专家教授均在其中。

小鹏汽车从无到有，再到今天向量产迈进，用了不过两年时间。夏珩说，这种成长速度，很大程度上得益于小鹏汽车“务实、开放、叛逆”的“南派造车”理念。

“小鹏汽车一开始就专注于做事、解决问题，不讲概念，也没有提理念、文化和愿景，只踏踏实实做事，每一步都踩实，像没有发酵的馒头。”

谈到小鹏汽车的未来，夏珩表示还有很长一段路要走，但他们看好互联网汽车的发展，这也是小鹏汽车团队能够凝聚在一起的原因。他说，纯粹做电动汽车很难有未来，就像传统手机厂做触屏手机一样。“互联网基因是小鹏汽车区别于一般电动汽车的亮点，也是我们发展的核心竞争力。”

（文/田迪迪　苏力，发表于《南方日报》2016年10月10日）

★极飞无人机在大片农田上作业

# 极飞科技：构建植保无人机行业新生态

新疆和硕县，国际品牌香奈儿30%的口红原材料就产自这里。大片农田里，一架架无人机正在低空飞行喷洒农药，执行任务的正是极飞科技的农业无人机。极飞科技是一家来自广东的无人机创业公司，在农业大省区新疆和河南设立了分公司。

成立于2007年的极飞科技，用了9年时间自主研发无人机技术，4年时间深耕农业植保服务。作为无人机行业的“老兵”，极飞率先实现了植保无人机自动化，形成了领跑行业的技术壁垒。2016年10月10日，极飞科技发布了新款植保无人机和农业无人机飞控，并宣布推出植保无人机销售和租赁业务。

## 率先实现植保无人机自动化

“农业植保无人机效果好不好，关键在于精准度。”2016年10月，极飞宣布对外销售全新P202017款植保无人机系统，极飞科技创始人兼CEO彭斌表示，该系统提高了飞行和喷洒的双重精准度。

该系统包括无人机、GNSS RTK定位设备（手持测绘器、移动基站、固定基站）、A2智能手持终端、药箱、灌药机、智能电池和充电器。全新的P20使用了RTK定位技术和喷洒系统，能够自动飞行，同时实现厘米级偏差的航线飞行。

彭斌说，喷洒的精准度与定位系统有关，传统技术是GPS定位，但无人机与汽车不同，在飞行中如果偏离1—2米，可能喷洒就偏离目标。

极飞创始人兼COO龚槚钦介绍，极飞新采用的RTK定位技术原本是军用技术，规划航线可精确到厘米级。极飞开创性地将其应用到农业航空服务中，这在农业无人机市场上还是第一家。

此外，喷洒流量监控，一直是困扰农业植保的一个大问题。河南的一个农民用户曾向极飞反馈，在一次喷洒中由于喷头堵塞和风速原因，导致农地里一半作物没有喷洒成功。

“这里面每一项细小的改变，都是革命性的技术。”龚槚钦介绍，极飞2016年自主研发了变速喷洒闭环控制系统，实时远程监控喷头流量和转速。当作物、航速和风速不同时，极飞无人机喷头的流量、雾化颗粒的大小也会随之变化。

“极飞已经率先实现了植保无人机自动化，这是我们领跑行业的技术壁垒。”彭斌表示。其实，早在2007年极飞就开始研发无人机，与大疆几乎是同一时间进入这个领域，但却走上了不同的发展方向。

谈及大疆，彭斌并不避讳，他坦言大疆成功开辟了无人机消费市场。但此后大量厂商相继涌入，蓝海市场已变红海，而农业无人机垂直市场正在孕育爆发，极飞先行一步进入了这个细分的蓝海市场，并迅速建立起了技术领先优势。

## 销售租赁无人机且提供服务

在农业无人机垂直市场，极飞的优势不仅在技术，还在于独特的商业模式。

目前，包括大疆、零度在内的无人机公司都希望通过直接销售农业无人机来进入这一市场。2013年，极飞公司全面转型深耕农业无人机市场，最开始也想销售无人机，但很快就调整了商业策略，为农民提供无人机植保服务。“农业植保无人机本来就是一个全新的领域，农民的认知度和接受度都在培育初期，直接卖无人机难度大。”龚槚钦表示，农民关心的只是植保的效果如何。

为了提供专业服务，极飞在新疆巴州和河南周口成立了两家农业无人机服务公司，由专门的飞手来进行作业。目前，极飞每次作业都是配一辆卡车，四名专业工作人员，卡车是流动的，像滴滴打车一样不停接单。接单量越多，飞手的工资绩效越高。

2016年，极飞宣布推出植保无人机销售和租赁业务，引发外界关注。此前很长一段时间，极飞都专注于出售无人机植保服务，未涉足无人机销售。

而为了让更多人能够低门槛地使用先进的植保设备，极飞还推出了植保无人机租赁业务。用户只需要缴纳一定数量的押金，就能低门槛地以2.5元/亩、1.5元/亩的价格租到无人机和电池，以及其他植保相关设备。

随着近年涌现出越来越多的无人机公司，消费级无人机市场正从“蓝海”变为“红海”，专注农业植保领域的极飞开始显现出独特的竞争优势。彭斌透露，截至2016年10月极飞在植保无人机市场服务覆盖率已经超过70%，预计2017年将覆盖2000万农户和1.7亿亩耕地，全年总产值为1.8亿元。

# 市场前景预测

## 农业航空植保刚需大

作为农业大国，中国有18亿亩基本农田。根据国土资源部此前公布的数据显示，2015年我国实际农作物耕地面积约为20.25亿亩。若假定无人机植保覆盖面积达到50%，每亩单次植保费用10元，每年植保10次测算，无人机植保服务规模将达到1240亿元。

此前，相关机构披露了一组数据，中国农用航空作业水平远低于发达国家和世界平均水平，中国仅有2%，而世界水平为17%。

国家“千人计划”特聘专家、华南农业大学教授兰玉彬认为，中国农用航空作业发展空间较大，国内很多地区，尤其是江浙、河南等地劳动成本高，农业航空植保的刚性需求非常大。

而在开展技术创新的同时，极飞也在行业内率先摸索出了适合中国农业植保无人机市场的创新模式。“既卖无人机又卖服务”的做法，培育和提高了农民的认知度和接受度，解决了直接卖无人机的难题，取得了市场的突破。

## / 企业家说 /

**极飞科技创始人兼CEO彭斌：**

### 技术领先保持优势　模式创新占领市场

“作为一家技术驱动型的创新公司，研发投入是每年最大的预算。”彭斌说，自2007年成立以来，极飞一直专注于多旋翼无人机核心技术的研发。有别于市场上其他品牌的植保无人机产品，极飞的系列植保无人机率先实现了全自动化作业，形成了一定的技术壁垒。

但彭斌也强调，极飞的技术创新并不是盲目追求性能提升，而是围绕着市场的需求来进行的。不管是自动化技术还是大数据监控，都是极飞针对市场一线的客户反馈，不断满足客户要求而开发的。

而在开展技术创新的同时，极飞也在行业内率先摸索出了适合中国农业植保无人机市场的创新模式。“既卖无人机又卖服务”的做法，培育和提高了农民的认知度和接受度，解决了直接卖无人机的难题，取得了市场的突破。

在彭斌看来，正是因为这种贴近市场的态度，让极飞无人机在几个农业大省建立了较高的品牌知名度，持续领跑农业无人机行业。他透露，2016年6月份，极飞完成了B轮融资，主要资金仍计划用于研发和服务团队的打造，以强化在这个千亿级市场的领先地位。“预计2017年，极飞农业直营服务团队超过1500人，覆盖2000万农户和1.7亿亩耕地。”

近年来，极飞在各个基地设立了气象数据监控站，所有的数据都可以实时传输到广州总部的调度中心。最近，极飞又积极建立“全国植保数据库”。对农户家里的田地进行测绘，测绘地图将上传到极飞广州总部的数据库里。

（文/彭琳　柯超，发表于《南方日报》2016年10月12日）

★东箭集团拥有15,000多种汽车外饰件和功能件

# 东箭集团：汽车外饰件行业“霸主”炼成记

在近年产值一直高速增长的汽车改装外饰件行业，广东东箭集团是绝对的霸主——2016年其预计营业收入将超18亿元，超过行业第二至十名的总和。

这家佛山企业是如何从一个6人小作坊成长为“行业一哥”的？东箭集团执行总裁罗军说，东箭的核心竞争能力，是持续不断创新的能力，是多品种、少批量制造模式下独特的组织运营模式。正是通过超越行业大部分企业全年营收的大手笔技术研发投入，东箭集团不断推出真正创新性的产品，积累起269项国家专利、15,000多种汽车外饰件和功能件，成为这个细分领域的领跑者。

## 多品种少批量拉高竞争门槛

目前，国内正式注册的汽车美容装饰改装厂家已有30余万家，行业产值规模超过1000亿元，并且以每年20%以上的速度增长。

走进东箭集团的工厂，笔者发现，这里每个月都要生产6000种以上不同的产品，包括伸缩式脚踏板、汽车吸能安全类防撞杠、防追尾系统汽车后杠、电动系列产品等等。

罗军说，汽车外饰行业属于新兴行业，有很多企业为节省研发费用，选择模仿甚至照抄。东箭集团每推出一个新产品，3个月内市面上就一定会有抄袭品出炉。

为应对这样的局面，东箭除通过知识产权打击假冒伪劣外，近年还不断通过创新产品和技术，开发新的功能来提升产品的模仿难度、供应链门槛。“比如增加模具大型化，工艺复杂化产品投放，消除模仿者仿制速度及相对成本优势。”罗军说，东箭最大的特点是个性化、多品种、少批量、离散型制造，产品平均订单数量仅30—50套，但种类却极为繁多。

据介绍，东箭集团400余人的设计和技术团队，每年平均要新研发1800种新产品。多年下来，东箭集团已经研发了15,000多种汽车外饰件和功能件，获得国家专利269项。这种多品种、少批量的运营模式，成为东箭最强大的“护城河”。

## 研发及实验室投入超对手全年营收

持续创新的能力，来自敢于投入技术研发的魄力。东箭集团发展战略明确每年研发技术投入须达到年营收的5%以上，同时投资2000万元以上建设实验室，超过这个行业绝大部分企业一年的营业收入。

如今，东箭已经拥有模拟环境实验室、防腐测试实验室、力学性能实验室、原材料创新及检测实验室等5个实验室。广东省汽车附件工程技术研究开发中心落户东箭。东箭集团还与多所大学建立产学研合作。

大量的投入，带来的是具有真正创新性的产品。HPU工艺材质汽车防护

A09 时局 观察

年均研发新品超1800种，营收超行业二至十名总和

东箭集团 汽车外饰件行业“霸主”炼成记

专题

创新崛起：国际一流智能制造人才集聚佛山

碧桂园集团热烈祝贺南方日报创刊六十七周年

为应对这样的局面，东箭除通过知识产权打击假冒伪劣外，近年还不断通过创新产品和技术，开发新的功能来提升产品的模仿难度、供应链门槛。“比如增加模具大型化，工艺复杂化产品投放，消除模仿者仿制速度及相对成本优势。”罗军说，东箭最大的特点是个性化、多品种、少批量、离散型制造，产品平均订单数量仅30—50套，但种类却极为繁多。

杠、智能星空踏板、汽车电动尾门等众多创新产品，均已经被评为广东省重点新产品。

2016年，东箭集团先后推出双杆电动尾门、尾门开启系统、电动座椅、电动折叠后视镜等全新品类，让企业从传统的汽车外饰件生产商，成功转型进入汽车功能件行业，市场变得更大了。

## 顾问式营销团队强化终端渠道优势

罗军说，汽车用品行业由于发展时日尚短，同质化竞争严重，大多数厂家都采用比拼价格的低层次竞争博取短期利益。但东箭集团看中的是长远的发展，致力于通过提升品牌、革新技术、营销创新等手段，实现行业新发展。

目前，汽车外饰行业内正兴起个性化产品定制的新需求。东箭集团也迅速响应市场需求，开始根据4S店的需求，专门定制开发专车专用的产品。

“做法就是与4S店共同挖掘消费者需求，保证产品的独有性与差异化。”东箭集团营销人员说，这种做法，使4S店的产品区别于其他竞争对手，形成差异化竞争力，而东箭集团也借此得以强化在终端渠道的优势。

为此，东箭集团还成立了一个“顾问式营销团队”。该团队相关负责人说，目前东箭在全国已有30余个分公司，近500名营销人员，每天紧密追踪产品开发动态、产品生产动态。“从产品需求分析到产品定位，从营销模式到促销策略都要主动为4S店终端销售出谋划策。”

目前，东箭集团年产能300万件（套），已成为联合国注册供应商，同时在中国、欧洲、南美洲、非洲、澳大利亚、东南亚、中东等90多个国家和地区拥有分销商及代理商，为全球超过4000万车主提供外饰改装产品。

## / 企业家说 /

### 东箭集团执行总裁罗军：
### 利用资本市场力量迅速做大做强

“汽车后市场”的规模庞大，仅外饰件细分市场规模就在400亿元以上。随着汽车保有量的不断扩大，以及汽车保有结构的日益老化，该市场每年还保持较高的增长速度。同时，从2015年开始，我国汽车改装监管政策逐步放宽，进一步刺激了市场的扩容。

然而，在东箭集团执行总裁罗军看来，虽然市场势头很红火，但需要看到后市场外饰件细分市场前十名企业营收之和，还不足市场规模的十分之一，这是一个非常碎片化的行业。目前行业发展还处在上升期，较好的毛利率支撑了一大批小微企业。但随着进入者越来越多，竞争加剧、成本逐年增长，毛利将不断下降，大量小微企业面临被整合的命运。

“东箭集团并不担心行业大洗牌。”罗军说，作为汽车后市场外饰件细分行业的绝对龙头，东箭集团不怕按套路出招的行业内企业，最担心的是出现不按套路出牌的创新模式玩家。

他透露，东箭集团正在积极考虑如何利用资本市场力量迅速做大做强，进行提前布局。同时，通过020平台努力整合国内的汽车后市场美容和改装店，以品牌打造、品类创新、渠道深化等方式继续增强企业发展动力。

（文/苏力，发表于《南方日报》2016年10月19日）

罗军说，汽车用品行业由于发展时日尚短，同质化竞争严重，大多数厂家都采用比拼价格的低层次竞争博取短期利益。但东箭集团看中的是长远的发展，致力于通过提升品牌、革新技术、营销创新等手段，实现行业新发展。

叁

# 创一流高校

★ 创新是一个民族进步的灵魂，是国家兴旺发达的不竭动力。中央高度重视创新发展，把创新驱动发展战略摆到国家发展全局的核心位置。而大学是科技第一生产力和人才第一资源的重要结合点，是促进知识创新、培育创新精神和创新人才的摇篮，是创新驱动发展的重要源头动力。

★ 广东省委、省政府坚定不移地把创新驱动发展战略作为我省经济社会发展的核心战略、优先战略。2015年以来，广东先后启动高水平大学、高水平理工科大学建设，为创新发展提供人才保证、智力支持和科技支撑。一年来，在“双高”战略的带动下，广东各高校抢抓机遇，凝神聚力，创新人才培养模式，加强学科建设，推动产学研结合，为广东创新驱动发展贡献独特而强劲的大学力量。

★华农全方位发展现代农业装备，致力实现“耕牛退休，铁牛下田”

# 华南农业大学：理工学科交叉发展　服务中国制造2025

履职十年，华南农业大学校长陈晓阳每次与笔者畅谈学校发展时，总是自信满满。2016年6月的这次也不例外，他说：“过去一年，华农抓住高水平大学建设契机，在学科建设、人才引进、科技创新和人才培养等方面均取得喜人成绩。”

一组数据可以说明华农2015到2016年的阔步前进：进入ESI世界排名前1%的植物和动物科学、农业科学排名对比2014年11月分别前进99名、36名；引进高层次人才41人，包括柔性引进院士团队1个，引进长江学者团队1个、长江学者2名，国家“千人计划”2名；2015年学校到位科研经费5.13亿元，是2014年度的1.4倍……

此外，该校新农村发展研究院构建“示范基地+互联网+基层推广服务体系+农户”的农技推广服务新模式，获得了国家重大农技推广服务试点项目。

华农2016年公布的招生计划中，理工科占比46%。对此，陈晓阳解释，围绕国家和广东产业转型升级重大需求，紧贴全省及各地产业结构战略调整实际和高水平大学建设的需要，华农对学院及学科结构进行调整，增加理工科和交叉学科，打造理工科类学科群。

A05 时局 观察

创新驱动 大学力量

华南农业大学校长陈晓阳接受南方日报专访，谈高水平大学建设成果

理工学科交义发展 服务中国制造2025

## 掌门人谈

## “国家级”农技推广服务新模式

*南方日报：广东高水平大学建设战略启动一周年了，华农递交了怎样一份“成绩单”？*

陈晓阳：学校先后开展规章制度清理和建设工作，废除和修改全校规章制度200余项，同时制定和实施了多项人才政策，推动薪酬制度改革，为高水平大学建设释放制度红利。

华农这一年的“成绩单”我用一组数据说明。

ESI学科全球排名继续提升。目前，华农已进入ESI世界排名前1%的植物和动物科学、农业科学在国内和国际排名进一步提升，其中植物和动物科学在全球排名第332名，比2014年11月前进99名；农业科学在全球排名第331名，比2014年11月前进36名。

高层次人才聚集。高水平大学建设启动至今，共招收海内外博士240名，其中37名首聘副教授；引进高层次人才41人，包括柔性引进院士团队1个，引进长江学者团队1个、长江学者2名，国家“千人计划”2名；校内培养新增国家特支计划国家级教学名师1人、青年长江学者2人、国家特支计划青年拔尖人才1人、人社部“百千万人才工程”人选3人、科技部中青年科技创新领军人才2人和农业部农业科研杰出人才3人。

★ 华南农业大学校长陈晓阳

科技创新能力持续增强。2015年，学校到位科研经费5.13亿元，是2014

年度的1.4倍。2015年度获得各级科技奖励49项，其中主持省部级奖励26项；三大索引论文共606篇，CNKI论文共2231篇。

让我感到自豪的是，新农村发展研究院构建“示范基地+互联网+基层推广服务体系+农户”的农技推广服务新模式，获得了国家重大农技推广服务试点项目。

## 培育科研“特种部队”推动创新驱动发展

南方日报：一批高层次人才的到来，华农如何让他们发挥作用？

陈晓阳：对于引进的顶尖人才，华农探索新机制，使他们成为科研“特种部队”。美国科学院院士、中组部第11批“千人计划”引进人才E.Peter Greenberg教授，拟在华农成立群体微生物研究中心。该中心不属于任何一个学院，人事、财务和设备全部单列，学校负责给机制、给经费和配人员，中心则负责自主运作、生产成果。

南方日报：华农与温氏产学研合作，被认为是高校发挥社会服务作用的典型案例。基于上述人才战略，华农将怎样推动广东创新驱动发展？

★ “长江学者”黄国文教授（左三）与学生交流。包括黄国文在内，华农一年来共引进高层次人才41人

陈晓阳：去年以来华农出台了《促进科技成果转化管理办法》规定科技成果转化的收益按学校5%、所在单位按15%、成果完成人按80%的比例进行分配。政策出台半年后，学校已有一大批专利、新品种、动物疫苗等科技成果转让或许可给国内相关企业，并为学校产生近5000万元的科技成果转化收益。2015年签订横向科技合同679项，经费1.27亿元。

华农还整合相关学院和学科，与肇庆市人民政府、肇庆大华农生物药品有限公司三方共同建设“华农（肇庆）生物产业技术研究院”，还建设了新农村发展研究院珠海分院、茂名分院，与茂名市共建现代农业研究院，与顺德共建现代农业总部经济研究院，探索和推广与温氏合作的成功模式。

对于引进的顶尖人才，华农探索新机制，使他们成为科研“特种部队”。美国科学院院士、中组部第11批“千人计划”引进人才E.Peter Greenberg教授，拟在华农成立群体微生物研究中心。该中心不属于任何一个学院，人事、财务和设备全部单列，学校负责给机制、给经费和配人员，中心则负责自主运作、生产成果。

## 打造理工科类学科群适应产业升级需求

*南方日报：众所周知，农业、林业是华农的传统优势学科。今年公布的招生计划中，理工科新生占比不小。为什么？*

陈晓阳：华农理工学科的实力也不容小觑。目前华农共有14个理工类学科，年招收理工类本科生4200人左右，约占招生人数46%，高于40%的全国平均水平，年招收理工类研究生450人左右，约占招生人数的44%。招收理工类本科生的数量在省属高水平大学中名列第二。

在此基础上，围绕国家和广东产业转型升级重大需求，紧贴全省及各地产业结构战略调整实际和高水平大学建设的需要，华农对学院及学科结构进行调整，增加理工科和交叉学科，打造理工科类学科群。其中，重点支持新一代信息技术产业、现代农业装备制造、新材料与新能源、海洋与生物医药产业等一批社会需求旺盛的专业，发展工程学院、材料与能源学院、电子工程学院、海洋学院与现代农业、海洋产业等一批与产业紧密结合的专业，力争高度与我省创新驱动战略和产业升级需求相适应的学科分布相匹配。

预计，明年华农有一个理工类学科进入ESI学科全球排名前1%。

*南方日报：随着理工类学生的增加，华农在人才培养上有何新探索？*

陈晓阳：华农构建了以动科“温氏班”为代表的校企协同育人模式，“华南农大—温氏协同育人平台”于2015年获得广东省协同育人平台认定，初步建立了协同育人长效机制和个性化人才培养机制。推行学分制改革试点，选定了3个学院从2016级新生开始进行试点。牵头成立了“广东省高校创新创业联盟”，积极推进创客空间的培育和建设工作，目前已经有101个创业团队正在创业孵化基地以及创客空间孵化，其中12个公司共获得3000多万元风险投资。

## 【牛校亮点】

### “海陆空”全方位发展现代农业装备

“我们中国的农业机械化发展比以往任何时候都更加需要科技创新的支撑。”在学习习近平总书记在全国科技创新大会上的讲话时，罗锡文院士如是说。为了改变我国农机大而不强的局面，罗锡文院士带领的团队坚持创新驱动发展，坚持“顶天立地”服务农机。

“顶天”：团队坚持用信息技术提升农业机械化水平，“海、陆、空”全方位发展——“海军”有无人驾驶测量船进行水文勘探；“陆军”有无人驾驶拖拉机、水稻插秧机和水稻直播机等，其中无人驾驶的棉花播种机1000米直线行驶的误差小于3厘米；“空军”有无人驾驶的飞机喷施农药和为杂交稻制种进行辅助授粉。

“立地”：团队坚持为中国现代农业建设提供先进适用的农业机械，研究成功的水稻精量穴直播机居国际领先水平，彻底改变了“靠天吃饭”的人工插秧和“天女散花”的人工撒播的水稻种植模式，已在全国26个省、市、区和泰国等6国推广应用，在新疆采用精量穴直播的水稻连续两年亩产超过1000千克。

### 开发的植物基因工程技术流行世界

在华农，由亚热带农业生物资源保护与利用国家重点实验室刘耀光研究员、庄楚雄研究员和陈乐天教授三个课题组为核心组成的植物基因工程研究团队，对CRISPR/Cas9技术进行改良，开发了适用于植物多基因定点打靶的“多基因编辑系统”。

“如果说一般的CRISPR/Cas9基因打靶技术是单弹头导弹，那我们开发的‘多基因编辑系统’就是携带多弹头的导弹系统，它能够定点敲除作物体内的多个基因或一个基因的多个位点。”陈乐天打了这样一个比喻。

“多基因编辑系统”由于还具有载体构建简单，编辑效率高的特点，深受同行欢迎，目前已有200多个国内外实验室在使用该技术进行基础研究和遗传改良。

该团队开发的另一项“多基因转化载体”技术亦被全世界120多个实验室利用。该技术可以通过特定的重组方式，聚合装载多个外源目的基因，最终一次性转化到受体植物，获得含有多个基因表达盒的遗传改良作物。

目前，植物基因工程研究团队已利用“多基因转化载体”成功将8个花青素合成相关基因导入水稻，获得稻米胚乳特异积累花青素的功能型水稻；利用“多基因编辑系统”敲除杂交水稻保持系的温敏不育关键基因，将“三系”杂交稻改为“两系”杂交稻，从而简化杂交稻生产程序，降低制种成本。

**90多种速测食品安全产品实现产业化**

华农有一群“舌尖上的安全卫士”，研发了国际领先的食品质量安全快速检测技术，只需一张小小的检测试纸，10分钟内便可判断蔬菜农药是否超标、肉类是否含有瘦肉精。

华农食品学院（广东省食品质量安全重点实验室）孙远明教授团队针对农业食品中农药、兽药、非法添加物等有害物残留，建立了“酶抑制法”和“免疫法”两大类检测技术体系，大大缩短了检测时间，降低了检测成本。目前，已有90多种速测产品实现产业化，在全国33个省、市、区累计应用1.08亿样份。

在华农，还有另一双扫描食品安全的“火眼金睛”——依托兽医学院建设的农业部畜禽产品质量监督检验测试中心（广州）。从北京奥运会、上海世博会到广州亚运会、深圳大运会，畜禽肉类和水产品送上餐桌之前，任何违禁药物都逃不过它的“法眼”。该中心还承担了广州、上海、深圳等20余个城市的畜禽产品中药物残留的例行监测和监督抽查工作。

材料与能源学院刘应亮教授领衔的团队向“靠天吃饭”的传统种植模式发起了挑战，创新性地提出“光学农业”的新概念。

“光学农业研究的是通过发光材料构建多功能转光膜和LED人工植物生长灯，利用光转换原理提高作物光合效率，增加作物产量。”据介绍，通过转光膜和LED光源的照射，能使植物“沐浴”在它们更偏好的蓝光和红橙光中，从而促进生长和抗病虫害能力。

## 【招生看点】

爱上华农的理由可以有很多：紫荆花太美，酸奶太好喝，萌动物满校跑……同样，报考华农的理由也有很多，而以下3个，每一个都足以打动考生。

“我们中国的农业机械化发展比以往任何时候都更加需要科技创新的支撑。”在学习习近平总书记在全国科技创新大会上的讲话时，罗锡文院士如是说。为了改变我国农机大而不强的局面，罗锡文院士带领的团队坚持创新驱动发展，坚持“顶天立地”服务农机。

## 看点1：优秀考生报读农科可免4年学费

华农设置了优秀考生奖学金，对高分考生及报读农科专业的优秀考生给予奖励。

在提前批或第一批的第一志愿报考并被录取的考生，高考成绩在全省文科排位前100名、理科排位前500名的，奖励8万元；高考成绩在全省文科排位前500名（考生人数30万人以上的省份，下同）、理科排位前2000名的，奖励4万元；高考成绩在全省文科排位前2000名、理科排位前8000名的，奖励2万元。

在提前批或第一批的第一志愿填报华农，专业志愿指定农科专业并被该专业录取的考生，高考分数超过华农投档线20分的可免交四年学费，超过10—19分可免交两年学费，超过5—9分可免交一年学费。

## 看点2：转专业无成绩要求可多次申请

华农学科门类齐全，共有94个本科专业，且各专业的双学位均向全校学生全面开放。

“在华农申请修读双学位比较容易，学生平均绩点达到2.0就可以申请，而且学校只有一个校区，教学楼集中，即使跨专业修读双学位也不须长途跋涉。”该校招生负责人表示，很多同学通过修读双学位，培养成为复合型人才，毕业时可以任选一个专业就业，提高了就业竞争力。

此外，华农转专业的条件也很宽松，而且可以多次申请。上述负责人介绍，学生如果对所读的专业不感兴趣或不满意，可申请转专业。对申请转专业的学生，转出原专业对学习成绩不再设门槛，主要是由转入专业所在学院组织考核。如当年申请转专业不成功，下一年度还可以继续申请转专业。

## 看点3：丁颖班一半学生获得推研资格

2012年起，华农开设了“丁颖创新班”（简称“丁颖班”），该班依托优势学科专业，旨在培养学业基础扎实、学习成绩优异、学习能力强、有一定的研究和创新能力、具有较强学术发展潜力的拔尖创新人才。

丁颖班在培养和政策上给予特殊的待遇，实施本科生导师制，安排高水平的教师授课，安排专用的实验室，开展创新实践教学，并按照学生约50%比例推荐免试硕士研究生。加上学生自己报考研究生，丁颖班学生实际读研比例高达85%以上，绝大部分被保送到国内外知名高校。

2016年新增了动物医学专业丁颖班、园艺专业丁颖班，目前共有农林经济管理、农学、植物保护、园艺、动物医学5个丁颖班及1个国家生物学理科基地班（与丁颖班同等待遇）。

## > 数说成绩

●植物和动物科学学科国内排名第9名，全球排名第332名，比2014年11月前进99名；农业科学在全球已进入ESI全球前1%的机构中排名第331名，比2014年11月前进36名。

●面试签约海内外高层次人才41人，包括院士团队1个、长江学者团队1个，长江学者2名；在培养方面，入选国家和省级人才项目共27人，其中人社部“百千万人才工程”3人，教育部国家级教学名师1人；全年开展3次教师公开招聘工作，不间断选留优秀博士，共招收海内外博士112名。

●新增1个国家级实验教学示范中心建设项目，1门国家级精品视频公开课；1项作品获第十四届“挑战杯”全国大学生课外学术科技作品竞赛特等奖。

●2015年，学校到位科研经费5.13亿元，是2014年度的1.4倍。2015年度获得各级科技奖励49项，其中主持省部级奖励26项；三大索引论文共606篇，CNKI论文共2231篇。

（文/梁文悦　吴少敏　张贻发　方玮　陈芃辰，发表于《南方日报》2016年6月20日）

华农食品学院（广东省食品质量安全重点实验室）孙远明教授团队针对农业食品中农药、兽药、非法添加物等有害物残留，建立了“酶抑制法”和“免疫法”两大类检测技术体系，大大缩短了检测时间，降低了检测成本。目前，已有90多种速测产品实现产业化，在全国33个省、市、区累计应用1.08亿样份。

★南方医科大学与顺德区合作，探索国家高新开发区—国家大学科技园共同建设发展模式，图为该校顺德校区

# 南方医科大学：实现国家级创新群体“零”突破

“她从战火硝烟中走来/军人的刚强渗透了血液/她从辗转坎坷中走来/坚定的信念锤炼了傲骨……历经辗转初心不改，向着建设全国高水平医科大学的梦想不断前行。”

2016年6月，南方医科大学官方微信这篇“走心”的文章，阅读量噌噌上涨，引起海内外校友共鸣。

广东医学界共有4位院士，3位出自这里；临床医学、药理学与毒理学2个学科进入ESI学科全球排名前1%；2015年拿下广东高校近十年来在医学领域唯一一个创新研究群体项目，成为首批获批“国家创新人才培养示范基地”的广东省属高校之一；精准帮扶打造广东县级公立医院改革样本……

作为广东高水平大学重点建设高校中唯一的医科大学、唯一的部委省共建大学，南方医科大学致力探索一条发挥特色优势、服务广东创新驱动发展的道路。近日，笔者走进该校深入探访。

A05 时局 观察

创新驱动 大学力量

南方医科大学党委书记陈敏生、校长余艳红谈助推广东"卫生强省"建设

实现国家级创新群体"零"突破

## 掌门人谈

### 抓住两大契机　发挥两个特色

南方日报：作为广东高水平大学重点建设高校中唯一的医科大学、唯一的部委省共建大学，南方医科大学如何把握机遇、发挥特色优势？

陈敏生：我们深深体会到，大学不是象牙塔，不能关起门来教学生、搞科研，只有主动对接国家和区域核心战略，提升服务经济社会发展的综合能力，学校才能赢得更大的发展空间，才能做出无愧于时代的贡献。

进入广东省高水平大学重点建设高校行列，为学校的快速发展提供了政策、资金、人才等方面的强大支撑，也赋予了我们更加重大的使命。作为其中唯一的医科大学，我们要抓住高水平大学建设、“卫生强省”建设两大契机，发挥学校在教育和医疗两方面特色优势，着力抓重点学科建设和产学研结合，以解决重大科学问题和社会问题为导向，实施“高峰学科建设计划”，走出一条打造“大南医”健康高地、服务广东创新驱动发展的特色道路。

我们特别重视人才队伍建设，着眼长远、引育并重，不搞恶性竞争，不盲目“抢大牌”，不要引来“女婿”气走“儿子”，在引进人才的同时，用好现有人才。专门成立了“人才工作办公室”，围绕学科及学科群的发展布局，注重从海外引进人才，引进有潜力的中青年人才，实施“高端专家培育、杰青培育、骨干人才培育、青年人才培育、海外研修、国内访学”等6项人才培育计划，进行了人事制度改革，改变在职称评审上的“一刀切”政策，让人才队伍的活力持续下去。

## 创建学术特区　冲击国家大奖

南方日报：高水平大学建设迎来“年考”，南方医科大学交出怎样的答卷？在建设过程中，您有什么难忘的事情？

余艳红：一年来，得益于省委、省政府的正确领导，相关部门的大力支持，全校师生员工的共同努力，我们顺利完成了高水平大学建设的阶段目标，步入更好、更快发展的轨道。我举几个例子：

在一流学科和师资队伍建设方面，临床医学、药理学与毒理学2个学科进入ESI全球排名前1%，位居全省高校第4位、全国高校第68位。希望通过努力，有4—6个学科进入ESI全球排名前1%，新增国家级人才项目15人次，引进青年后备人才233人，生师比指标明显改善。

在科研方面，老中青三代专家凝神聚力，屡有突破。钟世镇院士虽已92岁高龄，但仍坚持带团队、搞科研。刘友华教授领衔申报的“肾脏病学”项目获国家创新研究群体项目，实现了学校建校以来国家级创新研究群体项目“零”的突破，这也是广东高校近十年来在医学领域唯一一个国家级创新研究群体项目。侯金林教授团队的研究成果推动了我国慢性肝病研究的科技进步，获得国家科技进步二等奖1项。

在学生培养方面，获得全国大学生“挑战杯”竞赛特等奖1项、一等奖1项、二等奖2项等一系列成果；校友孙颖浩获评院士；2015年全校师生共同努力，高水平通过教育部的本科临床医学专业认证；我们的中医学、中西医临床医学毕业生参加全国执业医师考试，通过率分别是全国第一和第二。

## 打造国家级科技园　建设众创空间

南方日报：南方医科大学早些年自主研发的“三九胃泰”“正天丸”“尿毒清”等药物，都为人们所熟悉。在产学研结合、推动创新发展方面，有什么新动作？

余艳红：最近，中央电视台正在热播的纪录片《创新之路》，第四集《大学的使命》提到了一个重要观点：大学是科技创新源泉，没有哪一个大学是专为创新而创办的，但是没有哪一种创新能脱离大学。美国斯坦福大学的“硅谷模式”和麻省理工学院的“128公路模式”，就是大学创新孵化模式的典型代表。

我们希望在学校建设功能完善的创新创业生态系统，依托大学科技园建设众创空间，建立创新创业导师团，设立创新创业种子基金。学校与顺德共建国家大学科技园顺德园区，7月将迎来国家考核，有望成为广东高校第三个、省属高校第一个国家大学科技园。目前已吸引了一批海内外高端领军人才和创业团队入驻孵化，引进7支科技创新团队获得省市立项资助，有9支大学生创业团队入驻孵化。我们力争产出一批具有国际影响力的原创性科技成果、转化一批行业产业和社会发展急需的核心关键技术、实现一个优势科研方向上领跑世界医学科技发展。

★ 南方医科大学党委书记陈敏生

## 校政企合作　打造医改样本

★ 南方医科大学校长余艳红

南方日报：南方医科大学附属医院的发展很有特色，在服务广东“卫生强省”建设方面有什么经验？

余艳红：附属医院既是人才培养的重要基地，也是科学研究、成果转化的平台，更是服务社会的窗口。我们着力打造具有“大南医”特色的医疗高地，打造肾病、消化病、血液病、骨科、肿瘤、脑血管疾病及妇儿疾病等国内一流医学平台，更好地服务广东老百姓。

除了南方医院、珠江医院等附属医院，我们探索了校、政、企合作办医新模式。如按照“管办分离”的模式，与深圳市政府合作建设南方医科大学深圳医院，去年底已经开业；与泰康人寿等单位建立合作关系，铺开多元化办医格局。

学校附属三院和五院是两个生动的医改样本，得到卫生主管部门充分肯定。第三附属医院通过学校重点专科专家团队整体植入，从一个小规模的企业医院迅速晋级为三甲医院，刚刚加挂“广东省骨科医院”牌子，成为广东省指导县级医院骨科建设的技术辐射中心和临床研究平台。我们与从化区政府合作组建的第五附属医院，是国内首家取消药品加成、实行“零差价”的大学附属医院，去年从化地区医保病人转出率仅0.83%，实现“大病不出县”，为县级公立医院改革摸索了一条可复制推广的新路子。

## 办学要有定力　规划远近并重

南方日报：接下来一年，是高水平大学建设的关键阶段，学校有什么谋划？

陈敏生：高水平大学建设是一个长期而艰巨的任务，需要不断的投入、沉淀，逐渐养成。办学要有定力，要在严格绩效考核的基础上，尊重高校办学规律，建立高水平大学建设支持常态机制，既鼓励建设周期内出成效，也鼓励学校建立立足当前、着眼未来的中长期发展战略。

我们有决心也有信心，为广东创新驱动发展核心战略提供更高水平的人才和智力支撑。未来几年，我们主要从5个方面入手加快建设：一是继续推进体制机制创新和实践，构建重点突出、层次分明、定位清晰的行政架构和管理体系；二是加快一流学科建设步伐；三是进一步提升高层次人才引育的质量与规模；四是建设好南方医科大学—顺德国家创新科技园，探索具有创新人才培育、关键技术创新及技术转移孵化等综合功能的新型平台建设；五是大力实施“大南医”附属医院集团协同发展计划，积极探索与政府合作、与社会资本合作举办高端医疗中心和高精尖专科医院，实现协同发展、互利共赢。

## 【牛校亮点】

### 亮点1：药学闯进ESI全球排名前1%

2016年1月，汤森路透ESI公布最新数据，南方医科大学药理学与毒理学学科成功进入ESI学科全球排名前1%，这是该校继临床医学之后第二个进入ESI学科全球排名前1%的学科。

这新鲜的“1%”是如何“炼成”的？该校药学院院长刘叔文有他的办法。在注重教学科研比翼齐飞的同时，他特别看重人才培养，尤其是让年轻人有奔头：3年来，学院15名教师出国进修半年以上，开阔了视野；如今，学院74名专任教师38人有海外留学经历，比例达51.4%。

刘叔文认为，一所医科大学跟经济最为密切相关的就是药物、医疗器械等方面，形成产业相对容易。“从对接和服务广东经济发展的角度说，我们要做好新药研发和药物一致性评价。”

### 亮点2：“最强大脑”团队肾脏病学获突破

依托强大学科基础，2015年，中科院院士，南方医科大学教授、博导侯凡凡团队中的刘友华教授领衔申报的“肾脏病学”项目，获评国家创新研究群体项目，实现了学校建校以来国家级创新研究群体项目“零”的突破。该项目资助期限6年，资助经费1200万元，是目前我国学术影响力最大、竞争最为激烈的科技人才计划类项目。

刘友华并非一个人在战斗。这一创新群体有6位成员，除了侯凡凡和他，还包括中科院院士、国家杰出青年基金获得者聂静，中组部青年“千人计划”入选者张镇海，可谓基础与临床研究相结合、多学科交叉融合、年龄结构非常合理的团队。

这些“最强大脑”集中在一起忙活什么？流行病学调查结果显示，慢性肾脏病（CKD）已经成为一种“全球公共健康问题”。阐明肾脏纤维化的发病机制，对寻找治疗CKD的策略和干预靶点具有极其重要的意义。团队围绕“肾脏纤维化的发生发展及其防治”这一核心科学问题，开展系统、创新的研究，力争取得突破性成果，为临床防治CKD提出新理念和新思路，建立新的干预方法。

→高水平大学建设是一个长期而艰巨的任务，需要不断的投入、沉淀，逐渐养成。办学要有定力，要在严格绩效考核的基础上，尊重高校办学规律，建立高水平大学建设支持常态机制，既鼓励建设周期内出成效，也鼓励学校建立立足当前、着眼未来的中长期发展战略。

## 亮点3：中美合作团队预防发育缺陷

南方医科大学与顺德区合作，探索国家高新开发区—国家大学科技园共同建设发展模式。大学科技园被认定为科技部国际科技合作基地、广东省科技人才基地、广东省孵化育成体系建设试点单位。目前已经有15个团队进驻孵化，政校合作找到“甜点”。

走进科技园，“中美联合发育缺陷转化医学中心”广东省国际科技合作基地已正式进驻。这一项目还获得“中国南方智谷引进团队项目”支持。整个团队在胎儿遗传学与出生缺陷的宫内诊断和遗传咨询等方面具有明显地区优势及专科特色。

据介绍，团队以脆性X综合征、自闭症等发育缺陷疾病为研究对象，利用蛋白检测、RNA-seq、RNA Chip、iPs（神经元诱导分化）等关键技术，研发快速、简便、准确、价格低廉的诊疗试剂盒并进行市场转化。通过对1000例新生儿的筛选，团队已完成并确定了FMRP蛋白在正常中国人群中的表达水平，为后续新生儿脆性X综合征的诊断制定标准。

“用原来的基因检测方法，价格在2000多元。如果这些技术推广开，只需要几百元，方便在基层普及。”余艳红说。

## 亮点4：助力县级医院“华丽升级”

前不久，99岁的从化居民余女士骨折了，家人没有舍近求远送她到广州市中心治疗，而是选择了家门口的南方医科大学第五附属医院。一个微创手术就解决了问题。

2013年，从化中心医院被移交给南方医科大学，成为该校第五附属医院。学校以学科共建帮扶的模式，下沉优质医疗资源，成功让医院“华丽升级”，成为政校合作县级公立医院改革成功的典范，获广东省、广州市两级卫生计生委高度评价。

短短两年，该院院长邹小明挖来20多名来自五湖四海的专业人才。能吸引人，关键还是因为有“靠山”。移交后南医五院与南方医科大学及其附属医院的优势学科展开共建，直接整体植入了13个国家和广东省重点临床学科（专科），大大提升了医院整体学科水平。两年来，医院高级职称人才增加到了107人，增长了17.6%。医疗服务已覆盖从化全区，门诊年服务120余万人次。

对五院的定位，邹小明非常明确：不仅要留住外流的病人，还通过构建医联体将服务延伸到镇村，使偏远山区村民在家门口即能享受到优质医疗服务，“只有这样，才能真真正正让更多老百姓获益”。

## 【招生看点】

### 看点1：11专业可招文科生

2016年南医大本科招生专业共30个，所有专业均招录理科生。其中，中医学、针灸推拿学、康复治疗学、法学（卫生监督与管理方向）、经济学（卫生经济与医疗保险）、应用心理学、英语、商务英语、公共事业管理（医院管理）、护理学（本科）、护理（专科）可招录文科考生。

### 看点2：新开针灸推拿专业

南医大今年新开针灸推拿专业，计划招生60人，其中广东省内计划41人，省外计划19人。该专业文理兼招，学制五年，毕业后授予医学学士学位。此外，学校今年将对康复治疗学进行首次文理兼招。

### 看点3：创新特色班动态管理

学校2016年继续招收八年制临床医学本硕博连读专业120人、临床医学卓越创新班学生40名，培养拔尖创新医学人才。另外，生物医学工程本硕连读创新班招生规模为30人，实施校企协同联合培养，本硕连读培养卓越生物医学工程师。

学校各类创新班、特色班在培养过程中实行动态管理，有分流淘汰，也将从其他专业和班级中选拔优秀学生进入创新班和特色班。优秀的学生如果在录取时因高考分数不高未能录取到这些创新班、特色班，今后还会有多次机会进入这些班里学习。

### 看点4：入校有3次转专业机会

南医大根据学生实际需求，进一步放宽了转专业条件限制，2016年学生入读后有3次选择转专业机会。在入学后、军训期间即可申请转入有调剂录取的专业。还可通过一、二年级末的2次专业调整机会申请转专业学习。除临床医学、口腔医学等个别热门专业要求成绩在当前就读专业前10%的学生可以申请，其他专业由各学院根据实际情况自行确定转专业条件。

## 数说成绩

●2015年，学校承担各类科研项目590项，经费3.88亿元。应用开发类项目大幅提升，经费1.47亿元，接近学校科研总经费的50%。全年共获授权专利135项。

●学校2014年度发表SCI收录论文792篇，在全国高校排名第65名。

●2015年以来，新增国家级人才项目15人次，新引进青年后备人才233人，生师比达到12.6:1，专任教师中高级职称比例占58.5%，专任教师中博士比例占到58.4%。

●2014年以来，获得2项国家卓越医生（中医）教育培养计划改革试点项目和3项国家教学成果奖二等奖，获奖数在全国医学院校（含综合大学医学院）中位列第一。

●2015年公布的国家执业医师资格考试成绩，临床医学专业通过率88.4%，居全国第十一；中医学专业通过率94.03%，居全国第一；中西医临床医学通过率83.54%，居全国第二。

（文/曹斯　陈枫　房珊珊　邹莹　王宇涵　图/吴伟洪，发表于《南方日报》2016年6月21日）

对五院的定位，邹小明非常明确：不仅要留住外流的病人，还通过构建医联体将服务延伸到镇村，使偏远山区村民在家门口即能享受到优质医疗服务，“只有这样，才能真真正正让更多老百姓获益”。

★广东科学技术职业学院校园风貌

# 广东科学技术职业学院：瞄准“互联网+” 打造“科技梦工厂”

走进广东科学技术职业学院（以下简称“广科院”），如同走进一座“科技梦工厂”，39家校内外“教学企业”正忙碌作业；微软中国、苹果、思科、金山软件、蓝盾股份、中软集团等知名企业的“校企合作共建实训基地”让人目不暇接；在教室、实训中心，随处可见来自大企业的“牛人”与师生们一同切磋技术，研发新品……

建校30年，从建校之初被国家科技部誉为“地方继续教育的一颗明珠”，成为广东科技干部的“摇篮”，到如今建设成为国家示范性骨干高职院校，发展成为省属规模最大的高职院，这所起源于“广东省科技干部学院”的正厅级建制省属高职院校，是广东改革开放以来科技发展的见证者和推动者。

站在全省“创新驱动”的潮头，地处“一带一路”战略重地，广科院如何发挥教研优势，服务于广东产业的转型升级？“互联网+”时代到来，这所主打科技特色的高职院校如何抓住发展机遇，培育师生的创新创业能力？

A10 时局|观察
一流高职 创新发展
省属规模最大高职院广东科学技术职业学院如何服务广东创新?
瞄准“互联网+” 打造“科技梦工厂”
省属高职院校中招生规模最大
研发80余款明星APP，被投资人争抢

## 面对面

### 谈创新驱动
### “一校两牌”，办学瞄准科技产业需求

南方日报：广科院2016年通过了国家示范性骨干高职院校建设项目验收。作为以科技为特色的国家示范性骨干高职院校，学校在服务全省创新驱动战略方面有哪些优势？

李龙图：科技既是广东科学技术职业学院（广东省科技干部学院）的“基因”，也是优势。学校30年的发展史就是一部创新创业史。从只有300名学生的科技干部培训机构起步，发展成为今天拥有广州和珠海两个校区21,900多名在校生的国家骨干高职院校，学校的发展史凸显了创新、创业、求生存、求发展的精神内核。

★ 广东科学技术职业学院院长李龙图教授

紧扣产业需求，结合自身实际，学校从多个方面入手，服务区域经济发展：学校紧密对接珠海市重点产业，近三年新增21个专业，如工业机器人技术、移动互联应用技术等。

广科院面向省内外大力开展科技培训。学校是“国家级星火培训基地”“广东省科技管理干部继续教育基地”“广东科技人才基地”。学校近三年完成专业技术人员培训45,795人次，培训规模及层次居全省同类院校前列。

学校探索政校行企协同开展科技创新。建立了1个广东省协同创新发展中心、1个珠海市公共实验室，认定了13支科研和社会服务实体，培育了一批骨干科研创新服务团队。学校现有18名广东企业科技特派员，长期为企业提供技术开发、咨询和服务。

此外，学校电商专业与珠海金湾区政府合作成立“电子商务服务中心”，为政府、区域中小企业提供技术和培训服务，有效推动传统企业电商转型升级。当前，学校正在全力创建省“互联网+”创新创业示范校，打造全省“创新创业科技支撑公共服务平台”。

## 谈资源优势
## 校内外逾千实训基地校企共同开发课程

南方日报：在专业建设方面，广科院有哪些特色？

李龙图：广科院对准广东省特别是珠三角地区产业转型升级及珠海重点产业发展，不断调整优化专业设置。如对接高新技术产业新设移动应用开发、移动互联应用技术、云计算技术与应用等专业，学校是全省首个开设这些互联网新兴专业的高职院校。

学校实行校企共同开发课程，人才培养模式有较大变革。坚持校企合作育人，共同修订人才培养方案，推动课程体系和培养模式的创新。如软件技术类专业实施以真实项目为载体、“异步式”教学组织形式的人才培养模式，电商类专业实施基于“双载体”（专业技能培养活动和网络创业教育活动）的人才培养模式，机电类专业试行“招生即招工、入校即入厂、双师训教、岗位成才”的现代学徒制人才培养改革等。

与此同时，校企共建共管，打造了一批校内外“教学企业”。通过政府引导、学校让利、专业贡献三个层面所形成的引力体系，充分发挥珠海职教集团的作用，建了39家“教学企业”和1229个校内外实习实训基地。此外，打造升级版的校企合作模式：在校园内划出150亩土地，作为体制机制创新试验区，探索混合所有制办学模式等。

此外，学校实施校企“互聘共培”“双岗双薪”制度，打造双师型教师队伍。具有高级职称和博士学位教师的数量、教育教学和科研成果都位居省内外同类院校前列。

★ 机器人实训室里，学生进行机器人操作

南方日报：“互联网+”时代，面对新兴产业对传统产业的冲击，学校教学如何适应社会发展，调整专业教学教研方向？

李龙图：学校采取动态调

整专业设置。对接高新技术产业新设游戏软件、物联网应用技术等专业；对接旅游大开发，新设了旅游工艺品设计与制作等专业；顺应“互联网+”趋势，新设移动商务等专业。

修订完善人才培养方案。所有专业的培养方案都要融入“互联网+”和创新创业能力培养，引导和激励学生适应社会要求，更好更全面发展。

重构课程体系，调整课程内容。各专业根据就业岗位职业能力需求，校企共同设计基于工作过程、以任务或项目导向为目标的课程体系，并在课程内容中嵌入行业企业新技术新工艺。

探索灵活多样的教学方法。鼓励教师大胆开展教学创新，充分利用现代信息手段，开展线上线下混合式教学、翻转课堂、微课教学等。

**谈创新创业**

## 校长任创业学院院长　校党委书记给学生上课

南方日报：广科院多位学子在国家、省创新创业大赛中收获大奖，学校鼓励师生创新创业有何秘诀？在创新创业教育上有何特色？

李龙图：学校学生创新创业能力好，首先在于文化建设。学校通过举办创新创业大讲堂和创新创业大赛、制定奖励制度等，营造良好创新创业文化氛围。其次，通过真实的项目教学，培养学生创新创业能力。

此外，学校积极鼓励学生参加国内国际技能大赛，在学生中选拔基础好、有潜质的学生，组织教师团队利用假期对其进行集中辅导。并且依托优势专业，建成一批产学研协同创新中心和创业孵化基地。

在推动创新创业教育方面，早在2006年学校就开设了“创新精神与创业方法”全校公选课，由现任学校党委书记李业明亲自给学生上课，指导学生创业实践；到现在已构建完整的创新创业教育体系和支撑平台，其中在校级层面成立创业学院，在专业层面开设普适性的公选课，并且在教学中融入创新创业教育内容；除了课内教学外，学校还鼓励学生开展课外创新创业实践活动，并将其进行学分折算。目前，学校正在成立创业学院，将由我担任院长。

紧扣产业需求，结合自身实际，学校从多个方面入手，服务区域经济发展：学校紧密对接珠海市重点产业，近三年新增21个专业，如工业机器人技术、移动互联应用技术等。

广科院面向省内外大力开展科技培训。学校是“国家级星火培训基地”“广东省科技管理干部继续教育基地”“广东科技人才基地”。学校近三年完成专业技术人员培训45795人次，培训规模及层次居全省同类院校前列。

学校探索政校行企协同开展科技创新。建立了1个广东省协同创新发展中心、1个珠海市公共实验室，认定了13支科研和社会服务实体，培育了一批骨干科研创新服务团队。学校现有18名广东企业科技特派员，长期为企业提供技术开发、咨询和服务。

## 谈未来规划
## 全力创建省“互联网+”创新创业示范校

南方日报：踏入“十三五”，在一流高职院校建设中，学校将有哪些规划？

李龙图：学校党委行政研究决定，“十三五”时期主要做好两件大事：一是把学校建成全国一流的高职院校。至2020年，建成3—4个国家级品牌专业、12—15个省级品牌专业；教师队伍实现“双百”，即教授和具有博士学位教师各达100人以上；学校生均实训面积达到8.5平方米，建成省级高职教育实训基地11个以上。

二是把学校建设成为广东省“互联网+”创新创业示范校。通过五年的建设，建成省级众创空间1个、省级科技企业孵化器1个，建成省内高水平的创新创业培训基地和国内一流的“互联网+”创新创业校园。

## 【职校淘宝】

### 首届“现代学徒制”毕业生百分百就业

2016年6月，广科院机电学院应用电子专业现代学徒制毕业生钟福添与珠海市鑫润达电子有限公司签订了三年的劳动合同。既是学生，又是企业员工，钟福添对自己大学两年的“双重身份”很是自豪。

作为广东省首批现代学徒制试点招生单位，2014年广科院机电学院分别与两家企业开展校企合作，开启了现代学徒制人才培养模式的探索之路——通过自主招生录取的80多名学生中，电子专业32名现代学徒制学员全部集中在珠海市鑫润达电子有限公司培养，专业理论课由学校教师到企业提供的教室授课；汽车专业21名学员则被分散在各个4S店进行实践技能培训，专业理论由学校教师在指定时间到校外教学基地授课。

★ 科瑞电子教学企业SMT全自动化生产线实训基地，老师指导学生进行操作

“招生即招工，入学即入企”，入校这两年，学员们要接受“工学交替”的教学模式：每周累计要有两天学习专业理论，四天时间顶岗实践。

机电学院院长陈斗雪介绍，学校专门挑选了14名具有讲师以上职称、2年以上企业工作经历的专任教师去企业授课。同时聘请了合作企业的16名能工巧匠担任学生顶岗实践导师。学徒制班的教学计划，由学校和企业共同制定。

在“双导师”制的培养方式下，入职时被分在品质部顶岗的徐莹仅用了两个月便基本掌握了PCB板品质检验的技能，轮岗到仓库工作，熟练掌握了企业K3金蝶管理系统的操作流程……如今的她，已能胜任工程部工程助理的岗位。

据统计，2014级应用电子技术专业32名现代学徒制学员，目前18人已与珠海市鑫润达电子有限公司签订劳动合同，1人作为交流生赴台湾名校上学，5人被珠海伊万电子科技有限公司录用，8人拟推荐给伟创力（珠海）公司。而同届汽车整形技术、汽车服务与营销两个专业共计21名现代学徒制学员，现已在珠海市及珠三角地区就业。

## “思科实训基地”落户校园　“异步式”教学育创新人才

走进位于计算机工程技术学院实训大楼的“教育部—思科校企合作岗前实训基地”，几台百万级的数据处理器旁，是一幅真实企业的景象：三个用玻璃墙隔开的工作室门口，挂着“实习公司”的牌子；工作室里，“员工”们正对着电脑忙碌工作……

基地负责人告诉笔者，思科在学校里为学生提供了丰富的接近实际的虚拟化园区和虚拟化企业办公环境，搭建了完整的思科协作解决方案，学员能够亲身体验到思科的无边界网络、数据中心、统一通信与协作、网真、安全等新技术新产品。

得益于校企合作的培养优势，在2016年5月全国职业院校技能大赛中，计算机网络专业陈伟彬与其他两位同学组建的团队在信息安全管理与评估项目中勇夺二等奖。

更牛的是，2014年首届“思科班”毕业生孙志斌，在与众多重点本科院校高才生竞争并脱颖而出，获思科网络学院“企业领导力项目”全额奖学金，赴美国硅谷思科总部实习。这样的名额每年只有两个，这也是国内高职院校的学生首次获该奖学金。

基地负责人告诉笔者，思科在学校里为学生提供了丰富的接近实际的虚拟化园区和虚拟化企业办公环境，搭建了完整的思科协作解决方案，学员能够亲身体验到思科的无边界网络、数据中心、统一通信与协作、网真、安全等新技术新产品。

据统计，目前与该学院进行校企合作的企业达50多家，其中不乏微软中国、苹果、金山软件、蓝盾股份、中软集团等知名企业。

为何知名企业纷纷被吸引而来？计算机工程技术学院院长余爱民认为，这与学院“教融于产，产促进研”的办学思想密切相关。为了培养适应IT产业发展的高技能人才，学院打破传统教学模式，试水“异步式”教学组织形式：大一不分方向按入学专业编制自然班，主要学习专业基础课程和培养学生对IT的岗位认知与兴趣；大二根据学生兴趣与企业岗位需求设置岗位技能班，主要培养学生的岗位核心能力；大三根据企业项目开发需要设置项目班，主要通过企业工程师培养学生的项目实战能力与项目经验，培养学生的协同作战能力和良好的职业素养。

## 【校友故事】

### 郭冬乐团队：研发80余款明星APP，被投资人争抢

“超级变声器”“史上最坑爹游戏”“小苹果”……这些耳熟能详的手机应用软件就是出自广科院学子之手。它们一经问世，便居于苹果商店免费榜前三。

研发这些软件的是广科院移动应用开发中心的多个师生团队，每个团队有10—20名学生，都是该校计算机工程技术学院的在校生。这些“90后”团队三年内研发出80余款手机应用软件，为社会创造经济效益上千万元。

该团队核心成员范耿涛、郭冬乐、周贺涛、郭林明，2014年毕业后即成立爱游唯工作室，带领10余名师弟师妹创作手游产品。在校的历练，点燃了他们的创业激情。“开始团队没有足够的资金，50块钱就是7个人一天的花销。”郭冬乐说。

功夫不负有心人，郭冬乐公司开发的第一款游戏《史上最强的大脑》成功上线，并很快冲进苹果应用商城免费游戏排行榜榜首且持续一个月之久。毕业不到半年，他们凭借《史上最强的大脑》《心探》《只此一关》三款出色的手游，在2014年中国青年创新创业大赛广东赛总决赛上，斩获创业组一等奖和最高额奖金奖励。该创业项目受投资人现场“爆灯”争抢。

## 【招生看点】

### 省属高职院校中招生规模最大

2016年广科院招生总计划8800名，其中普通高考省内招生4866人，省外招生1145人（生源涵盖18个省市自治区），拟录取自主招生、“三二分段”、现代学徒制等考生2789人。

### 多个互联网新兴专业为全省首设

广科院开设专业63个，专业门类齐全。2016年新增专业11个，其中9个为工科专业，包括移动应用开发、移动互联应用技术、云计算技术与应用等互联网新兴专业，是全省首个开设的高职院校。学校注重技术技能人才培养，大力弘扬工匠精神，理工科招生计划近4600名。

### 送学生境外研修、带薪实习

广科院与台湾朝阳科技大学、南台科技大学、昆山科技大学等10多所台湾高校及新西兰维特利亚理工学院签订了校际合作协议。学生有机会参加“赴德国F+U实习培训”“赴美带薪实习”“赴台短期研修及专升本”等交流学习。

学校还通过与浙江大学、北京师范大学等知名高校联合开展远程教育，与肇庆学院、华南师范大学等省内本科院校协同开展三二分段（专升本）应用型人才培养试点项目，与亚洲城市大学联合举办硕士、博士学位课程班等方式，不断拓宽学生的学习发展通道。

### 毕业半年就业率、月收入高于全国平均水平

广科院毕业生总体就业率均保持在98%以上。学校2012—2014届毕业生在毕业半年后的就业率、月收入、校友满意度等指标均高于全国骨干校平均水平。2012年到2015年，学生获省级以上技能竞赛奖励330项，其中国际技能大赛奖励9项、全国性技能大赛奖励181项，学生被媒体称为“史上最牛高职生”。

（文/毕嘉琪　朱晓枫　齐向东　刘湘兰　付金锋　图/肖雄，发表于《南方日报》2016年6月23日）

作为广东省首批现代学徒制试点招生单位，2014年广科院机电学院分别与两家企业开展校企合作，开启了现代学徒制人才培养模式的探索之路——通过自主招生录取的80多名学生中，电子专业32名现代学徒制学员全部集中在珠海市鑫润达电子有限公司培养，专业理论课由学校教师到企业提供的教室授课；汽车专业21名学员则被分散在各个4S店进行实践技能培训，专业理论由学校教师在指定时间到校外教学基地授课。

★占地1600亩的佛科院新校区，预计2017年9月投入使用

# 佛山科学技术学院：攻坚科技成果转化“最后一纳米”

2016年，佛山科学技术学院（以下简称“佛科院”）与世界一流通信企业华为签订了战略合作协议，双方谋划共建特色产业学院，以培养产业型、创新型人才，服务“中国制造2025”，推进产业结构转型升级。

2015年9月入选广东高水平理工科大学建设单位之后，佛科院人一直在思考：坐拥佛山及珠三角一流制造企业，如何建成高水平理工科大学？出任佛科院校长半年多来，郝志峰一直密集调研产业、接触行业，寻找创建高水平理工科大学的特色道路。

2016年6月17日，郝志峰信心满满地说，经过9个多月的创建，学校迈出了关键一步，取得初步成效。实现跨越式发展、争创一流理工科大学，佛科院的第一要务就是拥抱佛山产业、服务佛山企业，攻坚科技成果转化“最后一纳米”，从而推动地区乃至广东的创新驱动发展。学校有拥抱一流产业、服务一流企业的能力，才是真正意义上的一流理工科大学。

A09 时局 观察
创新驱动 大学力量
作为广东重点建设的理工科大学，佛科院校长郝志峰感悟“小班快跑”这一年
攻坚科技成果转化“最后一纳米”

## 掌门人谈

### 建设成果：构建“以工为主”专业架构

南方日报：省委、省政府在继开展高水平大学建设之后，提出加快广东省高水平理工科大学建设部署。2015年9月佛科院入选高水平理工科大学建设单位。现在回看，学校已发生了什么变化?

郝志峰：一个地方经济要实现持续发展，就需要有“硬技术”，“硬技术”主要来自高校和研究机构。围绕这一目标，学校在办学方向、专业调整、人才引进、技术引领等方面，推进了大刀阔斧的改革。让我印象深刻的是，入选高水平理工科大学建设单位后，学校着手固本削枝，优化学院、学科和专业结构，重点发展智能制造、新材料新能源、电子信息、生物工程与食品、节能环保、制造服务六大学科群，实现了由综合大学向理工科大学的转型。我列举一组数据：工科学院由原来的5个扩展到12个，文科学院由原来的6个压缩到3个。目前，学校总专业48个，工科专业23个，理工专业7个，工科专业集中度由29.8%上升到47.9%，理工类专业比例达62.5%，构建“以工为主”的专业架构。也就是说，学校工科专业架构的形成，已为高水平理工科大学建设夯实重要基础。

★ 佛山科学技术学院校长郝志峰

南方日报：学校大刀阔斧改革，这种“壮士断腕”的气魄来自哪里?

郝志峰：事实上，佛科院建设高水平理工科大学的外部驱动力大于内部驱动力，因此要突破常规，深化机制体制改革激发活力，才能从“力不从心”变为“力从心生”，才能真正服务佛山创新驱动发展。

具体到政策上，学校出台了高水平理工科大学建设改革、人事分配制度、重大业绩成果奖励等系列重大改革配套制度，以激发内部活力。例如，改革政策以科学前沿和现实需求催生重大成果产出为导向，加大重大业绩成果奖励力度、设立人才专项激励资金，教师获得国家技术发明奖、获批国家工程（技术）研究中心，奖励高达100万元。

## 创新驱动：直面佛山产业行业、市场需求

*南方日报：不难看出，佛科院的系列改革举措，与佛山的城市创新驱动发展有密切关系。那么，佛科院如何成为城市创新驱动的动力源？*

郝志峰：佛科院要紧紧依托佛山的一流企业、一流产业，解决城市所需、破解产业难题，才能实现超常规发展，建设高水平理工科大学。也就是说，佛科院不走传统大学路，要直面佛山产业行业、直面市场需求，创新发展模式，才能有效服务佛山乃至广东地区的创新驱动发展、产业转型升级和经济社会的发展。

我举个例子：“十二五”期间广东省LED产业总产值达3460亿元。LED产业也是佛山市的优势产业之一，全市拥有400余家涉LED业务的企业，光电显示产业链条完整。即便如此，这个行业仍面临着尴尬：大学专业设置不够，人才储备不足等问题，直接制约佛山乃至广东地区的LED产业的壮大。因此，学校与广东省半导体照明产业联合创新中心、佛山新光源产业园共建半导体光学工程学院，实现产学研教深度融合，培养产业人才，破解技术难题。

*南方日报：创新驱动，关键在人。佛科院如何引进人才，来推动区域创新驱动发展呢？*

郝志峰：2015年以来，学校以“政策特区”建立“人才特区”。学校已与20多个团队（其中4个院士团队）和院士、“长江学者”等49名高层次人才进行洽谈，并先后引进了“千人计划”“长江学者”等86名高层次人才。

当然，我们不是为了“引人而引人”，新引进的人才要紧扣佛山产业，甚至是瞄准战略性新兴产业，才能走出一条“新路子”。佛科院瞄准科技前沿、产业前沿，引进世界一流新能源人才，致力于组建佛山（云浮）氢能产业和新材料发展研究院。这一研究院将在国内建成首条具有先进技术的燃料电池电堆规模批量化生产线，将引领和带动我国燃料电池行业快速商业化发展。高水平理工科大学建设，就要致力于攻坚科技成果转化“最后一纳米”。

## 人才培养：

## “人有‘A4腰’，我有专利权”

南方日报：刚刚多次提到，要培育满足产业需求的创新型人才。在这方面，佛科院有哪些新探索？

郝志峰：一时半刻，佛科院要创新一种人才培养模式，显然不可能。不过，我们探索一种更加轻盈的人才培养模式，称为“小班快跑”。“小班快跑”就是遴选一批有创新创业精神的学生，勤劳刻苦地做实验搞发明，申请一批发明专利。同时，延长社会实践时间，把原先的“三年理论学习+一年社会实践”的课程设计，变更为“一年理论学习+三年社会实践”或“两年理论学习+两年社会实践”。

我深刻地记得，2016年大年初二，我还看到有学生在实验室做实验，还跟他们聊了大半天，十分感动。学生的努力付出已经得到回报，他们代表学校获得一系列高水平创新创业奖，其中包括在全国企业竞争模拟大赛中获特等奖第一名，在2016年广东大学生创业大赛中获6金4银6铜的优异成绩。我们开玩笑地说，我们的“小班快跑”目标是“人有‘A4腰’，我有专利权”。

南方日报：这些探索的目标是什么？

郝志峰：“小班快跑”的探索，其实是希望教学改革、科研团队和学生竞赛跻身“国家队”行列。他们只要能跻身“国家队”，就算“踮脚”了，

★ 教师与学生一起对企业提出的设计需求进行设计和讨论

佛科院要紧紧依托佛山的一流企业、一流产业，解决城市所需、破解产业难题，才能实现超常规发展，建设高水平理工科大学。也就是说，佛科院不走传统大学路，要直面佛山产业行业、直面市场需求，创新发展模式，才能有效服务佛山乃至广东地区的创新驱动发展、产业转型升级和经济社会的发展。

那也是水平的提升。目前佛科院的互联网思政教育“易班”就已跻身“国家队”，先后被中央网信办、教育部评选为“易班全国共建工作示范单位”，省教育厅评选为“创新创业教育示范学校”。

## 发展规划：2020年重大成果转化40个以上

南方日报：创建以来，佛科院积累了什么经验？

郝志峰：高水平理工科大学建设，要有高水平人才。高层次人才引进要“筑好庙、铺好路、创好业和服好务”。筑庙，就是要搭建高层次人才与产业紧密结合的科技服务平台；铺路，就是学校帮助高层次人才直接对接行业产业、研究机构、政府部门；创业，就是要形成拳头效应，攻坚克难实现产业化；服务，就是安排团队、秘书紧密对接，做好本土化的服务。

南方日报：接下来一段时间，是高水平理工科大学建设的关键期，学校有何规划？

郝志峰：围绕佛山创建国家级创新城市和打造珠江西岸先进装备制造产业带，佛科院将重点突破，实现跨越式发展。在硬件方面，佛山市投入25亿元建设佛科院新校区，新校区计划2017年9月新生入学投用，将极大拓展学校的发展空间和实验空间。在软件方面，计划到2020年，拥有院士、长江学者等高层次人才不少于70人，新引进高水平大学博士不少于400人；重大成果转化并实现产业化项目40个以上，高新技术产品开发数量80个以上，孵化创新型企业25个以上，以更有力地支撑佛山乃至广东的创新驱动发展。

★ 学生在数控实验室学习

【牛校亮点】

### 构建“一园四院”搭建高层次科技服务平台

佛科院构建了“高校+高端研究院所+龙头企业”的发展模式，提出建设“一园四院”工程。

“一园”是指佛山大学科

技园。佛科院成立佛科院资产经营公司，与佛山火炬创新创业园共同建设佛山大学科技园有限公司。“四院”是指按照新型研发机构模式打造的四个高端研究院。佛科院与新加坡•中国科学技术交流促进协会共建了佛山南洋研究院，与中科院广州分院共建了佛山中科协同创新研究院，与广东知识产权局、佛山生态协会等共建了华南科技创新战略发展研究院，与佛山对口帮扶云浮指挥部、佛山（云浮）产业转移工业园管委会共建了佛山（云浮）氢能产业和新材料发展研究院。

该校有关负责人说，这些高层次科研平台涵盖高新技术产品开发、共建新型研发机构、孵化高新技术企业、高端人才培养等合作，为佛科院技术引领佛山产业提供了坚实的基础。

高水平理工科大学建设，要有高水平人才。高层次人才引进要“筑好庙、铺好路、创好业和服好务”。筑庙，就是要搭建高层次人才与产业紧密结合的科技服务平台；铺路，就是学校帮助高层次人才，直接对接行业产业、研究机构、政府部门；创业，就是要形成拳头效应，攻坚克难实现产业化；服务，就是安排团队、秘书紧密对接，做好本土化的服务。

## 抢占朝阳产业制高点　引领燃料电池行业

2015年7月，佛科院、佛山（云浮）产业转移工业园管委会以及广东国鸿氢能科技有限公司三方联合组建佛山（云浮）氢能产业和新材料发展研究院，抢占氢能技术开发和氢能产业工程化的“制高点”。

氢燃料电池被国际公认为终极新能源，完全零污染、零排放。2015年出台的《中国制造2025》规划纲要，明确提出到2020年，燃料电池车将不再局限于概念车；到2020年，生产1000辆燃料电池汽车并进行示范线路运行。

目前，研究院已引进了世界顶尖动力系统企业加拿大巴拉德前技术总监Christopher J.Guzy等国内外的高精尖人才，并聘请佛科院机械与电气工程学院院长叶树林为氢能研究院院长，集结国内外顶尖的氢能产业开发人才，建成了在氢能研究方面技术力量雄厚的氢能产业开发平台。研究院正联手企业，建成国内首条具有先进技术的燃料电池电堆规模批量化生产线，引领和带动我国燃料电池行业快速商业化发展。

## 紧扣佛山半导体产业　产教融合培养创新人才

2016年1月，佛科院整合光电子与物理学系和电子与信息工程学院的光电信息科学与工程系等专业，成立了半导体产业学院。从名字可以看出，这一学院瞄准了佛山半导体照明等支柱产业。

由广东省科技厅发起、广东22家光电龙头企业共同出资成立的广东省半导体照明产业联合创新中心2012年落户佛山南海区。2016年1月，物理与光电工程学院与该联合创新中心共同创办了半导体光学工程学院，这是广东省第一家半导体产业学院。

半导体产业学院院长陈国杰说，学院与佛山国星光电股份有限公司、佛山电器照明股份有限公司等15家知名公司建立了产学研深度合作，打造由实践经验丰富的企业工程师及学术水平高的学校教师组成的双师型教学队伍，建立设备先进的技能实验实训基地，共同制订人才培养方案，共同重构课程体系，共同开发实用鲜活的课程，共同编写实操性强的教材，共同承接科研教育项目。

### 省市共建研究生培养基地　联合培养博士生

2015年11月，省教育厅与佛山市政府共建省研究生联合培养基地（佛山）。佛山基地推行“高校+中心+示范点”培养新模式，依托广东顺德工业设计研究院、佛山高新园区、新型研发机构、大型龙头企业等建设创新培养示范点。

目前遴选20家研究生创新培养示范点，提供69个研发项目，与省内11所研究生培养高校实施精准对接。基地2016年拟招生85人，其中与广东工业大学联合培养博士2人，博士联招工作的突破将为学校争取成为博士学位授予单位立项建设奠定基础。

学校全面推出“产业学院”建设，围绕全省产业布局和佛山智能制造、新能源新材料、电子信息、生物医药与食品安全、节能与环保等领域，着力打造一批具有鲜明特色的“产业学院”，构建多样化协同育人模式，助力佛山产业转型升级。

## 【招生看点】

### 看点1：9个工科专业一本招生

9个专业分别是：机械设计制造及其自动化、电气工程及其自动化、土木工程、电子信息工程、计算机科学与技术、网络工程、光电信息科学与工程、光源与照明和材料化学专业。其中广东一本招生计划为1600人，占全校招生比例的40%。

### 看点2：拥有一批特色、示范专业

土木工程、动物医学为国家级特色专业，机械设计制造及其自动化、动物科学为省级特色专业，国际经济与贸易为省级特色专业。佛科院目前建有国家级大学生校外实践教学基地1个、省级大学生校外实践教学基地15个，省级人才培养模式创新实验区5个，省级试点学院1个，省级应用型本科人才培养示范学院2个，省级卓越人才培养计划3项。

### 看点3：“中德班”有机会赴德国学习

借鉴德国应用科技大学应用型工程教育成功经验，中德双方专家按共同制订的教学计划、课程设计和评估体系联合培养学生。普通全日制本科层次4年全日制学历教育，单独编班；两年后，通过学校选拔，符合条件者可申请赴德国学习。招生专业为电子信息工程、车辆工程、工商管理。

### 看点4：产业学院培育产业精英

按照“产教融合，专业对接，课程衔接”的思路，以协同创新为引领，围绕全省产业布局和佛山智能制造、新能源新材料、电子信息、生物医药与食品安全、节能与环保等领域，着力打造一批具有鲜明理工科特色的“产业学院”，构建多样化协同育人模式，助推佛山产业转型升级。

## 数说成绩

●目前，学校已到岗的“千人计划”特聘教授2人，“长江学者”特聘教授2人，国家“杰青”2人，海外知名大学教授6人，国家“百千万人才工程”国家级人选1人，海内外优秀博士67人。

●学校先后与11个政府部门、行业签订了战略合作协议，与创维集团、美的集团等龙头企业共建产学研基地88个、联合实验室2个、工程技术中心1个、产业化示范基地1个、产学研协同创新基地4个。

●科研总经费和横向科研到账经费突飞猛进，已连续多年在广东高校中排名第十，位于全国同类高校前列。其中，2015年科研总经费已突破1.5亿元。

●学生科技创新创业竞赛获奖大幅增加，2014年获省级以上奖项为210项，2015年增加到361项，增加了151项。国家级奖项也从2014年的111项增加到2015年的246项，翻了一番。

（文/吴少敏　邓小峰　图/吴伟洪，发表于《南方日报》2016年6月23日）

学校全面推出“产业学院”建设，围绕全省产业布局和佛山智能制造、新能源新材料、电子信息、生物医药与食品安全、节能与环保等领域，着力打造一批具有鲜明特色的“产业学院”，构建多样化协同育人模式，助力佛山产业转型升级。

★ 松山湖校区鸟瞰图

# 东莞理工学院：建新型学科专业群　做转型升级创新源

2016年，创办24年，东莞最早举办的公办高校东莞理工学院迎来最好的发展时机，办学实力、科研水平和服务能力大幅跃升。

一年来，学校综合实力排名跃升62位，位居理工类高校第126位；引进院士、“长江学者”等高层次人才51人；科研总经费首次突破亿元，位居省内同层同类院校前列；省市联合共建的研究生联合培养基地正式落地；首次实现7个“金牌”专业升格一本招生。

2015年9月，东莞理工学院入选广东高水平理工科大学建设单位。作为新兴理工科高校，该校摆脱路径依赖，致力构建现代大学治理制度，打造智能制造领域新型优势学科专业群，服务东莞乃至广东的创新驱动发展。2016年6月，笔者对东莞理工学院党委书记成洪波、校长李琳进行了专访。

## 掌门人谈

### 高水平理工科大学建设 肩负创新驱动新使命

南方日报：2015年9月以来，东莞理工学院入选高水平理工科大学建设对象，驶入超常规发展的快车道。学校如何把握时机，创建高水平理工科大学？

成洪波：高水平大学和高水平理工科大学建设，是省委、省政府的重要战略部署。作为全省5所理工科高校之一，创办24年的东莞理工学院坚持工科为主、应用为本、开放合作，坚持服务东莞及广东区域的经济社会发展。入选高水平理工科大学建设单位后，学校有了政策、资金、人才和企业等资源要素的强大支撑，已具备超常规发展的基础条件。

过去9个月，学校已基本形成了各种体制机制、规章制度紧密相连、相互协调的现代大学治理体系框架，高水平理工科大学建设的顶层设计已基本成型。其中，明确实施智能制造工程与技术领域新型学科专业群建设工程、特色产业学院建设工程、科技研发服务平台建设工程“三大工程”，构建智力支持体系、人才培养体系、科技支撑体系“三大体系”。

建设高水平理工科大学，为创新驱动发展服务、为高等教育改革探路是学校新的使命、新的愿景和新的光荣与梦想。我们下定决心也充满信心，努力为东莞乃至广东的创新驱动发展提供人才、技术和智力支撑，以卓越的创新教育和实践造福社会。

### 引进51名高层次人才 新增6个省级平台

南方日报：近一年来，学校创建高水平理工科大学，已取得什么阶段性成果？

A07 时局 观察

创新驱动 大学力量

东莞理工学院摆脱路径依赖，建高水平理工科大学

建新型学科专业群 做转型升级创新源

★ 东莞理工学院党委书记成洪波

★ 东莞理工学院校长李琳

李琳：2015年9月入选以来，学校的高水平理工科大学建设取得良好开局。

综合办学实力有较大提升。根据2016年1月艾瑞深中国校友会网发布的中国大学排行榜，学校2015年度综合排名344位，较2014年进位62名，理工类高校排名第126位，较2014年进位19名。

高层次人才“外引内育”并重。学校共引进51名高层次人才，包括双聘中国科学院院士3人，特聘教授（中国工程院院士）2人，“长江学者”3人，“千人计划”学者3人，IEEE Fellow 2人，特聘教授1人，学科领军人才7人，学科骨干、博士24人。学校出台高层次人才校内遴选实施细则，高标准遴选出校内首批符合高层次人才岗位条件的教师18位，其中，学科领军人才6位、学科骨干人才12位。

科研平台实力增强。学校已累计建设各类省级重点科研平台15个、市级平台21个，其中，新增省工程技术研究中心4个、省新型研发机构1个、广东高校国际暨港澳台合作创新平台1个，位居省内同层同类院校前列。

社会服务能力提升。与地方政府、企事业单位签订横向项目合同138个，合同金额1400多万元（较2014年增长75.4%），并承接政府部门的“机器换人”、节能改造审核、验收等服务工作，对1000多家企业进行了评审，通过审核的财政资助金额预计超过5亿元。

## 摆脱路径依赖<br>打造新型学科专业群

南方日报：国家启动“双一流”、广东实施“双高”建设，大学的发展可谓“百舸争流”。在良好开局的基础上，东莞理工学院如何独辟蹊径实现超常规发展呢？

成洪波：实现超常规发展，就是要摆脱路径依赖，守正出新，登高致远。一所大学的办学实力、科研水平和服务能力的大幅度提升，需要有更长远的谋划，做十年二十年的战略规划。学校明确不走传统大学学科发展的“老路”，而是打造新型学科专业群。

例如，学校创新学科交叉融合和重点项目建设方式，围绕智能制造领域新型优势特色学科专业群建设，改变原来按单一学科分别建设的模式，将机械工程、计算机科学与技术、化学工程与技术、电子科学与技术、光学工程等核心学科统一纳入智能制造领域新型优势特色学科专业群，加强学科方向凝练，推动重点突破和整体提升。

又如，以重大项目作为牵引，实现学科建设的组织方式和制度机制的创新，实现资源优化配置。例如，学校与西门子共建的“智能制造创新中心”，致力于服务3C行业智慧工厂建设；引进机器人研究团队，创新技术、标准，引领“中国制造2025”；实现本科生、硕士和博士不同层次的人才培养，直接满足社会、产业的人才需求。这样的平台不止一个，学校已规划建设3D打印与智能制造研究院、中子散射技术工程研究中心、环境生态工程技术研发中心、先进飞行器制造技术研究所等11个重点项目平台。可以预见，这些重大平台将成为学校学科交叉融合，新型学科专业群建设的重要基础。

实现超常规发展，就是要摆脱路径依赖，守正出新，登高致远。一所大学的办学实力、科研水平和服务能力的大幅度提升，需要有更长远的谋划，做十年二十年的战略规划。学校明确不走传统大学学科发展的“老路”，而是打造新型学科专业群。

## 建设特色产业学院<br>直接服务产业发展

南方日报：除了新型学科专业群建设之外，人才培养方面有何探索？

李琳：此前学校已与华为、中兴、西门子、微软等一批世界一流企业，共建了一批特色产业学院。2015年以来，学校联合东莞松山湖国际机器人产业基地、香港科技大学李泽湘教授团队创办机器人学院，实施跨学科探究型教学模式，采用“2+2”的培养模式，与机器人企业深度融合，培养高素质卓越工程师。第一期已有27名学生入读机器人学院。同时，与深圳智汇谷集团合作共建“智汇谷现代网商学院”，将于2016年9月开始招生，按照企业化的运营管理机制，形成“教育+培训+就业+创业”的完整教育服务链。与专业镇共建先进增材制造学院，依托长安镇的模具、电子产品的产业集聚区，以“校园+产业园”的模式，在产业园区上建立教育平台，做到教育与产业、人才与市场、学业与就业无缝对接。

## 不唯“论文”<br>努力建成区域知识创新中心

南方日报：高水平理工科大学建设的重要目标之一，就是推动创新驱动发展？

李琳：重赏之下必有勇夫。学校的科技成果转化利益分配机制有重大突破。学校科研团队在省内实施科技成果转化、转让所获收益，用于奖励科研

★ 第119届广交会上，几乎零误差工作的码垛机器人让外商驻足观看良久

负责人、骨干技术人员等成果转化重要贡献人员和团队的比例不低于70%。同时，学校将所获收益的5%或以上奖励给成果完成人所在的二级组织机构。职务成果作价合作或入股创办有限责任科技企业，学校是合作或入股主体，科研负责人、骨干技术人员等重要贡献人员可占有学校股份中不低于70%的股份，科技人员所获科技成果技术入股奖励股权权属授予个人所有。此外，鼓励科技人员在校企之间合理流动，支持科技人员离岗或在岗创新创业，支持大学生创新创业，建立了体制机制改革特区——科技创新研究院。

我举两个例子：计算机学院在岗教师朱君成立的公司，专注于生产中小型精密成套挤出设备和工艺的自主研发、生产、销售，年产值已近2000万元，并已在新三板上市。机械工程学院离岗教师卢盛林成立的东莞市奥普特自动化科技有限公司，专注于机器视觉光源的研发、生产、销售并提供视觉解决方案及服务，年产值已达2亿元。

南方日报：下一年是高水平理工科大学建设的关键时期，学校将如何加速推进？

成洪波：学校要继续主动适应区域经济社会发展和产业转型升级的需要，瞄准国内外理工科发展前沿，调整优化学科和专业，提高理工科学科专业比重，凸显理工科优势特色。到2017年，理工科专业集中度达60%以上，服务东莞市支柱产业的专业占比达60%以上，省级以上重点特色专业8个以上，申请国家工程教育专业认证中心组织的专业认证数4个以上。同时，学校也要为高水平人文管理学科的发展创造条件和空间，努力实现人文管理学科的融合式、精品化发展。

我期待，经过若干年的发展，东莞理工学院将会超越现有的大学组织形态与发展逻辑，成为会聚大学教授、科研人员、学生、校友、领军企业等多方重要力量，整合创新链、产业链、资本链、政策链的区域知识创新中心。

## 【牛校亮点】

### 牵手西门子共建“智能制造创新中心”

东莞理工学院搭建科技研发服务平台，与西门子（中国）有限公司合作共建的“智能制造创新中心”，预计将于2017年底完成建设并投入使用。这是西门子与国内高校共建的首家“智能制造创新中心”，也是东莞理工学院高水平理工科大学建设的重大项目。

该中心拟在5年内通过工业云平台为工业数字化众创空间中的300多家小微初创企业提供数字化制造技术的创新和产品研发等平台服务，成为技术创新孵化和产业的基地，力争吸引各类成果孵化投资3000万元以上。中心将培养跨学科、复合型、具有较强工程实践能力的应用型人才，每年培养博士及硕士研究生60名以上，培养本科生1000人以上，开发实际工程典型应用案例10个以上，培养复合型师资、吸引高水平科研团队数个。

我期待，经过若干年的发展，东莞理工学院将会超越现有的大学组织形态与发展逻辑，成为会聚大学教授、科研人员、学生、校友、领军企业等多方重要力量，整合创新链、产业链、资本链、政策链的区域知识创新中心。

## 鼓励科研成果转化孵化亿元级企业

学校鼓励科技研发平台和教师开展科研成果转化，取得了一定的成效。该校机械工程学院高级工程师许光辉介绍，他的团队与东莞市艺博达实业有限公司共同研制的基于嵌入式数控系统的多针旋梭电脑绗缝机，填补了国内电脑绗绣机的空白，其销售的产品价格仅为国外同类产品的58%左右。目前在国内同行同类产品中销量处于领先位置，近2年已累计销售200多台，已累计产生间接经济效益8亿元。

## 在北美开办海外中心“引智”和转化成果

学校还有不少创新措施，打破科研成果转化的瓶颈。2016年3月，学校与溢思得瑞科技创新集团正式签署协议共建“东莞理工学院—溢思得瑞海外中心”。海外中心将在温哥华进行正式注册，按照公司管理模式进行运营，下设三个基地：离岸孵化基地、人才交流基地和创新创业基地。未来将充分利用溢思得瑞在温哥华、多伦多、洛杉矶、滑铁户、西雅图五座城市的创新基地及其合作伙伴的资源，助推学校高水平理工科大学建设。

2016年5月，学校与美国泰德国际人才智库咨询公司正式签署协议共建“东莞理工学院美国高层次人才工作站”，将通过各种媒介有效宣传推介学校形象、人才引进政策等，向学校积极推荐合适的人才，助推学校高水平理工科大学建设。

## 省市共建研究生基地2016年招收106名研究生

2010年，东莞理工学院被列为广东省立项建设的硕士学位授予单位。目前，省市联合共建研究生联合培养基地建设，基地正联合中山大学、华南理工大学、暨南大学、广东工业大学和深圳大学等省内高水平大学以及东莞新型研发机构、龙头骨干企业等共同开展硕士、博士研究生培养。目前初步认定了9家东莞龙头骨干企业为基地首批创新培养示范点。

同时，学校持续开展与华南理工大学、华中科技大学等国内高水平大学的校校研究生联合培养项目。目前已落实基地2016年硕士研究生招生指标106名。学校还正积极探索根据法国国立工艺学院授权开展研究生的培养。

## 【招生看点】

### 看点1：7个“金牌”专业升格一本招生

从2016年起，东莞理工学院有7个专业在广东省第一批本科录取批次招生。这7个专业均是与智能制造领域相关的理工类专业，分别是机械设计制造及其自动化、软件工程、电子信息工程、应用化学、环境工程、通信工程、计算机科学与技术，7个专业2016年共计划招生1500人。这些“金牌”专业，学科实力、录取分数、学生就业率均独占鳌头。

### 看点2：在8个省份第一批招生

不仅在广东实现一本招生，东莞理工学院还在河南、河北、四川、山东等8个省的第一批次招生。2016年计划招收普通高考本科生5300人，其中面向四川、江西、湖北、湖南等全国22个省（自治区）招生540人。

### 看点3：高分考生可获诱人奖学金

凡第一志愿填报东莞理工学院、被录取且正常报到的省内新生，若总分超过第一批录取线30分以上（含30分），按总分排序理科取前20名、文科取前10名（若总分相同须做取舍，按排位选取前者），每生奖励人民币4万元，分4年发放，每年1万元。

凡第一志愿填报东莞理工学院，被录取且正常报到的省外文科类、理科类新生，若总分在所在省（市、区）第一批录取线上，按总分排序，取最高分新生各1名，给予每生奖励人民币1万元，一次性发放。

### 看点4：毕业生前景广阔

东莞市是改革开放的前沿城市，且毗邻广州和深圳，地理位置优越。2015年，来校招聘的用人单位近1800家，提供约4.1万多个就业需求，平均为每个毕业生提供约11.6个就业需求。历年来，毕业生就业率均在98%以上，毕业生中80%以上留广东发展。学生初就业工资水平平均月薪为3800多元，在广东高校中名列前茅。

学校与美国、加拿大、法国、日本、西班牙、英国、韩国等国家及台湾地区30多所高校签订了合作交流协议，提供给学生外出学习交流机会。

东莞市是改革开放的前沿城市，且毗邻广州和深圳，地理位置优越。2015年，来校招聘的用人单位近1800家，提供约4.1万多个就业需求，平均为每个毕业生提供约11.6个就业需求。历年来，毕业生就业率均在98%以上，毕业生中80%以上留广东发展。学生初就业工资水平平均月薪为3800多元，在广东高校中名列前茅。

## > 数说成绩

- 2015年，5个核心学科获立项省部级以上科研项目58项（较2014年增长35%），市厅级项目58项（较2014年增长205%），横向科研项目77项（较2014年增长51%）。5个核心学科科研合同经费累计达4910.84万元（较2014年增长75%），其中纵向合同经费4371.9万元（较2014年增长78%），横向合同经费538.94万元（较2014年增长53%）。
- 目前，学校已累计建设各类省级重点科研平台15个，市级平台21个。学校共组织纵向项目申报486项，其中理工类项目257项（较2014年增长13%）。2015年学校科研总经费首次突破亿元，达10,565万元（较2014年增长36.2%），位居省内同层同类院校前列。
- 2015年学校共计申请专利59件，其中发明专利15件，实用新型专利43件，外观设计专利1件；获授权专利101件（较2014年增长166%），其中发明专利9件，实用新型专利82件，外观设计专利10件；软件著作权专利13件。

（文/吴少敏　叶妙娴　张友炳，发表于《南方日报》2016年6月24日）

★ 广东农工商职业技术学院粤垦路校区大门

# 广东农工商职业技术学院：农垦“黄埔军校”为农业现代化“造血”

竹影摇曳，棕榈成荫。走进广东农工商职业技术学院位于广州增城区的北校区，26个专类园区、500多种植物让人仿佛置身于亚热带植物园。

实训楼里，食品加工技术专业的学生们在“营养驿站”忙着为客人们准备茶点。还没毕业的他们，既当“创业”又当“就业”，将课堂知识运用到实习公司的经营中。

建校30多年来，这所广东唯一的“农”字头高职院校伴随着广东农垦的加快发展，再次焕发出勃勃生机：紧扣国家和省加快农业现代化建设的方向，锻造出作物生产技术、农产品加工与质量检测等一大批省级重点专业；着眼于契合广东农垦“走出去”发展战略排头兵的定位，创新校企合作模式，将一批批师生选派至东南亚、欧美地区深造、实训、就业……如今，广东垦区、海南省农垦30%的场（处）级领导干部和70%的科级干部都是农工商校友。

这所被誉为农垦“黄埔军校”的现代农业特色高职院校，如何培养高素质技术技能人才？怎样对接产业转型的需求为广东农业现代化发展“造血”？笔者独家专访学院党委书记杨群祥、校长杜方敏，解读农垦高职院校的创新服务密码。

A10 时局 观察 一流高职 创新发展

粤唯一“农”字头高职院校广东农工商职业技术学院如何服务涉农产业？

农垦“黄埔军校”为农业现代化“造血”

## 面对面

### 谈资源优势
### 打造一流高职“底气十足”

南方日报：省教育厅提出广东将重点建设一批一流高职院校。杨书记在农工商学院工作近三十年，您认为学校“创一流高职”的底气在哪？有哪些资源优势？

杨群祥：我认为底气十足，体现在几个方面：学校是广东“农”字头唯一的高职院校，主动服务国家和省的现代农业改革方向，主动服务广东“三个定位、两个率先”目标，主动服务新型职业农民的教育培训工作，协同解决未来“谁来种田”——新一代农民培养，“怎么种田”——农业现代化的问题等。

农工商人传承南泥湾人和农垦人的精神传统，形成了自己独特的“艰苦奋斗、自强不息”的农工商精神。在艰苦奋斗中践行“难中求进、进中求优”，为国家教育资产增值8亿多元；在仅有1000万元财政拨款的情况下，自筹投资近4亿元，建起一座新校区。

学校是深度产教融合、政校行企四方联动模式的典范。广东垦区是农业部两大直属垦区之一，学校作为农垦集团办的高校，依托的正是农垦巨大的全产业链产业集群，以及其所带来的“学在课堂、习入实景”的鲜明优势。

多年来，学校的专业设置按照社会需要、市场导向的原则，紧贴现代农业、现代服务业和高新技术产业的发展，形成知名度较高的专业群。其中，作物生产技术、农产品加工与质量检测、食品加工技术（绿色食品方向）等专业都是全省高职院校“唯一”。而市场营销、物流管理、会计、商务英语、软件技术、电子信息通讯技术、酒店管理等专业在广东省内，乃至全国都是有较大影响力的名牌专业。

农工商学院目前累计培养毕业生接近7万人，遍布整个华南，走向海外。学校招生不仅数量大，招生分数线保持在广东省高职院校的录取分数第一方阵，历年高出省线40到100分，这对于一所“农”字头院校是非常不容易的。

## 谈创新驱动
## “农垦产业发展到哪里，农工商就服务到那里”

南方日报：广东正大力发展现代农业，学校作为广东唯一“农”字头的高职院校，如何结合自身优势，服务全省创新驱动战略？

杨群祥：广东是经济大省，也是农业大省、畜牧产业大省，学校一直坚持“依托农垦，面向广东，服务社会”，以及“农垦产业发展到哪里，农工商就服务到那里”。作为一所综合性院校，学校专业群的总体布局是以“农”为主导，带动“工商”两翼，三者融合发展。“农”字专业做特、做优，“商”字专业做精、做名，“工”字专业做强、做大，人文艺术专业协调发展。发挥“农、工、商”的优势，努力建成现代农业、现代服务业和高新技术产业的重要人才培养基地。

在服务经济社会建设发展以及广东的创新驱动战略方面，主要体现在五大方面：

★ 李秀平博士在蔬菜种植大棚为学生讲授种植技术

不同于很多高校，农工商学院是一套人马、两块牌子。学校同时是“农业部华南农垦干部培训中心”，承担华南14省区农垦人才的培训任务。

学校的专业群都有涉“农”的元素。如物流管理专业涉及农产品物流、冷链物流，电子信息通讯技术专业涉及精准农业、农业信息化管理，会计专业涉及农业企业会计，市场营销专业有农产品营销等。学校随着垦区发展需要，不断增设紧缺专业，如农产品加工与质量检测、畜牧兽医等专业。

发挥专业优势，打造品牌服务点。近几年，学校围绕自身专业优势，依托现代服务业人才培养平台，与广百集团成立了广百商学院，目标是要打造商界的黄埔军校。学校还与广东广垦绿色农产品有限公司旗下旅游与酒店品牌、农产品营销品牌、畜牧品牌等合作，打造了旅游酒店管理学院、农产品商学院等。

积极推动教师到垦区挂职。既有长期，也有短期，既有国内，又有国外，目的是希望老师更能接地气，了解企业，特别是农垦企业种养技术、经营管理、物流配送和产品销售等业务，以更好地提升人才培养质量。在科研服务方面，每年教师科研立项有近百项，大多数涉农、涉商。

适应农垦战略定位。近年来，学校开辟泰语、马来语、柬埔寨语等语种教学，在海外开设农工商学院教学点，主动服务广东农垦作为国家“走出去”发展战略和广东省落实国家“一带一路”战略的农业排头兵的重要角色和定位，成为全国高职人才培养的典型案例。这些项目已经持续推动3年，受到海外实习企业的欢迎。

★ 广东农工商职业技术学院党委书记杨群祥

★ 广东农工商职业技术学院校长杜方敏

## 谈创新就业
## 建立实习公司　打造实践教学“第三条通道”

*南方日报：面对涉农产业的转型升级，广东农工商职业技术学院如何对接产业发展需求，培育学生的创新“基因”？*

杨群祥：学校牵头成立了广东省南亚热带农业职业教育集团、广东南亚热带农业工程研究院，并按照“能力主线、模块定位、仿真模拟、生产实践”的原则，以实现校内基地职场化、校外基地教学化为目标，依托服务广东农垦，实施校外实习实训就业基地“222工程”，建立了集实践教学、技能鉴定、学生创业教育、社会培训、科研服务、技术推广“六位一体”的校内生产型实训基地和校外共享型实习就业双基地。

学校是首批建立校内实习公司的职业院校，建立了“营养驿站”“花卉超市”等多个实习公司。这些设在校内由学校主导的兼具企业的生产经营属性和学校的教学属性的校内实习公司，把学生带入真实的企业情景中实施教学，是一条不同于校外实习基地和校内实训等实践教学的“第三条通道”。此外，我们还搭建就业的高平台，是广东省唯一持续举办了16届现场招聘会的公办院校。

杜方敏：学校较早地和国际接轨，引进国际先进职业教育理念，让学生了解国际规则、文化和商业模式，强化就业创新。作为广东省中英职业教育合作试点项目，学校与英国爱德思国家职业学历与学术考试机构合作举办BTEC HND教育，已培养双文凭学生3000多人。该教育平台经过英国专家质量评审，连续多年专业评价达到A系列，达到英国本土水平。这就给学生带来大量的海外实习、就业机会。多名学生在英国继续攻读硕士学位。其次，职业教育强调所学专业与就业结合起来。我相信，未来的农业是高技术产业，种好一盆蝴蝶兰，技术含量不亚于一部电子设备。我们农业专业有巨大优势，学生走出来将会是农业的“职业经理人”。第三，高职教育面临着学生培养和企业需要错位的情况，我们着力加深与企业的合作，提供定制化的人才，实现精准就业。第四，面向未来发展培养人才。结合产业升级调整，用适应未来先进的生产方式，来培养人才。

## 谈未来规划
## 创建全国一流高职　服务南亚热带产业

南方日报：踏入“十三五”，在全省建设一流高职院校的过程中，学校将有哪些规划？

杨群祥：学校多年来一直推进办学愿景，就是要把学校建成省内一流、全国知名、东南亚有影响的南亚热带产业特色的应用型大学。

面对“十三五”，有几个目标：打造成“省内一流”；“全国优质专科”；进入全国

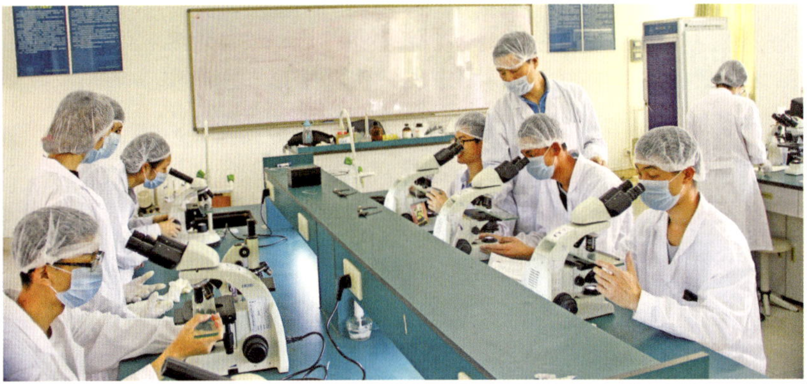

★ 畜牧兽医专业学生在做疾病诊断实训

职业院校“管理500强”；办学规模稳定在2万人，保持省内前五名；建设一批一流专业，其中，25个专业进入“省内一流”，8个专业进入“全国一流”；伴随“一带一路”战略，加大东盟地区教育合作，扩大学生在东盟企业实习就业规模。

农工商学院努力成为现代农业、现代服务业和高新技术产业人才培养的重要基地，培养具有“工匠精神”群体的重要基地，高职教育教学改革的示范基地，农垦核心竞争力的窗口，高级人才的聚集地。未来，要成为中国南亚热带农业产业智库和技术推广基地，中国农垦职业教育基地的“排头兵”。

农工商学院努力成为现代农业、现代服务业和高新技术产业人才培养的重要基地，培养具有“工匠精神”群体的重要基地，高职教育教学改革的示范基地，农垦核心竞争力的窗口，高级人才的聚集地。未来，要成为中国南亚热带农业产业智库和技术推广基地，中国农垦职业教育基地的“排头兵”。

## 【职校淘宝】

### 推广甘蔗高产技术获国家级科研大奖

走进农工商学院粤垦路校区，行政楼门前的一个宣传栏引来许多师生驻足阅览。板报配图中，一位面容清秀的女士正在田间检验甘蔗的生长情况，皮肤被晒得黝黑。她正是该校热带作物系（以下简称“热作系”）专任教师李秀平。

这位被学生们亲切地称为“李妈妈”的女教授，连续两年在学校科研综合排名中位列第一，先后获得“南粤优秀教师”“广东省师德先进个人”“粤建功立业女能手”。2016年4月27日，在广东省庆祝五一国际劳动节暨劳模表彰大会上，李秀平更作为获奖代表宣读倡议书。

作为热带作物方面的专家，李秀平将目光投向了广东农垦四大农业产业支柱之一的甘蔗种植。李秀平在忙碌的教学之余，带领多位年轻教师深入到田间地头，根据甘蔗品种及地块的特点制定了一系列实验方案：施复合微生物肥，在土壤中加入传导性元素、中量元素和微量元素，施保水剂……

2013年至2015年，从不被当地农民理解到完全被信任，从5亩的试验田推广到8000亩，李秀平团队在甘蔗的高产、高糖和病虫害方面取得显著的突破，带动当地农垦效益的提升。

据统计，近年来，李秀平主持和参与各类科研10余项，包括国家自然科学基金项目、农业部科研项目、农业部公益性行业（农业）科研专项、农业部转基因新品种培育重大专项、科技部863项目子课题，曾获多项国家级、省级科研成果大奖。

## 课堂开到企业里　企业引进学校来

在农工商学院校门外300米处的佳鲜农庄旗舰店，农工商学院2014届毕业生黄文涛如往常一样来到店面，不时给认真工作的师弟师妹鼓鼓劲。从学生店员到店长，再到总经理助理，黄文涛仅用了两年的时间。

“课堂开到企业里，企业引进学校来，公司建在校园里”。该校与广东广垦绿色农产品有限公司共建了广垦农产品商学院，并共建产品检测中心。从2014年至今，该校陆续推荐了多批学生到此实习、工作，如今佳鲜农庄的员工里有73%都是该校的毕业生。

佳鲜农庄总经理蔡杰介绍，为了培育人才该公司实施了“店长成长计划”，每期从学校推荐的实习生中择优20人，分别由公司的5位高管做导师，每位实习生能拿到2100元/月的实习工资。不仅如此，该公司还将计划输送优秀的实习生到国外进行短训，并与学校商议将学生实习期提前到二年级开始。

据统计，目前该校有58个校内实训基地，总面积143,859平方米，设备总价值9034.23万元。建成国家实训基地3个、省级实训基地7个。校外实习就业基地达1311家，其中，大型企业集团和龙头企业数量占18%。

### 【杰出校友】

## 郑俊奇：用新媒体卖橙子助农民增收

最近，农工商学院2013届毕业生郑俊奇又回到母校课堂“回炉再造”。不过这一次，他是以汕尾市农垦局领队的身份回校参加广东农垦宣传骨干培训班。

带着“农垦精神”走上工作岗位，郑俊奇毕业才3年，已是汕尾市农垦局办公室副主任。

郑俊奇来到红江农场，萌生了用新媒体推介销售红江橙的想法。他通过微信、微博等新媒体的推广，在淘宝店发货，仅两周便卖出了4000斤红江橙。通过分层分类定价，橙子的均价更飙升到20元一斤。让小伙子欣慰的是，原本质疑他在做“白日梦”的农民，后来年增收好几万元，专门拿着存折前来向他道谢。

“虽然我学的是文秘专业，但是正是农工商学院浓郁的农学氛围，让我走向了农垦基地，服务了社会，也实现了自我价值。”郑俊奇对母校满怀感激。

## 【招生看点】

### “电子信息工程技术”试点专升本协同培养

2016年农工商学院招生计划为6800人（包括已录取的自主招生计划300人，三二分段计划293人），其中文科计划1910人，理科计划2002人，艺术类计划590人，3+证书计划1110人，退役士兵专项40人，省外计划285人。学校与嘉应学院继续合作“电子信息工程技术”专升本协同培养应用型本科人才的试点专业，打通“中职—高职—本科”立交桥。

### 开设东南亚语种课程助学生海外就业

该校先后与德国、美国、泰国、斯里兰卡等10个国家和港澳台地区的企业和高校建立友好合作关系，目前已先后选派16批共218名学生到德国F+U中心接受为期两个月的实训实习，已连续6年共7批、选送115名学生参与“大学生暑期赴美带薪实习”项目；先后选派两批共18名学生赴泰国乌隆府、沙敦府和乌拉他尼府实习；已先后选派21批共353名学生到澳门实习和就业。

配合广东农垦“走出去”战略要求，该校一直致力于东南亚语种课程的引入。目前，该校已先后为2364人次开展了泰语与柬埔寨语教学。

### 数字化教学资源位居全省高职前列

该校深入推进专业建设和课程改革，致力于构建体系完整、分类清晰、规模宏大的数字化教学资源体系。近年来，新增立项建设省级品牌专业1个，特色专业6个；承担了国家级专业教学资源库5个子项目建设，初步建成了4个重点专业教学资源库，新增国家级、省级精品资源共享课17门；新增校级网络课程158门；新立项国家课题9项，省级课题79项，学会和教指委课题52项；新增专利14项；获国家级教学成果二等奖1项，省级一等奖1项，二等奖4项；新增省级教学名师3名，南粤优秀教师4名。

（文/毕嘉琪　朱晓枫　陆璐明　洪升　图/王良珏　张梓望，发表于《南方日报》2016年6月24日）

“课堂开到企业里，企业引进学校来，公司建在校园里”。该校与广东广垦绿色农产品有限公司共建了“广垦农产品商学院”，并共建产品检测中心。从2014年至今，该校陆续推荐了多批学生到此实习、工作，如今佳鲜农庄的员工里有73%都是该校的毕业生。

★ 2017年3月28日上午，广东药科大学正式揭牌

# 广东药科大学：构建多元合作模式　驱动医药产业发展

2016年3月，教育部正式批准广东药学院更名为广东药科大学。广东药科大学校长郭姣表示，这是学校厚积薄发、久久为功的结果，是学校从规模发展的量变向内涵发展的质变的根本体现，更是学校综合实力的跨越式提升。

中国科学评价研究中心发布的2016年药学类大学排名，广东药科大学在全国195所同类学校中排名第18位，在广东高校中位列第二。这所培养了6万多名毕业生，被誉为“医药企业家摇篮”和“公共卫生领域黄埔军校”的高等药科学府，已站在更新、更高的起点。

展望未来，郭姣表示，广东药科大学将继续围绕广东医药产业发展的需要，主动融入区域创新体系，以多元合作驱动医药产业发展。并深耕岭南医药资源，打造南药全产业链，科研、产业并进，助力高水平药科大学建设。

## 掌门人谈

### 围绕产业发展需要主动融入区域创新体系

南方日报：作为华南地区唯一一所药科大学，广东药科大学如何驱动广东医药产业发展？

郭姣：围绕广东医药产业发展的需要，学校主动融入区域创新体系，搭建与地方政府和医药行业企业进行“产学研用”的一体化创新平台，构建起多元合作模式。

校地合作方面，学校先后与中山市政府合作共建华南现代中医药城，与佛山南海西樵镇共建基层医疗卫生改革发展试验区。校企合作方面，先后与王老吉、白云山制药、香雪制药、康美药业等20多家医药企业进行产学研合作。

值得一提的是，学校早年创办的附属制药厂，后来转制为广东环球制药有限公司，以其为核心组建的中国中药有限公司现已发展成为市值超百亿元、在香港上市的国家高新技术企业。

除了这些内容，我还想说两个故事。

第一个故事是关于海南康芝药业的，可以用“学校一项技术支撑一对校友夫妻创办一间上市公司”来概括。海南康芝药业由校友洪江游夫妻创办，是国内唯一一家以儿童药为主业的上市公司，其产品尼美舒利颗粒剂在全国同类产品与儿童解热镇痛类产品中销量第一。而尼美舒利颗粒剂正是由我们学校陈燕忠教授团队和康芝合作研发。

第二个故事是关于抗病毒口服液的。虽然抗病毒口服液已为千家万户知晓，但在很长一段时间，国家并无统一的抗病毒口服液质量标准，产品质量参差不齐。2005年至2010年，我们学校林华庆教授研究团队与香雪制药共同研究抗病毒口服液国家质量标准，最终收录于《中国药典》作为国内统一标准。这不仅大大提升了国内几十家企业的产品标准，还使以该产品为核心的香雪制药成功上市，现市值90多亿元。

A05 时局 观察

创新驱动 大学力量

广东药科大学校长郭姣接受南方日报专访，畅谈高水平药科大学建设

构建多元合作模式 驱动医药产业发展

★ 广东药科大学校长郭姣

## 深耕岭南医药资源打造南药全产业链

南方日报：2016年3月成功更名，广东药科大学站在新的起点，如何把握机遇、发挥特色优势？

郭姣：用一句话来概括，深耕岭南医药资源，打造南药全产业链。

岭南地区药用植物在4500种以上，占全国药用资源种类的36%。同时，南海是世界上海洋生物多样性和生物资源最丰富的海区之一，是药物筛选和开发的宝库。作为位于南岭以南、南海之滨的唯一高等药科学府，广药具有得天独厚的条件，充分利用岭南特色中药资源和南海海洋生物资源进行创新药物研究与开发。

目前，学校已经和中国中医科学院中药资源中心合作共建了全国第一个中药资源学院，由中国中医科学院副院长、中药资源中心主任黄璐琦院士担任院长。依托该学院，学校与连南瑶族自治县共建“广东民族医药健康产业基地”，打造南药资源保护与种植基地，促进中药资源的保护和开发，同时吸引了广东多家生物医药企业投资2000余万元，带动当地1000多家农户参与种植中草药，种植面积达6000多亩，推动了区域经济和民族健康产业发展。

学校新成立了生物资源与创新药物研究中心，充分利用药学院、中药学院、生命科学与生物制药学院等相关研究机构的技术和条件，以岭南药用植物和南海生物为源泉，以协同创新模式加强对天然生物药物和生物技术药物的研究，包括成药基因和成药蛋白的筛选与开发。

★ 广药百名学子投身广交会卫生防疫保障工作

南方日报：我们了解到学校还将协同创新的合作对象延伸到国际。

郭姣：是的，我们与剑桥大学等机构合作，建立中英生物资源与创新药物联合研究中心广东省普通高校国际合作创新平台，针对神经退行性疾病、恶性肿瘤等重大疾病致力于岭南特色生物资源利用与创新药物研究。

2016年，我们与英国

利物浦大学合作，获批建立广东省代谢病中西医结合防治国际合作基地，学校聘请利物浦大学Jeremy Turnbull为兼职教授，有效整合国内国际创新资源，以“项目—人才—基地”合作模式共同开展糖脂代谢病合作研究与人才培养。

岭南地区药用植物在4500种以上，占全国药用资源种类的36%。同时，南海是世界上海洋生物多样性和生物资源最丰富的海区之一，是药物筛选和开发的宝库。作为位于南岭以南、南海之滨的唯一高等药科学府，广药具有得天独厚的条件，充分利用岭南特色中药资源和南海海洋生物资源进行创新药物研究与开发。

## 依托大学智库、政府行政资源双向推动孵化

南方日报：推进协同创新，是提升国家创新能力的重要手段，广东药科大学在这方面有什么经验？

郭姣：早在2009年，学校就与广州市番禺区人民政府合作，给校内提供1万多平方米场地，在国内较早共建具有独立法人的校地协同创新平台——广州大学城健康产业产学研孵化基地。2014年，该基地被批准为“国家级科技企业孵化器”，成为全国唯一建在校园内的以生物医药为主的“国家级科技企业孵化器”。

我们的孵化基地形成了“一新四高”特色。“一新”是指模式创新，基地采用公司化运营，建在校园内是依托大学的人才、科技创新资源，依托政府行政资源，共同为孵化基地提供强力支撑，双向推动。

“四高”是指高端人才聚集、高新技术聚集、高投资聚集和高产出。基地吸引了“千人计划”学者、海归、教授、大学生等高端人才落户创新创业，聚集了基因测试（广州华大基因公司）、基因药物研究（新百泰生物科技公司）、生物农业（女娲肥业）等行业，研发企业和创投基金注册资本达29亿元。

据悉，该基地累计引进了120多家科技创新企业，基地企业连续两年总营收超过3亿元；申请知识产权177项，获得授权71项，专利43项，上市产品达60多个。其中，广州女娲肥业有限公司荣获广东省科学技术奖励一等奖。

南方日报：在人才培养方面有什么探索？

郭姣：作为广东省大学生创新创业教育示范学校，学校以“432”培养模式全力开展创新创业教育。目前已经搭建了具有广药特色的国家级大学生创业就业和实训四大平台：国家级健康产业产学研孵化基地、国家级大学生实验教学示范中心、国家级生物医药类人才培养模式创新实验区、国家级大学生实践教育基地。四大平台为广大在校生及毕业生创新创业提供了优良的

学习和锻炼机会。

学校构建了三大体系：创新创业课程体系、创新创业实践教学体系、创新创业运行保障体系。三大体系从课程设置、实践平台的打造到各类保障措施，为创新创业人才的培养提供了良好的软件及硬件保障。

学校出台相应政策，设立创业基金，打造创新创业教育的关键落脚点，成立了“广东药科大学创新创业教育学院”，建立了“广东药科大学创业谷”。通过创新创业教育学院协调开展全校创新创业教育，通过创业谷着力培养学生解决实际问题的能力，帮助学生创业团队的项目落地或与外界企事业单位对接成型，为大学生的创业项目从萌芽到落地提供“一站式”服务。

## 【牛校亮点】

### 首个世界性代谢病学会落户学校

郭姣教授带领研究团队潜心中西医结合防治糖脂代谢紊乱相关重大疾病理论与防治策略创新、药物研发、平台建设等近30年，成绩显著。

郭姣教授在多年的临床实践和科学研究中发现，高脂血症、糖尿病、高血压、动脉粥样硬化等疾病有共同的核心病机，首次明确系统提出“糖脂代谢病（GLMD）”理论及综合一体化治疗策略，将此类疾病整体认识，一体化防控。首提“枢纽肝代谢稳态调节系统”和“调肝启枢化浊法”。临床研究证明，调肝启枢化浊法相关方药，总有效率显著提高达90%，药占比下降12%。创立GLMD综合一体化中西医结合诊疗模式，建成国家综合性医院中医药临床示范基地，成果在多家三甲医院推广应用。

创新理论被国家规划教材《中医药学概论》和《健康管理学》收录，核心论文发表在传统医学领域前沿期刊*Journal of Ethnopharmacolgy*，并得到中西医界及国际同行的一致认可，获国家科技进步二等奖、中医药界首个吴阶平医药创新奖等。研发具有完全自主知识产权创新中药10余个，获欧美专利2项，国内18项。如研发的贞术调脂胶囊，药效媲美贝特、他汀类等化药，克服了化药肝肾损害、停药后反弹，及中药物质基础与作用机制不清之弊，实现综合疗效更优，安全性高的突破。

2015年12月，世界中联代谢病专业委员会成立，郭姣被推选担任会长。该学会以广东药科大学为主任委员单位，是首个落户广东的世界性代谢病学会，标志着广东在代谢病综合防控领域处于国际领先水平。

## 哪里有药哪里就有广药人

广药建校50多年来共培养了6万多名毕业生，学生以“厚基础、善思维、强能力”而广受医药企业和卫生单位的好评，成为支撑广东、海南医药产业和公共卫生事业发展的骨干力量。“哪里有药，哪里就有广药人”是最形象的表述。

广州医药集团总经理陈矛、天心药业董事长陈昆南、海南康芝药业董事长洪江游、美国辉瑞制药有限公司首席科学官梁锡辉……他们都毕业于广药——医药企业家的摇篮。

据不完全统计，目前广东省医药行业技术和管理骨干中广药毕业生占60%以上，在全省586家民营医药生产企业中，广药毕业生创办和参与创办的有367家，该校已名副其实地成为广东省高级应用型药学人才的摇篮，支撑了广东医药行业的半壁江山。

而在省外，香港药学会会长郑陈佩华、香港中药学会会长徐锦全等均为广药校友。

广药还被誉为“公共卫生领域的黄埔军校”——在广东公共卫生机构中，该校毕业生约占人员总数的28%，占领导班子成员总数的34%。

据介绍，2003年广东省表彰的抗击“非典”先进个人中，广药有196名校友受到表彰，其中荣立一等功的13人、荣立二等功的43人。抗击“非典”功臣、荣获一等功并受到党和国家领导人接见的广州市疾控中心主任杜琳，全国五一劳动奖章获得者、广东省科学技术进步特等奖获得者林锦炎等人是杰出代表。

## 中药渣当“清道夫”有效缓解水污染

中约渣也能改善流溪河水质。广药创行团队的学生通过利用废弃的中药渣帮助菇农改良种植方法，有效缓解了草菇种植废水污染的问题。以此为基础成立的“掌上名菇”项目在2016普莱克斯-创行青年绿色公益项目比赛中获大赛亚军。

2013年10月，一篇名为《污染流溪河，草菇猛于猪》的媒体报道指出，草菇生产过程中带来的环境危害比养猪业更大。报道引起了广药创行团队陶永杰、张颖函等人的关注。

他们调研发现，广州市草菇日产量高达30吨。菇农使用石灰泡制废棉法种植草菇，生产过程中大量夹杂着石灰的废水汇入流溪河，对当地造成了环

学校构建了三大体系：创新创业课程体系、创新创业实践教学体系、创新创业运行保障体系。三大体系从课程设置、实践平台的打造到各类保障措施，为创新创业人才的培养提供了良好的软件及硬件保障。

境污染，许多中小型菇场因无力解决污染问题而被迫关闭。

同学们发现，可以尝试通过在培养基中加入中药渣代替部分废棉，从而减少石灰的用量。他们开始设计实验方案，使用中药渣模拟栽培草菇实验。数据表明，使用中药渣种植草菇后成本下降了23.1%，而且由于中药渣的应用，使得石灰使用量减少了85%。

目前，该技术已在菇农中推广，菇场排放的水质明显改善，达到三类灌溉水的标准。

近年来，广药学子发挥医药技术专长，凭借苦药良渣（利用中药企业废弃中药渣转化为优质有机肥）、寻踪沼迹（在畜禽养殖场沼渣沼液中加入菌种发酵成优质有机肥）等绿色环保项目接连在挑战杯、创行世界杯等大赛取得优异成绩。据统计，近五年来，广药共有600余名学生在学术科技与创新创业领域获得国家和省部级奖励169项。

## 【招生看点】

### 看点1：药学等热门专业大幅扩招

2016年广药传统优势专业及热门专业均有较大幅度的扩招。其中，药学专业从120人增至240人，临床医学专业从120人增至200人，药物制剂、制药工程、预防医学、中药学、生物医学工程、生物制药、临床药学、中药制药等专业均有一定幅度扩招。

2016年广药招生总计划5030人，比2015年增加2030人。理工科招生人数比2015年增加约111%，达到1520人。

### 看点2：转专业无校区限制

广药共有43个本科专业供考生选择。学生入学后，如果对所学专业不满意，可在入学满一学期后或在二年级下半学期，按照学校相关规定提出转专业申请，转专业不受校区限制。

此外，该校部分学院及专业实行大类招生，学生在二年级下学期凭个人兴趣爱好及成绩绩点进行专业分流。

### 看点3：优秀新生最高可获5万奖金

新出台优秀新生奖学金奖励制度，对优秀新生最高给予5万元的奖学金奖励。广东的考生只要高考成绩上了一本线并被该校录取且顺利入读，即可获得3000元或以上的优秀新生奖学金。同时，学校有完善的“奖助贷补免”资助体系，保证每一位优秀学生得到奖励，保证每一位学子不会因为贫困而辍学。

### 看点4：国际交流学习机会多

在药学专业和工商管理类专业与国外知名院校合作，开设“3+1”本科双学位、“3+2”本硕连读国际班等学分互认、学位互授项目。同时，学校与美国、英国、澳大利亚、意大利、日本、中国香港等境外众多知名大学建立了交流合作关系，学生可通过各种项目进行国际交流学习。

## 数说成绩

● 一年多来，获国家科技进步二等奖1项，中国专利优秀奖1项。新增5个省部级以上重点实验室平台。获国家自然科学基金重点资助项目1项，在全国高校排名并列第68位；获国家自然科学基金资助项目较上年增长50%，资助项目总数居全国高校第269位；获国家社科基金项目2项。申请专利46项，获授权37项，申请专利同比增长21.5%。

● 新增国家级实验教学示范中心1个，新增国家中医药管理局“十三五”重点学科建设项目1个，新增药学、公共卫生、护理3个硕士学位授权点。

● 新增国家卫生计生突出贡献中青年专家1人、中国科学技术协会第九届全国委员会委员1名、新时期广东省杰出女科技工作者1人、引进中药创新团队1个。

（文/梁文悦　张旺清　谢沫珠　黄林幸　图/王辉，发表于《南方日报》2016年6月27日）

近年来，广药学子发挥医药技术专长，凭借苦药良渣（利用中药企业废弃中药渣转化为优质有机肥）、寻踪沼迹（在畜禽养殖场沼渣沼液中加入菌种发酵成优质有机肥）等绿色环保项目接连在挑战杯、创行世界杯等大赛取得优异成绩。据统计，近五年来，广药共有600余名学生在学术科技与创新创业领域获得国家和省部级奖励169项。

★广州铁职院高速动车组模拟驾驶课程

# 广州铁路职业技术学院：对接“高铁时代” 打造轨道交通人才摇篮

在轨道交通领域办学超40年，广州过半数地铁司机出自该校；每年约三分之二毕业生属“订单培养”；“现代学徒制”教育，学生入校即就业；国际合作多点开花，与澳大利亚、新加坡等国近10所院校签订合作交流协议；建立31个“双师工作室”，企业专家、骨干教师带领学生搞发明……

作为广东省唯一一所以培养轨道交通特有专业人才为主的“铁字头”高职院校以及国家重点建设的“国家骨干高职院校”，广州铁路职业技术学院（以下简称“广州铁职院”）始终紧扣广东乃至国家轨道交通事业发展的步伐和脉搏，适时科学规划学科专业，形成了门类齐全、独具特色的轨道交通领域人才培养体系。

当前，中国正大力发展高铁、城际和城市轨道网络建设，也正飞速进入“高铁时代”。作为广东乃至全国重点打造的轨道交通领域专业技术技能人才培养“摇篮”，广州铁职院已成为广州、深圳、福州、厦门、长沙等多个城市地铁公司的人才定向输送学校，并与全国18个铁路局中的80%建立了人才输送长效机制，为轨道交通事业注入源源不断的人才“活水”。

笔者独家专访广州铁职院党委书记雷忠良、院长景广军，探访轨道交通特色学校对接中国轨道交通业发展，服务广东创新的密码。

A06 时局观察
一流高职 创新发展
作为省内唯一培养轨道交通人才为主的高职院校，广州铁路职业技术学院创新教育多措并举
对接“高铁时代” 打造轨道交通人才摇篮

## 面对面

### 谈实力特色
### 与全国80%铁路局建立合作

南方日报：广东正大力推动在全省建设一批全国一流、世界有影响力的高职院校，作为在轨道交通类领域办学超过40年的行业性高职院校，广州铁职院建设一流高职的底气在哪里？

雷忠良：我们的底气来自学校自身的硬实力。作为广东省内唯一以培养轨道交通专业人才为主的高职院校，学校与广铁集团，广州、深圳、福州、厦门等地铁公司建立了良好合作关系，与全国18个铁路局中的80%建立了人才输送长效机制。广州过半数地铁司机出自我校。毕业生初次就业率达99%以上，约三分之二的毕业生属于“订单培养”。

学校在办学体制创新、校企合作育人等体制机制改革方面也有丰富的经验。学校是广东工业交通职教集团牵头组建单位；学院理事会名誉理事长由副市长担任，广州地铁总经理担任理事长；目前，学校还与市教育局、花都区政府“政校企”共建了“花都工学结合示范园”，与广铁集团等企业“校企”共建了机车司机、电气化和现代运输3个合作学院。

《广州制造2025战略规划》提出，到2025年，广州轨道交通总产值达

1600亿元，建成具有全球影响力的轨道交通装备制造集成研发基地。广东省“十三五”规划提出，至2020年，推进约42个铁路项目建设，建设里程约3840公里，实现市市通高铁，同时将建设广州、佛山等城市轨道交通线路1127公里。行业的发展带来人才的需求，而培养这类人才正是我们的使命，反过来也是一个发展机会。

景广军：打铁还需自身硬，学校当前的发展势头也非常强劲。“十二五”期间，学校立项建设了国家重点专业6个、国家“现代学徒制”试点专业2个、省重点专业5个、省品牌专业1个、省特色专业3个；新建中央财政支持实训基地2个、省财政支持基地12个等；获得国家教学成果奖二等奖2个、铁道行业教学成果奖一等奖1个。较“十一五”期间，市级以上重点专业增长55%，市级以上教学成果奖增长60%。

在科技研发与技术服务方面，立项纵向项目272项，同比增长近3倍；获得国家专利授权286件，同比增长20倍。境外合作也多点开花，与德国凯勒公司共建实训基地，与美国万豪酒店合作培养“现代学徒”，与澳大利亚、新西兰、中国台湾、中国香港等国家和地区近10所院校（机构）签订合作交流协议。

★ 广州铁职院校友赖泽团在为动车“把脉”

## 谈培养创新
# 国家首批“现代学徒制”试点院校

南方日报：在创新人才培养方面，广州铁职院有何亮点和特色？

雷忠良：“订单培养”是指企业和学校共同选拔和培养学生，以满足企业的用人需求。学校轨道交通类专业自1994年为广州地铁开设首个订单班，20多年来，与广铁集团、广州地铁等7家企业建立了长期合作关系，相关专业学生很多在大一就被企业“抢订”一空。

南方日报：我了解到，学校还是教育部批准的全国首批“现代学徒制”试点院校，效果如何？

雷忠良：近年来，广州铁职院在深化“订单培养”的基础上，还积极探索“现代学徒制”人才培养模式改革实践。针对“现代学徒制”试点工作，学校遴选5个专业进行院内试点，其中，铁道供电技术、计算机应用技术2个专业成为国家试点专业。试点班学生在校内开展理论学习和生产模拟实训，在企业以“员工”身份进行生产实践。实践证明，“现代学徒制”能有效解决企业参与人才培养的动力问题，对提升学生技术技能也非常有效。

南方日报：高职教育的一个显著特点就是注重培养学生的技术技能，学校在这方面有哪些先进做法？

景广军：这个问题我们很早就意识到了。为了强化学生的技术技能，我们在校内建立了31个“双师工作室”，由企业技术专家、专业骨干教师带领学生们从事小发明、小创造。工作室成立以来，学生获专利49项，在校内企业加工零件300余种。同时，学校与企业以“共建共享”为原则，在京广铁路、广珠城际铁路和广深铁路沿线建设了10个教学工区，为学生顶岗实习、教师服务企业提供载体。

★ 广州铁职院党委书记雷忠良

★ 广州铁职院院长景广军

## 谈创新驱动
# 校企合作为轨道交通“造血”

南方日报：当前，广东正大力实施创新驱动发展战略，如何看待高职院校在推动创新驱动发展中的作用？

景广军：至少有三方面不可替代的作用。首先，通过校企合作，高职院校能瞄准企业在创新发展中的新方向、新需求，培养既有创新发展能力又有工匠精神的高素质技术技能人才，为创新驱动发展提供人才支撑；其次，通过提升技术研发、集成和应用能力，为行业企业发展和区域经济转型升级及实现《中国制造2025》的发展目标提供技术支持；最后，高职教育也是传统工艺和文化传承的重要载体，能使中国的传统文化、特色工艺、工匠精神等得到更好的继承与发扬。

南方日报：广州铁职院在服务全省创新驱动发展方面有何优势？

景广军：学校聚焦轨道交通产业发展新方向，科学合理地设置了优势和特色专业群，建设了铁道供电技术、城市轨道交通车辆技术、机械制造与自动化专业、铁道通信与信息化技术和城市轨道交通运营管理等高水平专业。当前，学校开设的专业对接了轨道交通的“车、机、工、电、辆、供”6个领域岗位群，覆盖了轨道交通产业上游的装备制造、中游的综合集成和下游的运维服务。

学校作为发起单位之一，策划成立了广州市轨道交通产业技术创新联盟，搭建了产学研协同创新平台。整合行业企业资源，建立轨道交通孵化器和创新创业平台，加快培育轨道交通系统装备安全与智能技术实验室、轨道交通大数据实验室和轨道交通产业技术研究

★ 广州铁职院地铁调度模拟仿真系统的讲解和操作课程

院，支持集成研发、系统测试和成果转移转化，可以为广东省乃至全国轨道交通产业发展提供全链条的人才供给和技术支撑。

当前，中国正大力发展高铁、城际和城市轨道网络建设，也正飞速进入“高铁时代”。作为广东乃至全国重点打造的轨道交通领域专业技术技能人才培养“摇篮”，广州铁职院已成为广州、深圳、福州、厦门、长沙等多个城市地铁公司的人才定向输送学校，并与全国18个铁路局中的80%建立了人才输送长效机制，为轨道交通事业注入源源不断的人才“活水”。

## 谈发展规划
## 助力中国高铁海外事业

南方日报：“十三五”时期，广州铁职院有何发展规划？

雷忠良：这将是我国职业教育发展的黄金期、转型期、关键期和机遇期。学院将着力从以下几个方面努力，科学谋划。

首先是科学定位，按照依托行业、立足广州、服务广东、面向全国的区域定位，以高职专科教育为主，同时联手本科院校积极发展本科职业教育，建设轨道交通特色鲜明、国内一流、行业领先的国家优质高职院校。要进一步优化专业结构，通过撤、并、改、增等举措，形成高度契合产业、集约建设、轨道交通特色鲜明的专业体系。要着力强化科研与社会服务能力，培育协同创新团队，提升科研牵引力，全面提升学院应用技术研发能力和社会服务水平。

其次是继续提高优质实训条件，按照轨道交通产业链职业能力培养要求，结合新校区建设规划，建成集“产、学、研、培”功能于一体的“广州轨道交通开放性公共技能实训基地”，学院实训条件整体实力达到华南地区领先、全国轨道交通类高职院校一流水平。

最后要进一步拓展国际交流与合作，紧密对接国家“一带一路”和高铁“走出去”战略，通过建设国际合作学院等举措，加强与欧洲、东盟等国家和地区的职业教育合作力度。

## 【职校淘宝】

### “订单培养”服务泛珠三角地区运输经济

“目前我们轨道交通学院‘订单培养’人才比率超过80%，毕业生近3年的就业率高达99.5%以上，”谈起学院人才建设和发展成就，学校轨道交

★ 广州铁职院地铁模拟驾驶中心

通学院院长王亚妮如数家珍，“我们早在1994年就为广州地铁开设了首个订单班，开学校‘订单培养’人才先河。”

轨道交通学院是广州铁职院“最牛”的二级学院。王亚妮介绍，随着中国逐步迈入高铁（地铁）时代，学院在原有铁道供电技术、城市轨道交通车辆技术等专业基础上，还新设了动车组检修技术、铁道信号自动控制、铁道工程技术等专业，培养了大批面向现代化的轨道交通人才。“学院每年为广州地铁、深圳地铁、福州地铁、厦门地铁、长沙地铁等轨道交通类企业进行人才‘输血’，毕业生上手快，深受企业喜爱，广州地铁的首席司机、广铁集团首席动车检修技师均为我校毕业生。”王亚妮说。

运输物流管理学院在特色实训室共建共享方面颇有成效。该院院长朱宛平说：“我们协同广铁集团、广州地铁等企业建成了国内领先的轨道交通运营管理专业中央财政支持实训基地。基地在满足本校学生专业技能培养的同时，面向东莞职业技术学院、福州职业技术学院等省内外十余所院校和福州地铁、佛山铁投等企业开展技能培训及职业资格考证等，近五年共培训1200余人次。”学院接纳了华南理工大学、东莞职业技术学院等学校1254名学生到校实训，充分发挥了国家骨干院校重点建设专业实训基地共建共享的辐射作用。

同时，学院协助福州职业技术学院、贵阳职业技术学院等院校成功申办城市轨道交通运营管理专业并指导专业建设；完成了对广州交通职业学校、广州国防职工学校的专业建设规范及中高职衔接人才培养方案的指导工作；两年面向全国同类院校培训运营专业教师96名，解决了相关院校专业发展缺专业教师、人才培养方案针对性不强等问题。为福州地铁、佛山铁投开办了一年制站务岗位新员工培训班。

## 筑巢引凤提升教师服务产业能力

高职学院普遍存在人才引进难的问题。广州铁职院在修炼“内功”上狠下功夫，注重从学校内部发掘和培育优秀人才。李助军便是获益者之一。2009年从华南理工大学博士毕业后，李助军很快从一名青年教师成长为教学骨干，现任机械与电子学院副院长。

“学院为年轻博士提供了非常好的科研平台，在骨干校建设期间建设了31个工作室，每年划拨专项运行经费”，李助军说，在创新强校期间，学校对工作室进行“升级换代”，选拔建设了一批研究所、技术中心，“我们团队2014年获批成立校级轨道交通研究所，学校二期共支持研究所375万元硬件建设经费，3年内每年还补助5万元运行经费”。

良好的科研平台促进了年轻博士们的快速成长。李助军本人在科研上受到了第二批广州市属高校“羊城学者”科研骨干项目和广东省优秀青年教师项目立项资助，团队被评为第二批广州市教育系统科研创新学术团队。目前，团队中有4名青年教师陆续评上副教授，多人被选为广东省千百十校级培养对象。

李助军认为科研平台对提升教师服务产业，深化校企合作意义重大，“比如我们和广州电力机车有限公司一直有比较好的项目合作关系，后来，双方共同申报了电力机车维修技术产学研基地，项目受到了广州市教育局立项”。

“学院为年轻博士提供了非常好的科研平台，在骨干校建设期间建设了31个工作室，每年划拨专项运行经费”，李助军说，在创新强校期间，学校对工作室进行“升级换代”，选拔建设了一批研究所、技术中心，“我们团队2014年获批成立校级轨道交通研究所，学校二期共支持研究所375万元硬件建设经费，3年内每年还补助5万元运行经费”。

## 【校友故事】

### 80后“动车医生”：为动车组“把脉问诊”

“一列动车组最高行驶4000公里或48小时没有运行，就需要对车顶高压、牵引制动、辅助供电等系统进行全方位‘体检’和‘治疗’，保证最安全状态。”广州铁职院2009届毕业生赖泽团如是说。

80后小伙子赖泽团是广铁集团“订单培养”人才之一，毕业后，他进入广州铁路集团公司广州动车段，并很快成长为一名出色的“动车医生”。

“动车医生”听起来很酷，当起来很苦。赖泽团说，日常检修使用的工具和零部件，如同医生手中的医疗器械一样精确，每一个螺栓都是有编号的，“检测和维护一样都马虎不得，差之毫厘谬之千里，幸亏当时学校订单班能够提早进企业顶岗实习，基础打得比较牢”。

赖泽团还不忘将在学校学到的专业技能带到班组，主动请缨成为广州动车段兼职教师，负责为新员工进行业务培训。几年下来，通过传、帮、带的方式，他带出了一批徒弟，大部分成为班组技术骨干。

如今，赖泽团已快速成为广州铁路（集团）公司首席技师，并被铁道部授予象征行业最高荣誉的“火车头奖章”。

据统计，近4年来，广州铁职院已为广铁集团、广州地铁、深圳地铁等单位培养“动车医生”超一千人，打造了学校的金字招牌。

## 【招生看点】

广州铁职院是广东省唯一一所培养轨道交通、铁路等特有专业人才的全日制普通高职院校。2016年2月正式成为“国家骨干高职院校”。学院下设轨道交通学院、机械与电子学院、运输物流管理学院等9个教学系部，并开设城市轨道交通车辆技术、铁道供电技术、城市轨道交通运营管理等31个专业。2016年招生总计划3160人，其中普高统招1857人（含外省计划），自主招生1063人，三二分段240人。

### 看点1：初次就业率99%以上

近3年来，学院毕业生的初次就业率均在99%以上。“订单培养”占学生总数的70%以上，就业呈现就业率高、专业对口率高、订单比例高、订单班组建早、毕业生经济收入高、稳定性高、毕业生满意度高的“六高一早”特点。

### 看点2：243个工种技能鉴定

广州铁职院设有国家职业技能鉴定所和铁路特有工种职业技能鉴定站，可提供243个工种证书的初中高级职业技能培训、技能鉴定。每年为地铁、国铁及相关行业企业开展岗位培训、技能鉴定与考证等培训超万人次，成为中国南部重要的应用型轨道交通人才培训基地。

## 看点3：“工学结合示范园”

为深化“产教一体，寓学于工”的人才培养模式改革与实践，在广州市政府、花都区政府的大力支持下，广州铁职院和企业联手在花都区共建了“工学结合示范园”。

“工学结合示范园”对接机械、电子类专业引进8家相关企业，校企投入设备总值3800多万元；合作开展研究10项；合作开发新产品3项；为花都区开展高新技术培训1000多人次；生产零件300余种5万多件；产值近亿元。

（文/祁雷　图/郭智军，发表于《南方日报》2016年6月27日）

广州铁职院是广东省唯一一所培养轨道交通、铁路等特有专业人才的全日制普通高职院校。2016年2月正式成为“国家骨干高职院校”。学院下设轨道交通学院、机械与电子学院、运输物流管理学院等9个教学系部，并开设城市轨道交通车辆技术、铁道供电技术、城市轨道交通运营管理等31个专业。

★广东工贸职业技术学院白云校区

# 广东工贸职业技术学院：踏准产业“拍点” 精育巧匠推创新

2016年6月中旬的一天，广东工贸职业技术学院（以下简称“广东工贸职院”）院长汤才带领学院的一批干部、老师，从北京回到火辣辣的广州。经历了为期一周在北京大学的脱产学习，老师们纷纷表示获益良多。

他们去学什么？汤才拿出了课表——创新创业理念培育、教学方法培训……满满的课程。“要教书育人，育人者得先接受教育，尤其是在如今创新驱动的大背景下，得好好‘充电’，才能更好跟上时代发展步伐。”

广东工贸职院是一所老职院了，建校已将近一甲子，为广东先进制造业、高技术产业、现代服务业和基础设施建设行业输送了大量人才。其测绘遥感信息工程系工程测量技术和机械工程系模具设计与制造、数控技术等一批“王牌专业”培养出的能工巧匠，年年被用人单位“疯抢”。2015年12月底，学院通过了广东省级示范性高职院校建设的验收。

如今，广东正全面实施创新驱动发展战略。在新的历史起点，老职院广东工贸职院如何突围？如何把握广东创建一流高职院校的契机，踏准“拍点”，助推广东产业转型升级？

A10 时局 观察

“甲子”职院广东工贸如何突围

踏准产业“拍点” 精育巧匠推创新

## 面对面

### 求变
### 紧盯产业设置专业　测绘课用上无人机

南方日报：广东工贸职院创办于1957年，是老职院了。但我们留意到，和轻工、铁路、航空等有明确行业背景支撑的职院相比，广东工贸职院似乎有些特殊，没有明确的行业“靠山”？

汤才：的确。过去我们的主管部门是原中国有色金属工业总公司，后因体制改革，学校转为普通省属高职院校。当时的情况是，学校缺乏行业背景支撑，办学基础薄弱，资金也跟不上，培养人才的规模、结构、质量都比较难适应经济社会发展需要，学院发展面临巨大瓶颈。

南方日报：在这么难的情况下，学校的路是怎么闯出来的？

汤才：我2010年到学校，正好迎来学校制定“十二五”规划，我们深知要改变现状，必须下决心“求变”。领导班子及时把握我国高等职业教育的发展方向，按照国家高职教育建设的要求，制定了“一条主线，两个中心”的发展思路，即“求发展、抓质量、创特色”的“一条主线”，狠抓“白云校区建设和内涵提升”两个中心，即进行白云校区的建设，以规模扩大为导向的外延发展，建设广东省示范性高职，以质量提升为导向的内涵建设。

南方日报：五年转眼就过去。相比起“蜗居”在广州大道北的老校区，新校区又大又美。

汤才：如今，新校区建设初具规模，这是外延上的发展。我们更关注的是内涵。数据是最好的说明：2010年我们的在校生是5003人，2015年增长到

★ 学生在进行测绘实训

15,008人；近3年毕业生总体就业率保持在99%以上，社会认可度也比较高。可见，在扩大规模的同时，办学质量也保住了。

2012年，我们被确定为省级示范性高职院校建设单位，2015年顺利完成了项目建设并通过验收。其间，我们探索出一条以职教集团、校政企平台双轮驱动，通过校企合作建设产业园模式，促进校企深度融合，培养高素质人才的特色办学之路。

南方日报：您提到了就业率，学校是“年年红火”。这是怎么做到的？

汤才：就业自然和人才培养质量以及专业设置息息相关。高职院校的使命之一是为广东各行各业输送技术技能型人才。考虑到广东产业升级、创新发展需要大量工科人才，我们制定了“以工为主，工贸结合，突出重点，打造品牌”的专业发展策略。专业建设重心和资金投入瞄准了测绘类、制造类和电子信息类等工科专业群。

专业设置上，我们也紧盯产业需求，与时俱进，踏准了“拍点”，优化调整专业结构。工程测量技术专业是我们的“王牌专业”，随着测量手段不断更新、优化，教学手段也随之变化，学生实习已经用上无人机航拍；模具设计与制造同样是老牌专业，为适应新形势，满足新需求，我们及时引入了3D打印技术、激光加工技术等。随着互联网应用的普及，我们还专门开设了物联网专业，适应新发展。

## 巧育
## 请企业在校园“安家”　学习实践一举两得

南方日报：很多职院都提到校企合作。在这方面，广东工贸职院很有特色，如在规划、建设白云新校区时，还将企业请到校园内“安家”？

汤才：没错。我们专门划设了100亩土地为校企合作主体产业园区。一方面，是因为我们没有行业“靠山”，得自己找“靠山”；另一方面，也是我们在人才培养模式上的创新和探索。

南方日报：这个产业园区如何运作？

汤才：我们专门成立了产业园发展公司，负责“校企合作产业园”的规划、建设、引进企业、管理等工作。我们充分尊重市场规律，利用产业园的土地、建筑物、冠名权，学院也积极发挥专业技术、品牌等资源和无形资产的优势，和入园企业深度合作，积极引进企业的先进生产设备、产品、资金、生产线、技术能手、管理方式等，并将此用于教学、实训、生产。这样，学院和企业互惠互利，共同发展。

南方日报：效果怎样？

汤才：效果很显著。如今，我们已引进了17家企业共建工作室、实训基地、创业孵化基地。以“校企合作产业园”为主要依托的广东工贸职业教育集团和“校政企”三方联动合作平台，已经越来越强大，加盟单位达110个。基于此，教学、生产、服务、竞赛等功能都一并实现了，成为名副其实的人才培养和社会服务基地。

我们将这种方式称为“多元主体”集团化办学。学生不仅能在课堂学习，还能在企业或工作室实践锻炼，学习实习一举两得。专业和产业无缝对接，培养出的学生必然受到企业青睐；根据企业需求，适时调整人才培养方案，企业和学校之间的产教融合趋于高度一体。像工程测量技术专业，学校与广东融讯信息科技有限公司、广州市城市规划勘测设计研究院等职教集团成员单位合作开展了“教学与工程项目交叉融合”实践，形成了校企“主体交叉，过程融合，师资互通”的“双元育人”特色人才培养机制。

★ 广东工贸职业技术学院院长汤才

## 创新
## 工匠懂创新　创业知风险

南方日报：广东正大力推进实施创新驱动发展战略。在您看来，广东工贸职院可以有哪些作为？

汤才：我们首先需要明确的是，高职院校和本科院校层次不同，发力点也不同。我们会做力所能及的事，服务广东创新。如花更大的精力培育“能工巧匠”。他们不是只会在流水线按部就班工作的普通工人，而是有创新观念的技术技能人才，有本事进行流程优化，从而解放人力，提高效率。

南方日报：如何理解有创新观念的技术技能人才？

汤才：举个例子，在数控加工过程中，一般需要组合几台机床，按流程对工件进行完整加工。但我们的学生不满足这种传统低效的老办法。他们通过技术革新，实现在同一机床上完成几道工序，大大提高了效率。总之，我们培养的人才既具有创新精神，又具有工匠精神，是懂创新的工匠。

**南方日报：创新和创业总是分不开的。学校创业的学生多吗？老师如何引导他们？**

汤才：先用数据说话。据麦可思公司的数据显示，我们学院2014届毕业生“自主创业比例”从过去不到1%上升到3.4%。这些年，我们大力建设“创业实践孵化基地”，为学生创业实践提供真实的校内实践平台，3年来已有1000多名学生进入基地进行锻炼。我们还与广州茂名商会、广东万讯网合作开展社区孵化项目，引入项目资金300万元扶持100个学生创业团队，成为团省委高校共青团“青创空间”孵化中心示范点。

6月7日，由政府、高校、行业、企业四方合力构建的大学生创业孵化基地——万讯创新创业学院在我院成立，将打造一个适合大学生创新创业的实体，为大学生创业提供有力支持。同日，广东工贸万讯创客城也在我院白云校区举行了奠基仪式。万讯创客城是一个综合社交空间及创业、创新的服务平台，为大学生创客创业提供了一个从学校走入社会的最有利的过渡性平台。

当然，像“模拟市场”、创新大赛更是不可少的。其间，我们还非常注重风险教育，因此不仅创业的学生多，创业成功的也不少。

**南方日报：省教育厅提出广东将重点建设一批一流高职院校，您觉得对广东工贸职院而言，是怎样的机遇？**

汤才：有一点很明确，我们要积极争取，找准定位，突出特色，更要沉住气，始终记住内涵建设是第一位的。

服务广东的转型升级和创新发展是我们的宗旨之一。我们将进一步优化专业布局，突出重点，努力打造品牌专业。在“十三五”规划中，学院提出了“一主两翼”这一专业布局，也就是以测绘地理与信息技术专业群为主体，智能制造专业群、商务服务专业群为两翼，形成省内领先、国内有影响的高水平优势专业群和特色专业群。

★ 在广东工贸职业技术学院白云校区教学楼外，学生在进行无人机实训

办学每一步都得走踏实。到2020年，我们保持总体规模稳定，专业结构进一步优化与调整，重点专业地位得到巩固，品牌专业的社会辐射力显著提高。

## 【职校淘宝】

### 学生抢手　测绘系学生“一个萝卜五个坑”

制作地图、不动产登记、高铁建设……通通需要测绘技术，离不开测绘人才。测绘类专业正是广东工贸职院的一个特色专业群，已有43年历史。

也许您并不十分清楚测绘是做什么的。实际上，测绘分为海洋测量、大地测量、地籍测量等。以地籍测量为例，若进行不动产登记，就须给土地做全方位测量，给它一个“身份证”。这么做最直观的是，能告诉你这堵墙是你家的还是他家的。

“广东是测绘需求大省。全省有600多家测绘企业，400多家和我们学院有合作关系，100多家和我们关系非常紧密。”测绘遥感信息工程系党总支书记兼主任速云中，说起这一“王牌专业”如数家珍。

学测绘的学生如此受欢迎，与该专业和企业的深度合作密切相关。速云中介绍，测绘遥感信息工程系与企业有十几种合作模式，但无论哪种都有一个核心——让学生在做中学、学中做，这样一出校门，就能上手。

“三年学习，在学校和企业的时间是一半一半。”速云中特别强调，学生在企业时并非“放羊”，“我们和企业导师共同制订了培训计划，明确学生的学习内容，结束了一项项‘验收’”。

刚开始送学生实习时，速云中还需要找门路、托关系。如今送了好几届学生过去，院系已和企业建立了深深的信任。

“每学期他们会到不同单位实习，到要毕业时他们都会来问我：‘老师，有五个单位，我选哪个？’”速云中举了测绘地理信息专业的例子，“225个学生明年7月毕业，如今已有近千个大单位岗位待填。提前一年来预订都未必能抢到，可谓‘一个萝卜五个坑’。”

### 活动丰富　社团走出多位“最强大脑”

广东工贸职院里有着上百个五花八门的学生社团，其中，有一个社团非常特别，曾先后走出过多位世界记忆大师，包括世界脑力锦标赛金牌得主刘平、“最强大脑”节目选手黄胜华，都曾经是天马记忆协会的成员。

天马记忆协会成立于2005年，在校园里推广世界先进的记忆与思维方式，还经常举办沙龙、交流会分享各自的学习经验与记忆技巧，并指导应用到学习实践中，从而达到轻松记忆。

服务广东的转型升级和创新发展是我们的宗旨之一。我们将进一步优化专业布局，突出重点，努力打造品牌专业。在“十三五”规划中，学院提出了“一主两翼”这一专业布局，也就是以测绘地理与信息技术专业群为主体，智能制造专业群、商务服务专业群为两翼，形成省内领先、国内有影响的高水平优势专业群和特色专业群。

2007年毕业于机电一体化专业的刘平是协会的第一批会员。在这里，刘平接触到了国外脑力训练的方法和理论，受到“谐音想象记忆”方法启发，他开始迷上了记忆。短短一年，刘平从一位“记忆白痴”变成了“速记奇人”。

他曾用了7小时把《道德经》的5000多字全部记下并倒背如流，还先后获得多项国际记忆竞赛冠军。在2008年世界脑力锦标赛上，刘平以39.9秒记住52张扑克牌，获得快速记忆扑克金牌。

刘平在校期间还曾担任天马记忆协会的副会长，为学生提供脑力训练的指导，提高他们的记忆能力、学习能力。“我觉得这是学校进行素质教育的体现。学校很支持，为我们创造了条件，让兴趣真正落地”。

2008年，刘平与协会创始人、同时身为世界记忆冠军的陈育娟共同创办了一家全脑潜能特训机构——学尔思教育，踏上创业征程，近年来公司年营业额约2000万元。

## 【校友故事】

### 从优秀工匠到工匠导师

张炼兵是广东工贸职院2006届数控技术与加工专业的毕业生。在校期间，他得过第二届全国数控技能大赛决赛第三名，是学院著名的国赛获奖者。

毕业后，张炼兵在广东省机械技师学院任教。他很快就指导学生走向了更大的技能竞赛舞台，让他们先后于2013年、2015年，为中国队在世界技能大赛中夺得第四名和第三名的好成绩。

从一个优秀的技术人才晋升成为优秀的导师，这是张炼兵的成长。这一切与他2005年参加广东工贸职院的数控比赛息息相关。

当年，在校内比赛中拔得头筹后，张炼兵加入了学院的专门集训班。其间除正常上课，他一有时间就苦练技能，“钉”在实验室琢磨机床加工技巧。带队老师的要求十分严格，他们的负责耐心给张炼兵留下了深刻印象。“一位老师不小心跌伤了腿，为不耽误我们的进度，仍然坚持指导我们训练，让人敬佩。”

在老师的认真指导和刻苦练习下，张炼兵在全国大赛上崭露头角，成为一名优秀的工匠。任教后，他毫无保留地将自己丰富的技能实践经验传授给学生，让他们在世界舞台大放异彩。

“成为优秀技术人才很不容易，要全情投入才能慢慢成长。”张炼兵回忆起自己的“进阶”路，认为正是广东工贸职院教会他磨炼技能要吃得了苦，做事有始有终。他也将这种理念传授给学生，让精益求精的“工匠精神”传承下去。

## 【招生看点】

### 41专业向全国15省（市）招生

2016年，广东工贸职院41个专业面向全国15个省（市）计划招生，招生计划总数为5530人，其中文科计划1683人、理科计划2687人、自主招生1160人。现有工程测量技术为国家级品牌专业，测绘地理信息技术、电子商务专业以及电气自动化技术为省级品牌专业。其他亮点专业还包括计算机信息管理（信息安全）专业、模具设计与制造专业、数控技术专业、汽车电子技术专业、市场营销专业、机电一体化技术专业。

### 探索高职与本科衔接

2016年，广东工贸职院模具设计与制造专业与肇庆学院联合开展三二分段专升本应用型人才培养试点项目。在学院完成三年高职学段学习之后通过转段选拔考核的学生，进入肇庆学院机械设计制造及其自动化专业学习两年，毕业后可获得肇庆学院普通本科毕业证书和学位证书。商务英语专业与广东第二师范学院共同培养应用型本科人才。

### 学生可到境外实习

学院走国际化办学道路，探索学历教育、课程嵌入、学分互认、境外实习、互访交流等多种形式的国际交流与合作，先后与新加坡特许科技学院、中国台湾龙华科技大学、澳大利亚Bendigo TAFE、美国Mercy College商学院、澳大利亚Phoenix Academy等多所大学进行了合作办学，学生在校期间有机会进行短期国际与地区之间的学习交流。

（文/曹斯　余丽颖　粤工贸院宣　图/刘力勤　李繁，发表于《南方日报》2016年6月28日）

学院走国际化办学道路，探索学历教育、课程嵌入、学分互认、海外实习、互访交流等多种形式的国际交流与合作，先后与新加坡特许科技学院、中国台湾龙华科技大学、澳大利亚Bendigo TAFE、美国Mercy College商学院、澳大利亚Phoenix Academy等多所大学进行了合作办学，学生在校期间有机会进行短期国际与地区之间的学习交流。

★被企业天然“包围”的中山火炬职院

# 中山火炬职业技术学院：“院园融合”打造区域转型升级新引擎

这是一所源于区域经济产业转型升级发展需求、脱胎于国家“火炬计划”高技术产业的高职院校，2004年建校，如今一跃成为全国示范性（骨干）高职院校；学院一“出生”就被中山火炬高技术产业开发区八大国家级产业基地的1000多家企业天然簇拥，形成了“校中厂”“厂中校”高度融合的“园区大学”特色；过去12年，她不断刷新高职院校发展纪录，谱写了高职教育“院园融合”的传奇。

她就是中山火炬职业技术学院。与很多办学历史较长的高职院校相比，中山火炬职院只有十几年办学历史，她凭借什么核心竞争力跻身中国高职教育“第一方阵”？在服务全省创新驱动发展战略、推动区域经济转型升级方面，这所年轻的高职院校又有何独特的优势？

笔者独家采访了中山火炬职业技术学院院长王春旭，探秘中国目前最年轻骨干高职院校的创新活力。

A10 时局观察

中国最年轻国家示范性高职院校中山火炬职院再闯新路

“院园融合”打造区域转型升级新引擎

## 面对面

### 谈优势特色
### 学院园区高度融合　助推产业转型升级

南方日报：与其他高职院校相比，中山火炬职院有哪些不同？

王春旭：中山火炬职院是全国最年轻的国家示范性（骨干）高职院校，学院最大的特色在于“她是一所源于区域经济产业转型升级发展需求、从开发区走出来的职业院校”。

作为首批国家“火炬计划”高技术产业开发区，中山火炬高技术产业开发区在经历13年的初期发展后，迎来快速转型升级。产业转型对人才的需求，催生了中山火炬职院。因此，学院脱胎于国家“火炬计划”的高技术产业，多元的产业集群成为学校发展“母体”。

与其他院校不同，中山火炬职院走的是“院（学院）园（园区）融合”发展路径。专业设置完全对接园区产业布局，合作企业遍布两区（火炬开发区、翠亨新区）的产业园，被八大国家级产业基地的1000多家企业天然簇拥，是一所没有“围墙”的大学，也是省内唯一一所以“园区模式”办学的高职院校。

南方日报：学院在全国示范性高职院校中最年轻，推出过哪些改革举措？目前有何成效？

王春旭：独特的“院园融合”办学模式，使得学院在管理体制和运行机制上与企业建立了牢固的利益链，为推进产教融合、校企合作的可持续发展提供了不竭的动力源泉。

在管理体制上，学院在建校之初就成立了“政、校、企”三方参与的董事会。火炬开发区10个总公司董事长（总经理）全部成为学院董事会成员，董事会下设校企合作指导委员会、教学指导委员会、就业创业指导委员会和第三方评价委员会等4个专门委员会，与学院教学系、专业（群）对接，将“院园融合”治理架构延伸到课程建设和专业教学层面，这种顶层设计为强化人才共育提供了体制保障。

这种框架，有利于学院整合整个开发区资源，为学院提供了丰富的实训资源和扎实的技术师资资源，有力地促进了学院探索“现代学徒制”“订单班”等产教深度融合的人才共育模式。学院在这个基础上，还在全国高职院校中率先建立了“生产实训校区”，形成了融生产、教学、研发、实训、培训和技能鉴定于一体的高职教育生态系统。

“院园融合”发展，探索出一条不完全依靠财政投入，又有效破解实习实训资源瓶颈的新路子，将办学空间扩展到“两区”的工业园区，同时支撑了园区产业的转型升级。各教学系与各大总（集团）公司的技术中心也建立了更为密切的合作关系，在人才培养、技术服务层面与园区八大国家级产业基地建立了互动机制，学院成为一所没有“围墙”的“园区大学”。

## 谈专业建设

## 专业设置紧密对接产业链　培养引领产业转型骨干人才

南方日报：在与园区高度融合的基础之上，学院的专业建设有哪些特色？

王春旭：高等职业院校必须遵循社会需要什么人才，就培养什么人才的办学方向，同时也要考虑地缘性问题，重点对接和服务好地方的优质企业和支柱产业。

中山火炬职院在“院园融合”体制下，能够快速反应对接市场，结合火炬开发区八大国家级产业基地需要，“什么产业落后就淘汰什么专业，哪个支柱产业需要人才配备就增设相应专业”，以此来调整优化专业设置，培养紧缺技术技能人才，服务区域经济转型升级。

## 谈创新驱动

## 十大领域主动对接服务区域经济转型

南方日报：在服务全省创新驱动发展战略中，中山火炬职院有哪些优势可为？

王春旭：广东高职院校的技术应用转化和服务能力正在不断提升，已成为服务广东创新驱动发展战略、推动区域经济转型升级的一股重要力量。广东创新驱动发展战略也在不断倒逼高职教育加快转变：一是要求高职教育从“以人才培养为主”向“人才培养和技术研发服务并重”转变；二是促使高职教育从“以学校教育为主”向“学校教育和社会服务并举”转变；三是引导高职教育从“传统职业教育”向“现代职业教育”转变。可以说，高职院校在创新驱动发展战略的主战场上，是大有可为的。

中山火炬职院将通过持续强化产、教十大领域的对接来推动区域经济转型、促进创新驱动发展。这“十个对接”最终都是以社会、产业需要为落脚点，包括发展规划对接经济发展战略、专业设置对接产业优化升级、人才培养规格对接企业需求口径、技术技能人才链对接行业企业岗位链、教学内容对接岗位任务要求、教学实施空间对接企业生产车间、兼职兼课教师对接企业技术骨干、师生工作室对接行业企业技术研发、继续教育活动对接全民修身行动、校园文化建设对接企业文化。这些也是学院目前正在推进的创新实践与探索。

★ 中山火炬职业技术学院院长王春旭

## 谈发展规划

## 创建一流高职院校　培育“智造工程师”

南方日报：省里近期将重点建设一批一流高职院校，学院在创建一流高职方面有何计划？

王春旭：作为目前全国最年轻的国家示范性（骨干）高职院校，中山火炬职院已进入全国高职院校“第一梯队”，并以鲜明的“院园融合”特色驰名于全国同类院校。学院有基础、有优势、有条件、有信心创建一流高职院校。

接下来，学院将进一步做实“院园融合”这一特色内涵，按照“产教融合、校企合作、工学结合、知行合一”的现代职业教育发展的总要求，聚合园区教育教学资源，构建协同育人平台，打造应用技术研发载体。

2016年，学院将调整、整合学院各系，构建院内二级学院。现已着手翠亨分院建设，并计划在园区的五家上市公司各自的企业内建立企业冠名学院和应用技术研发中心。

学院下一步将以建设省一流高职院校为新的基石，向应用技术大学迈进，建设应用技术大学，希望建成“中山工程师学院”。

## 【职校淘宝】

### 探索股份共建　首创“生产实训校区”

中山火炬职业技术学院被誉为“园区大学”可谓名副其实。学院被中山火炬高技术产业开发区1000多家企业天然包围，这为学院提供了丰富的实习实训资源。在天然的产教融合基础优势下，学院利用工业开发总公司、中炬高新的厂房物业，火炬区、学院、工业开发总公司、中炬高新四方共建“生产实训校区”，构建了融生产、教学、研发、实训、培训和技能鉴定于一体的高职教育生态系统。

中山火炬职院“生产实训校区”，是全省高职院校推进产教融合的又一创新实践，探索出了“多形式参股”的实训基地建设的新模式。

一方面以物业和场地入股方式共建“生产实训校区”。工业开发总公司以200亩的工业用地、超过10万平方米的物业，共建生产性实训校区。学院投入启动资金和管理，通

★学生在测试由导师指导、他们自行设计和制作的自动循迹校园导游小车

过招商引企，引进与学院专业对口的企业。一方面以资金和设备入股共建“生产实训校区”。入驻企业投入启动资金和生产运营资金与设备。学院购买必要的检测设备，以降低场地租金等方式引企入股。共计引进企业34家，入驻企业投入总值达8152万元的设备以及605万元建设资金。另外，还通过以红利股权方式共建“生产实训校区”。学院以厂房租金、人力资源、部分启动资金（生产性设备）入股，与华南理工大学、中山市装备制造业科技研究中心，成立广东正德材料表面科技有限公司，学院拥有公司10%的红利股权。

在该“生产实训校区”，入驻企业不仅场地租赁费用低于市场价格的30%，生产用电以教育用电收费标准收取，而且能够得到学院一批高层次人才和大批学生等人力资源的支持。据统计，近三年来，“生产实训校区”新增企业14家，实习实训岗位增至1504个，实训校区企业的年产值由2011年的3亿元，增长至2015年的6.48亿元。此举不仅为财政节约了巨额的资金投入，还盘活了部分闲置的国有资产，同时在高职教育的实践层面也建成了融生产、教学、研发、实训、培训和技能鉴定于一体的生产性实训基地。

## 校企深度合作　培育包装印刷行业骨干

包装印刷系与中国包装印刷（中山）基地的50多家企业紧密合作，共同开展包印行业技术骨干培养。其中，与中山中荣公司的合作涉及11个方面，实现了深度合作。

由于校企协同培养、合作育人，学生的动手能力都很强，一毕业就能上岗，并在短时间内实现能力、待遇、岗位的同步提升。

中山火炬职院包装印刷系印刷技术教研室主任陈海生副教授介绍，印刷技术专业2015年的毕业生100%就业，对口就业率达84.6%，平均起薪为3300元/月；往届毕业生工作2—3年后，平均收入提升到5000元/月，相当一部分毕业生的月薪超过10,000元。“他们正通过自己的努力，快速成长为高端技能型人才。”

陈海生所说的包装印刷行业的高端技能人才，通常要求他们在两大专业领域各有所长。一是生产技术型的高端人才，既会熟练操作生产机器设备，也会快速解决生产过程中的操作、工艺、质量等技术难题；二是工艺技术型的高端人才，除了熟悉机器设备的操作原理、材料的应用、生产的流程之外，还要拥有工艺开发和设计等方面的研究能力。

因此，在包装印刷行业中，要成为一名高端技能人才，必须经过生

中山火炬职业技术学院被誉为“园区大学”可谓名副其实。学院被中山火炬高技术产业开发区1000多家企业天然包围，这为学院提供了丰富的实习实训资源。在天然的产教融合基础优势下，学院利用工业开发总公司、中炬高新的厂房物业，火炬区、学院、工业开发总公司、中炬高新四方共建“生产实训校区”，构建了融生产、教学、研发、实训、培训和技能鉴定于一体的高职教育生态系统。

产一线的历练，熟悉了生产流程、技术，拥有了一定的经验，才能逐步发展成为拥有生产、技术、基层管理等能力的复合型人才。

学院党委书记林艳芬介绍，有了这样的认识，包装印刷系的教师团队常年深植教学一线、企业一线，潜移默化引导学生，让学生不仅学到知识和技能，还能不断提升自我职业理念。

与学院对口联系的东莞虎门彩印有限公司，每年都面向全国招收数十名生产技术人员。学院老师介绍，对比之下，中山火炬职院的毕业生更让他们满意。目前，已有6名中山火炬职院毕业生担任该公司生产技术和人员管理的机长职务，占该企业总机长人数的三分之一。

## 【校友故事】

### LED照亮创新创业之路

范飞，中山火炬职院2009届模具设计与制造专业的毕业生，2011年创办了朗漫照明，公司2015年年产值超过1亿元，并在国内建立起20多家省市级运营中心，产品销往世界各地。

明明学的是模具专业，为什么创业却选择LED灯饰行业？

范飞说：“在校学习的很多课程，已将创新创业意识融入其中。从毕业找工作那一刻起，用得最多的并非本专业知识，而是创新的能力和方法，很多都要在工作中重新学习。”

经过对不同行业的比较，他最终选择了LED灯饰行业，并加入一家企业做销售业务。经过几个月的努力拼搏，他在公司的个人销售业绩排名全国第一。2009年底，他回到中山，又从一线品质管理员做起。由于他在技术水平和管理能力方面的出色表现，几个月后他就晋升为公司的工程部经理。经过近两年的磨炼，他积累了自己的人脉和资本。2011年5月成功创业，并通过技术创新将过硬的产品推向市场，很快就在全国各地建立起经销渠道。目前，他的产品主要出口欧美。

## 【招生看点】

学院2016年计划招生2800人，广东省内招录2400人，省外计划招录400人。招生专业共计28个，以理工科为主，聚焦园区八大国家级产业基地、五大支柱产业、四大新兴产业，组建包装印刷、装备制造、电子工程、生物医药、现代服务、管理工程、信息工程、光电工程八个教学系，开设包装技术与设计、电气自动化技术、机械制造与自动化、精细化学品生产技术、计算机多媒体技术等专业。

## 九成毕业生在珠三角就业

实施“1+1+1”人才培养模式，推行“三证书”毕业制度，开展政府、学校、企业、家庭、学生“五位一体”就业模式，历届毕业生就业率均超过99%，90%的毕业生留在珠三角地区工作。企业对毕业生的满意度达90%以上。

## 提供多渠道学历提升平台

学院正加大力度推进国（境）外合作办学。学院是教育部批准的广东省18所之一、中山市唯一一所与台湾高校建立专升本关系的高职院校，毕业生可到台湾攻读两年制学士学位，在校生每年均有机会赴台进修。2016年，学院刚与美国奥罗尔罗伯茨大学签约开展“全人教育”；并与美国的另一所大学签约，开展高端工程类人才的培养。学生走向国际的渠道将更加开阔。

另外，学院与华东理工大学、华南理工大学、广东外语外贸大学、华南农业大学等院校合作开办专升本等课程，与重庆大学合作开展研究生教育等学历课程，逐步打通层次多、覆盖广的学历教育通道。

## 实习实训平台丰富多样

学院已与1000余家企业建立实习就业合作关系，为学生提供丰富的实习实训资源，为毕业生提供优质多元的就业岗位。随着“现代学徒制”的推进和企业冠名学院的建设，实习实训空间将延伸至250平方公里的高科技园区，坐拥“深中通道”建成所带来的优质就业资源。

（文/陶达嫔　钟嘉妍　图/吴伟洪，发表于《南方日报》2016年6月29日）

实施“1+1+1”人才培养模式，推行“三证书”毕业制度，开展政府、学校、企业、家庭、学生“五位一体”就业模式，历届毕业生就业率均超过99%，90%的毕业生留在珠三角地区工作。企业对毕业生的满意度达90%以上。

★顺德职业技术学院正门

# 顺德职业技术学院：育复合技能人才 做产业升级“加速器”

李兆基、郑裕彤是它的校董；希尔顿全球高管定期飞来与它的学生面对面“聊天”；顺德本土企业家经常过来和它的学生面对面谈“创业经”。

不仅校董、老师“牛”，这里的学生也有闯劲：省级以上技能大赛获奖数量约占全省高职院校获奖总数的1/3；近三年毕业生进入碧桂园、美的、希尔顿、友邦等世界500强、中国500强企业近600人；还有，一场小小的校园毕业设计展也能成为风靡中国家具行业的聚“才”盆。

它就是顺德职业技术学院（以下简称“顺德职院”）。因为它的专业品牌影响力，大学生刘丹放弃本科重新高考来到这里。顺德职院为何能够闯出高职教育改革的一片新天地？

2016年6月，笔者独家专访顺德职院院长夏伟，解码高职“牛校”的改革密码和创新活力。

A08 时局 观察

一流高职 创新发展

本科生为何重新高考读高职？探访顺德职业技术学院“牛校”密码

育复合技能人才 做产业升级“加速器”

本科生重新高考读顺德职院

## 面对面

### 谈改革特色

### 抱团共建本土大学　改革基因“一脉相承”

*南方日报：在您看来，顺德职院走在全国高职院校发展前列的优势有哪些？*

夏伟：顺德职院是唯一一所由当地政府牵头主办的区域本土高校。顺德职院的建成及其快速发展，与顺德人开拓有为、情系桑梓，向来有捐资助学的传统密不可分。学院在成立之初，顺德百万人为学院建设筹款3亿多元，此后在学院建设发展各个时期，都得到了顺德政府的大力支持和海内外乡亲的慷慨捐献。海外乡亲不仅捐资建校，还为学院提供了各种丰富的办学资源，甚至提供条件让学生享受对接世界最先进的教育资源。

除了特殊的地缘与民俗，办学体制灵活是顺德职院改革创新的最大优势。顺德职院建立之初就探索建立了以政府办学为主体，企业、社会各界参与的多元办学新体制。此后不断完善深化，逐步形成“地方政府、行业企业、社会各界以及学院师生代表共同参与学院重大决策，支持学院办学的长效机制”的董事会制度，并明确实行“党委领导、董事会决策、校长负责、教授治学、民主管理”的治理结构。

*南方日报：独特的办学体制，为办学带来哪些灵活性？*

夏伟：顺德职院通过体制创新，实现了从过去单纯由政府管理走向由政府、学院和社会协同治理的现代大学管理模式。这样的体制创新让学院管理能够打破以往高职院校完全受制于传统行政管理模式的制约，实现更大的办学自主权，在各项改革发展中能够突破沉疴、取得快速发展，如在改革创新、人才引进、激励机制等方面都有很大自主权。

以薪酬分配制度为例，只要符合政府生均费用管理办法，绩效激励可以由学院来决定，这样灵活的制度可以让学院高效率地引进人才；在机构设置方面也更具有自主设置权，这让学院与市场对接的时候能够更快速反应、快速调整对接市场所需。

## 谈发展优势
## 能做大科研可全英文教学

南方日报：经历一系列改革，学院形成了哪些独有的发展理念？

夏伟：工业4.0背景下的产业转型升级与创新驱动发展中，如何保持高职教育特色，提高育人成效？必须重视“高”与“职”的协调发展。“高”是强调高职教育的定位、目标要高起点、高标准；“职”是要求职业教育的教学、培养要有专业性和多元适应能力。

顺德职院的人才培养定位是，培养适应区域未来发展的高素质技术技能人才，高标准服务区域经济社会发展。因此，学院对与培养人才相关的一切作用力包括专业老师、专业设置、科研平台建设等，都要求高起点、对接国际化。

目前，学院拥有高级职称的教师占专业老师总数1/3以上，学院部分专业可实现全英文教学，如酒店管理专业自2012年成立的中欧班，遴选优秀学生，实行全英文授课，教学模式与国际先进水平接轨，每年为社会培养60多位酒店管理方面卓越的技术技能人才。

学院的各类科研平台也是高起点建设。目前全院教学、科研仪器设备总值2.8亿元，拥有“广东家具工程与装备数字化技术协同创新发展中心”“广东高校热泵工程技术开发中心”等省级、市厅级科研平台，为教师提高科研水平、实现成果转化、服务地方经济社会发展提供了有力支持，也为学生提升专业技能，指导学生参加全国职业技能大赛提供了帮助。

## 谈人才培养
## “现代学徒制”不要多而需“精”

南方日报：人才培养方面，顺德职院有哪些创新做法？

夏伟：高职院校培养的人才，不仅要对接服务市场，更要有引领产业发展区域转型的能力。后者就对当前热点的“现代学徒制”等培养真正“工匠”型人才的育人方式提出了更高要求。

我认为要正确理解“现代学徒制”的内涵，它是应用型技能型人才中“精英人才”的培养模式，要高标准、小班制推动，而不是一批一批去到企业学习。如果一个师傅同时带很多人，很难培养精英。

在顺德职院的“现代学徒制”教学中，如烹饪专业会请到国家级烹饪大师和知名大厨作为导师，用名师工作室的方式带学生；再如数控专业学生，可以全流程参与到教师的科研项目中，让有经验的高水平教师带学生；在实践环节，烹饪专业的学生去到全球知名酒店有学生专门的实习“厨房”等。

*南方日报：学院在专业建设方面有哪些特点？*

夏伟：顺德职院的专业特色是紧密地与顺德区域支柱产业结合。只要是顺德支柱产业，学院都会设相应的专业匹配人才培养，而且这个专业建设会建成全国最强的专业。比如，“两家一花”是顺德传统产业，顺德职院把制冷专业建成全国龙头专业，成为国家制冷专业“盟主”，还有家具设计、智能家电、化工涂料都是学院的龙头专业。

除了这方面的主动性，学院还主动梳理区域发展的产业主次，结合产业布局动态调整专业。另外，随着顺德产业发展，学院还对产业布局超前规划，主动调整、新增专业，适应产业转型升级的需求。如新增了工业机器人专业、珠宝设计专业。

★顺德职业技术学院院长夏伟

## 谈创新驱动
## 人才培养、社会服务“双轮驱动”

*南方日报：顺德职院在服务全省创新驱动发展战略方面有哪些优势可为？*

夏伟：高职教育是创新驱动发展的重要“推动力”。当前产业发展正从劳动密集型向资金、技术性密集发展方式转型，需要大量高素质技术技能型人才。高等职业教育也和当地经济产业发展密切相关，先进的产业发展需要一流的高职院校提供人才支撑，优质的职业教育离不开发达的产业。

顺德职院将从人才培养和社会服务能力方面着手，服务创新驱动发展。在人才培养方面，将发挥高职院校的“引领”功能，不仅是培养一线技术工人，更要培养能够对接、引领产业转型需求的高素质技能人才。

在强化社会服务能力方面，一方面不断调整专业设置紧跟区域经济发展、产业热点需求，根据顺德家用电器、机械装备、家具等八大支柱产业的发展需求，学院积极与地方产业接轨共建专业，十多年来，为区域地方经济

★学生在课堂上进行发动机综合故障检测与维修实训

培养了两万多名优质毕业生，不断提升顺德人力资源结构和学历层次。

另一方面强化科研合作能力，做服务区域发展的“智囊”和创新“引擎”。以经管学院为例，依托“顺德经济社会发展研究中心”，紧紧围绕区域创新体系建设、城市转型、产业升级和改革创新过程中的热点难点问题，积极开展实证研究，为政府科学决策提供理论支持、为产业发展提供校企合作平台。截至2016年5月，主持和参与国家、省、市（区）级等纵横向课题80余项，为市、区政府相关部门及地方企业开展各类研究课题和提供咨询服务项目70多项。

## 谈发展规划
## 打造复合型技能人才培养基地

南方日报：广东将建一批一流高职院校，顺德职院有何计划？下一步有哪些总体发展规划？

夏伟：当前我国职业教育尤其是高等职业教育发展迎来历史性机遇期。借助广东省“建设一流高职院校”，服务经济社会转型升级的契机，顺德职院希望通过未来5—10年的发展，实现两个目标：一是通过创新人才培养模式和科技服务模式，成为经济社会发展急需的发展型、创新型、复合型人才培养重要基地，成为区域行业、企业在应用技术开发和服务方面不可或缺的合作伙伴。二是通过管理手段的升级和办学水平的显著提升，成为高职院校法治化、智慧化建设的引领者、国际化发展的突破者、市场化改革的开拓者，成为中国特色高职教育示范院校、中国高职教育走向国际的重要代表，成为“国内一流、国际有影响的高职院校”。

【职校淘宝】

## 校园设计展风靡业界成行业聚“才”盆

每年6月，顺德职院都会举办一场以毕业设计作品为主题的展览会。尽管是校园内的一场毕业设计作品展示会，却吸引来自包括珠三角地区以内的全国的数百家企业前来招聘，其中还有福建、浙江等省的企业。

到目前为止，顺德职院“毕业设计作品•校企合作成果联展暨珠三角设计人才供需见面会”已举办了13年。顺德职院设计学院院长姚美康介绍，现在顺德职院毕业设计作品展已成为企业争先挖掘人才的聚“才”盆，每年来参展的企业都有几百家。受此带动，设计学院学生平均就业率连续五年保持99.8%以上。

## 一场校园展引来数百家企业争先参与

2016年6月3日，顺德职院2016届毕业设计作品•校企合作成果联展暨珠三角设计人才供需见面会在学校设计学院展示中心举行。珠三角地区的300多家企业2000多人蜂拥而至。

与传统的毕业展不同，顺德职院毕业设计作品展采取的是“毕业答辩、毕业展览、人才推介、成果转化”四位一体的协同创新的设计教学模式。毕业展上，学生的毕业答辩不是采用传统的拿着设计图、用PPT进行答辩，而是要把设计方案在实训车间里直接做出实物作品，面对实物作品进行现场答辩，包括在制作过程中遇到的一些问题和想法等，以此来衡量毕业生三年的学业水平。

姚美康介绍，“有些企业在招聘时看中毕业生的设计作品或思路，会把作品版权拿回并进行市场化生产和运作，出现连人和作品‘打包’带走的现象”。

这些从毕业展上被“抢”走的人才，在毕业不久后就能够赢得高薪认可。据麦可思公司的调查数据显示，顺德职院设计学院的毕业生第一年平均月薪高于全国平均水平。

## “四位一体”协同创新培养企业受用人才

毕业展开幕式当天，一些成功创业的顺德职院校友也回来招聘，为自己的学弟学妹提供发展机会。彭若欧，家具设计与制造专业的毕业生，2011年创立深圳观致家具设计有限公司并担任公司设计总监。他说，“从这所学校

高职教育是创新驱动发展的重要“推动力”。当前产业发展正从劳动密集型向资金、技术性密集发展方式转型，需要大量高素质技术技能型人才。高等职业教育也和当地经济产业发展密切相关，先进的产业发展需要一流的高职院校提供人才支撑，优质的职业教育离不开发达的产业。

走出去就要回馈学校，帮助更多学弟学妹成长成才”。

“传帮带”的氛围，是顺德职院设计学院人才培养的重要“土方法”之一。在日常教学中，学院还会经常邀请一些杰出校友返校进行经验交流，并聘请其中一些校友作为兼职教师，以优秀师长带学弟学妹激励在校学生奋发图强。

顺德职院设计学院能够成为行业聚“才”盆，更得益于其“四位一体”协同创新的设计教学创新。从2014年开始，该院在原三位一体的毕业设计教学模式的基础上，推出了教师校企合作成果展，充分展示教师团队的社会服务能力和创新水平，形成完善“毕业答辩、毕业展览、人才推介、成果转化”四位一体设计教学模式。同时，把任教期间是否有作品通过校企合作转化为市场产品，作为考察设计类专业教师教学水平的一个重要标准。

据悉，顺德职院设计学院的“四位一体”的毕业设计教学模式，曾获教育部“教学成果二等奖”。这也是目前国内唯一以毕业展览这种形式获国家级教学成果奖的案例。

## 【校友故事】

### 本科生重新高考读顺德职院

刘丹，顺德职院设计学院家具艺术设计专业毕业生，2009年以超过录取分数线100多分的成绩第一志愿报读顺德职院。在此之前他曾是东北某高校的本科一年级学生，为了追求自己喜欢的艺术设计专业，他毅然放弃本科学习重回高考，在对比选择国内高校不同家具艺术设计专业后，他顺利考入了心中“筛选”过后认可的顺德职院家具艺术设计专业。

放弃本科再重新选择到自己喜爱的优势专业，刘丹说，他感到“收放自如，可以做自己最想做的事了”。

在校期间，在学院老师和设计界进校授课老师的帮带下，刘丹常深入一线或者独立完成一些企业项目，这些经历让他在学生时期就积累了丰富的设计经验，艺术设计专业能力飞速成长。而后他获得了家具艺术设计界的多个大奖。

毕业后，刘丹在江西某家具有限公司开发设计的北欧风情餐桌椅系列家具成功上市，并创办木瓷家具设计有限公司，为江西某家具有限公司开发的“醉墨胡桃”实木套房系列家具成功进入市场。

## 【招生看点】

2016年，顺德职院招生总计划5700人，生源涵盖14个省市自治区，其中广东省理科类招生计划1222人、文科类招生计划763人、美术类招生计划289人、“3+证书”高职类招生计划400人、自主招生（含三二分段、五年一贯制）计划2304人，省外计划招生722人。

## 校园“颜值高”“气质好”

学院具有浓郁岭南水乡特色的自然景观和内涵深邃的人文景观，2010年被全国绿化委员会授予“全国绿化模范单位”称号。在这里，无论学生有何种爱好及特长，在学院总能找到自己施展本领的学生社团，涵盖专业学术、公益、文娱、体育、实践等诸多门类及领域，有辩论社、英语沙龙、创业就业社等50多个社团。2015年学院成功举办“传承•创新•化育——顺德职业技术学院葫芦丝音乐会暨挑战吉尼斯世界纪录荣誉活动”，创造了1589名学子齐奏葫芦丝的吉尼斯世界纪录。

## 师资力量强　实训平台多

师资力量居广东高职院校前列。全校专任教师694人。高级职称教工263人。有国家、省级教学团队7个，国家、省级教学名师5人，广东省高等职业教育专业领军人才培养对象4人，佛山市创新领军人才1人等。

学院教学设备丰富、实训平台多样。教学、科研仪器设备总值2.8亿元。拥有校内实训基地19个，实验实训室223个，校外实训基地490个。学院现建有科研机构及公共服务平台24个，其中国家级、省级检验检测中心3个，国家中小企业公共服务示范平台1个，省级研发中心2个。

## 设高水平专业广纳人才

学院共开设专业49个，广东省高等职业教育品牌专业建设项目9个（制冷与空调技术、家具艺术设计、应用化工技术、数控技术、工业机器人技术、电子信息工程技术、康复治疗技术、烹调工艺与营养、社会工作），广东省示范性专业8个（家具设计与制造、制冷与空调技术、会计、智能家电技术、数控技术、涂料技术、汽车检测与维修技术和工商企业管理专业），2011年中央财政支持建设专业2个（烹饪工艺与营养专业、工业设计专业），2014年第一批省级高职教育重点专业3个（酒店管理、物业管理和应用英语）。

（文/陶达嫔　汤恺　吴舒婷　图/罗斌豪，发表于《南方日报》2016年6月30日）

顺德职院设计学院能够成为行业聚“才”盆，更得益于其“四位一体”协同创新的设计教学创新。从2014年开始，该院在原三位一体的毕业设计教学模式的基础上，推出了教师校企合作成果展，充分展示教师团队的社会服务能力和创新水平，形成完善“毕业答辩、毕业展览、人才推介、成果转化”四位一体设计教学模式。同时，把任教期间是否有作品通过校企合作转化为市场产品，作为考察设计类专业教师教学水平的一个重要标准。

★毕业证书+拓展专业证书，使深圳职院毕业生拥有驰骋职场的混合动力

# 深圳职业技术学院：胸怀创新使命　引领高职发展

她诞生于中国改革开放前沿地，领中国高职院校改革风气之先：

率先提出以文化引领技能型人才培养，率先建设志愿者之校，率先在高职院校中开展书院制试点，全面推进文化育人改革；

率先探索跨院系跨学科跨专业交叉培养人才新机制，以“专业+”应对“互联网+”，每个学生在学习主干专业的同时，必须修读拓展专业，“两双跑鞋”驰骋职场；

率先将教学指导委员会改为产学研用指导委员会，以人才培养为中心，推行“政校行企四方联动、产学研用立体推进”办学模式；

率先开展职业英语教学改革，打破英语四六级考试与学业证挂钩的做法，并自编一整套职业英语教材，如今全国1300多所高职院校中，超过600所使用这套教材；

还率先探索专业招生计划实施动态调整机制，给不适应社会发展和产业升级的专业亮“红牌”停止招生……

她就是深圳职业技术学院。深圳职院为何能够在中国高职院校发展中独领风骚？2016年6月，笔者独家专访深圳职业技术学院党委书记、校长刘洪一，解码中国高职院校“领头羊”的创新基因和改革密码。

## 面对面

### 谈改革创新
### “三育人、一杠杆”改革注重质量内涵发展

南方日报：最近，2016年中国专科（高职高专）院校竞争力榜单发布，深圳职院位居中国600强榜首，您怎么看待这个评价？

刘洪一：过去各种机构给本科院校排行，近些年也针对高职高专推出各类排行榜，学校并没有主动参与。但在业界学界，大家对深圳职院还是给予了充分肯定。

我认为，高校不该追求形形色色的数据GDP，要看给社会贡献了多少智力和人才。办教育要静得下心来，要着眼于对未来有所交代。在我看来，软实力才是学院的核心竞争力。一所学院的院校精神、办学理念和制度设计，比排名更重要。

南方日报：领跑全国高职院校，深圳职院有哪些独有优势？

刘洪一：学院成立于1993年，是国内最早独立举办高等职业技术教育的院校之一，也是全国首批28所国家示范高职院校之一，2009年还曾以全国最高分通过国家示范院校项目验收。

如果从荣誉和数字来看深圳职院的优势，深圳职院有很多好看的数据，比如超过70%的教师有高级职称，以及25个国家、省部、市区级科研服务平台。

但深圳职院能够不断持续创新发展，核心在于探索实践了从顶层设计到办学理念、教学改革、人才培养、专业设置甚至教材编写等系统改革，这些改革为学校带来持续发展新动力。

**南方日报：这些改革有哪些值得梳理借鉴的理念？有何成效？**

刘洪一：中国职业教育近二三十年实现快速发展，也存在过快发展、发展路径重复、发展重心片面化等问题。在这个背景下，学院的整体改革如何实现从注重规模速度发展向注重质量内涵发展转变呢？

我们在对企业、市场和学生进行了大量调研的基础上，在全国率先提出了“三育人”“一杠杆”的系统改革路径。这一系统改革重点思考的是“当前中国高职教育要培养怎样的人才”“社会和企业需要怎样的人才”以及“怎么培养出符合市场需要的人才”等三个根本问题。

高职教育要培养怎样的人才？当前，社会急剧转型，经济迅猛发展，如果文化跟不上，就会导致诚信缺失、道德滑坡。所以高职教育不能太短视、太功利，必须强化立德树人的根本任务，努力使受教育者不仅掌握知识技能，更要具备健全人格和社会责任感。所以我提出，要用文化引领技能型人才培养。

这几年，深圳职院发布《文化育人实施纲要》，率先建设志愿者之校，开展书院制试点，开办丽湖大讲堂，开设文博会分会场。学院还发起成立全国高职院校文化素质教育协作会并担任会长单位，发起并举办全国高职院校文化育人高端论坛，担任教育部全国职业院校文化素质教育指导委员会主任委员单位，这些举措纠正了职业教育重技能轻文化的偏颇，推动了高职教育人才培养理念和质量内涵的提升。

社会和企业需要怎样的人才？以高度的教育自觉，推进复合育人。如今，产业的转型升级和跨界融合成为常态，它要求高职学子不仅要有专业核心能力，更要有岗位变迁能力、创新能力和良好的综合素质。深圳职院率先建立跨院系、跨学科、跨专业交叉培养创新型人才新机制。从2012级开始，每个学生在主干专业之外，还要修读一个拓展专业，毕业的时候，既有毕业证书，也有拓展专业证书。用学生的话讲，为他们提供了第二双跑鞋。

怎么培养出符合市场需要的人才？以高度的创新自觉，推进协同育人，回答“如何培养人”的问题。高职教育一定要开放式办学，绝不能关起门来自己玩。因此，我们提出“政校行企四方联动、产学研用立体推进”的办学模式，打造“政府主导、学校主体、行业指导、企业参与”的开放联动平台。学校与中华职业教育社、商务印书馆等联合成立中国职业教育运行机制协同创新中心，与思科、华为、海德堡等国际名企共同组建高水平育人和研发平台。成立产学研用指导委员会，与120余所境外高校开展校际协同，携手深圳大学合办应用型本科。我们还有CCIE、OCM、HCIE、RHCA多项权威认证领跑全国，学生拿到这些证书，就等于拿到了高薪的头等舱机票。

"一杠杆"指的是最近学校在推进的人事聘用改革。简单地说，通过对教学、科研、公共服务的综合考核，确立能上能下的动态机制、脱颖而出的激励机制、业绩导向的竞争机制等六大机制，来倒逼学院教学质量改革提升、不断激活办学活力，促进创新和可持续发展。

★ 深圳职业技术学院党委书记、校长刘洪一

## 谈优势特色
## 紧扣产业发展脉动确立专业动态调整机制

*南方日报：一系列改革带来了哪些办学优势？*

刘洪一：顶层设计层面的改革，给人才培养、专业设置、平台建设及教材编制等方面都带来创新活力。

学院紧密对接市场，实现专业设置的动态调整机制。聘请第三方机构对学院各专业人才培养质量及其就业质量进行调查之后，对专业设置了红、黄、绿牌。做到优先发展"绿牌"专业，增加招生指标；调整改造"黄牌"专业；关停淘汰"红牌"专业，把近两三年未招生的专业都取消了。经过调整，2016年学院的专业总数由原来的100多个调整为74个，但国家级示范专业有10个，省级示范、品牌专业等有近50个。

除了专业设置的动态调整机制，学院在全国率先实行了教学改革。例如，2007年起取消英语四六级证书与学业证挂钩，自编职业英语教材为全国600多所高职院校采用。

## 谈创新驱动
## 呼应深圳创新步伐大力开展应用研发

*南方日报：在这些改革基础上，深圳职院在服务全省创新驱动发展战略方面有哪些优势可为？*

刘洪一：创新驱动最关键的着力点应该是文化创新和制度创新，这是创新的根本，而不是就技术谈技术。国家提出学习德国工业制造4.0，事实上德国制造的优势并不在于表层技术，而在于其工业文化、企业文化。

深圳职院服务于全省创新驱动发展战略，一方面将通过人才培养驱动创新发展，通过营造系列创新氛围培育创新文化，把创新变成师生成长的内在驱动力；另一方面是在应用技术研究方面可以有所作为。在学院应用研发战略和浓厚创新文化的引领下，学院产生了900多项专利，在全省高校中位居前列。学院已经建成25个国家、省部和市区级科研与公共技术服务平台，主导或参与制定的国际、国家、行业和地方标准已达37项。这意味着学院可以通过主导参与制定行业标准，推动服务地方经济转型发展。

*南方日报：深圳是中国的“创新之都”，您怎么看深圳职院与深圳的联系？*

刘洪一：深圳职院地处深圳这座中国“创新之都”，获得了天然的创新基因，这座城市的改革开放、敢为人先的性格是学院的精神力量支撑，深圳这座城市拥有的强大的人才吸引力，为学院提供了重要的智力支持。可以说，深圳的发展为深圳职院提供了重要的基础和契机，深圳的创新活力，也倒逼学院不断改革奔跑。

对深圳职院来说，既要有服务国家战略的意识，也要紧密契合区域经济和社会发展

★ 深圳职院大学生创意创业园

的新需求。具体来说，学院专业设计的动态调整，就是为了更好地对接深圳的经济发展。目前学院几十个专业分布在IT、精密制造、金融、物流、文创、新材料新能源等行业，大部分都是深圳的支柱产业和战略新兴产业。通过紧密对接市场，努力培养出更多适应深圳创新发展的人才。

深圳职院服务于全省创新驱动发展战略，一方面将通过人才培养驱动创新发展，通过营造系列创新氛围培育创新文化，把创新变成师生成长的内在驱动力；另一方面是在应用技术研究方面可以有所作为。在学院应用研发战略和浓厚创新文化的引领下，学院产生了900多项专利，在全省高校中位居前列。学院已经建成25个国家、省部和市区级科研与公共技术服务平台，主导或参与制定的国际、国家、行业和地方标准已达37项。这意味着学院可以通过主导参与制定行业标准，推动服务地方经济转型发展。

**谈发展规划**

## 服务全国面向世界建中国特色世界一流院校

南方日报：在“十三五”阶段，建设全国一流高职院校的过程中，学院有哪些规划？

刘洪一：在“十三五”规划中，学院提出未来的办学目标是立足深圳、服务全国、面向世界，到2020年，努力把学院建成教育理念先进、体制机制领先、规模结构合理、软硬实力突出、内涵质量卓越、服务成效显著的“中国特色世界一流的应用技术大学”。

“十三五”期间，我们准备依托广东省教育厅实施“一流院校建设计划”项目再重点建设9个专业，达到省级品牌专业水平。学院设想到“十三五”末，学院专业整体都达到省内一流和全国一流，一批专业达到世界一流水平。通过高水平专业建设，极大地带动学院教育教学观念更新、人才培养水平提升、管理水平提升。

## 【职校淘宝】

### 打造创业连环扣让学生创新创业梦想成真

在某知名商城的众筹平台上，一款时下最潮的VR眼镜（一体机）上线一个月就筹到了近58万元资金。产品的研发者，正是学院培养的创客朱瑞勤和她的智星空团队。团队研发的另一款迷你电脑主机在同样的众筹平台上，用20天时间成功筹集50万元，并在2015年的深圳“双创周”上获得深圳市市长许勤的点赞。

大学生创意创业园，是朱瑞勤团队的办公地点所在。学院为54个入驻的创业团队提供免费入驻两年的扶持政策，并且享受导师的课程指导和校友等社会资源。

近年来，学院全方位推进创新创业教育，将创新创业教育深度融入人才培养全过程。从开设创业课到成立创业学院，从创客中心到创意创业园和商业孵化器，每一环节都让有创业梦想的学生，离梦想实现更近一步。

学院的创业学院以企业家能力素质为主要培养目标，被誉为创业学子的“黄埔军校”。目前已招生11个班，培养近400人。

创新创业能力拔尖突出、拥有比较成熟项目的学生，则入选“大学生创意创业园”进行产业孵化，并提供工商注册、贷款申请、经营会诊、工作坊等全程服务，提升市场化运作的实战能力。至今已是第八期。

在两年孵化期结束之后，学院还为团队提供八个商业孵化器跟企业加速器进行对接。一旦创业团队在路演过程中得到认可，便可顺利过渡到商业孵化器中。

**数字深职**

| 荣　誉 | 获得时间 |
|---|---|
| 中国高职高专院校600强第一 | 2016年 |
| 中国高职高专竞争力排行榜位居全国1335所高职院校第一 | |
| 科研总体竞争力全国200余家国家示范性和骨干高职院校中排名第一 | 2015年 |
| 全国高校实践育人创新创业基地 | |
| 广东省大学生创新创业教育示范学院 | |
| 顺利通过全国文明单位复查 | |
| 全国职业教育先进单位 | 2014年 |
| 全国职业院校就业竞争力示范校 | 2013年 |
| 全国高职院校心理健康工作先进集体 | |
| 中国高教学会高教研究30年30位重要理论贡献学者（全国高职系统唯一） | |
| 广东省示范性高等职业院校 | 2012年 |
| 广东省先进集体 | |
| 黄炎培杰出校长奖、教师奖 | |
| 中国十大创新型高职院校 | 2011年 |
| 顺利通过全国文明单位复查 | |
| 广东省职业技术教育工作先进集体 | |
| 全国毕业生就业工作50所典型经验高校 | |
| 黄炎培职业教育奖、黄炎培优秀学院奖 | 2010年 |
| 中国十大最具就业力高职院校 | |
| 首批国家示范性高等职业院校 | 2009年 |
| 全国文明单位 | |
| 全国普通高等学院毕业就业先进集体 | |

| 师资 | |
|---|---|
| 在编在岗（职员、雇员）专任教师 | 1155人 |
| 正高职称教师 | 208人 |
| 副高职称教师 | 647人 |
| 博士 | 292人 |

| 教学 | |
|---|---|
| 国家级精品课程 | 53门 |
| 国家级精品资源共享课 | 43门 |
| 国家职业教育专业教学资源库 | 1项 |
| 国家级精品教材 | 12部 |
| 国家级教学成果奖 | 9项 |
| 国家示范专业 | 10个 |

| 深职学子国际权威认证领跑全国 | | |
|---|---|---|
| CCIE 思科互联网专家 | 238人 | 位居全国高校之首 |
| OCM 甲骨文数据库大师 | 29人 | 实现国内高校在校生零的突破 |
| RHCA 红帽认证架构师 | 3人 | 全球仅1000人左右 |
| HCIE 华为认证互联网专家 | 18人 | 实现高职高专在校生零的突破 |

| 科研 | |
|---|---|
| “十二五”期间科研经费总量 | 2.73亿 |
| “十二五”期间横向项目数 | 1055项 |
| “十二五”期间横向项目到账经费 | 9991.5万 |
| “十二五”期间获得专利授权数 | 632项 |
| 国家、省部、市区级以上科研合作平台数 | 25个 |
| 省级协同育人平台 | 2个 |
| 主导或参与制定的国际、国家、行业和地方标准 | 37项 |

据麦可思调查显示，学院近四届毕业生自主创业平均比例为4.87%，比全国高校近四年大学生自主创业的平均比例高出3.64个百分点。

## 【校友故事】

### “农村娃”变身特区文创企业家

从山东乡村走出来的曹海涛做梦也没想到，毕业仅6年，他就有了自己的公司且即将上市。当初因为英语差1分来到学院的他曾心有不甘，但深圳成为他的圆梦之地，深圳职院成为助他圆梦的梦工厂。

2010年6月毕业的曹海涛，跟三个合伙人凑了10万元注册了云腾传媒有限公司。从名字可以看出，他的“野心”是成为马云和马化腾的结合。从学院创意创业园起步，6年后的今天，“云腾”的年度营业额已突破3000万元。

“是母校让我的创业梦想破土而出，让企业家精神根植于心。”曹海涛说。经过几年的努力，“云腾”从最初的4个人发展到50余人的规模，业务也逐渐上了轨道，已成为国内首家执行垃圾减量分类理念宣传与推广的广告公司，并连续成为深圳市、福田区垃圾减量分类年度宣传推广指定单位。

曹海涛说，自己一直有个信念：尽绵薄之力回报学院、回馈社会。目前，“云腾”作为学院的实训基地，创立“云腾新锐基金”，每年拿出1万元基金奖励艺术学院前五名优秀毕业生。从2014年开始，“云腾”还每年拿出20万元投入到深圳市公益环保项目中，为省内贫困小学捐赠衣物、出钱搭建校舍，为中小学生制作普及垃圾减量分类的漫画读物等。

（文/房珊珊　陶达嫔　图/刘力勤，发表于《南方日报》2016年7月1日）

“是母校让我的创业梦想破土而出，让企业家精神根植于心。”曹海涛说。经过几年的努力，“云腾”从最初的4个人发展到50余人的规模，业务也逐渐上了轨道，已成为国内首家执行垃圾减量分类理念宣传与推广的广告公司，并连续成为深圳市、福田区垃圾减量分类年度宣传推广指定单位。

肆

# 聚顶尖人才

★ 2012年12月7日至11日，习近平总书记在广东考察工作时强调，走创新发展之路，首先要重视集聚创新人才。要充分发挥好现有人才作用，同时敞开大门，招四方之才，招国际上的人才，择天下英才而用之。后来，习总书记又指示要求广东不仅地区生产总值要支撑全国，结构调整也要支撑全国，必须在推动经济结构的战略性调整上走在前列，当好创新驱动发展的排头兵。

★ 近年来，广东不断努力深入学习贯彻习近平总书记的重要讲话精神，把“创新驱动发展”提升为广东经济发展的“核心战略”和“总抓手”，大力实施“珠江人才计划”“特支计划”“扬帆计划”“南粤百杰”等重大人才工程，为推动广东创新驱动发展提供了强大的智力保障。

★ 迄今为止，迈普及旗下子公司的生物3D打印专利数量已超过20项。图为迈普在国外参展的场景

# 广州迈普医学创新团队：跨入全球生物3D打印领导者行列

2008年，28岁的袁玉宇在世界500强的优渥待遇和归国创业之间，毅然选择回到广州创业。

如今，这个美国克莱姆森大学的生物工程系博士及其领导的创新科技团队——广州迈普再生医学科技创新团队，已经站到了国际竞争同行业的顶层。

2016年7月7日，国际著名3D打印新闻网站3D Printing Industry公布了2015—2016年全球生物3D打印专利统计数据，迈普医学以拥有14项生物3D打印专利位列全球第六。

这意味着迈普医学跨入了全球生物3D打印领导者行列。在这份主要由美国、日本等国机构组成的名单中，年轻的迈普医学是中国唯一一家公司。迄今为止，迈普及旗下子公司的生物3D打印专利数量已超过20项。

面对经济下行的压力、新常态的考验，广东正在通过加大力度实施人才强省战略，加快建设创新驱动发展先行省。

迈普医学创新团队的故事，是广东向创新高地迈进中的一个跳动的音符，也是个人与时代共同成长的梦想故事。

A04 时局 观察

广州迈普再生医学科技创新团队奋斗八年

跨入全球生物3D打印领导者行列

新的梦想 新的世界

"是在美国平稳发展，还是回国创业？"

"如果留在美国，不一定有如此多的机会"

## 梦想召唤
## "是在美国平稳发展，还是回国创业？"

"是在美国平稳发展，还是回国创业？"8年前决定到广州创业的那一刻，对广州迈普再生医学科技有限公司董事长袁玉宇和首席技术官徐弢而言，仍然历历在目。

2008年9月，刚刚博士毕业、拿到两份世界500强offer的袁玉宇和即将获得得州大学终身教职的徐弢，放弃了在美国的发展机会和安逸生活，来到广州创办了迈普再生医学科技有限公司，专业从事生物3D打印。

"我有一个创业梦想。"袁玉宇说，"我的父亲80年代白手起家涉足纺织行业，并一度将事业做得很是成功。受父亲影响，自小创业的种子便在我心中扎根发芽。"

像很多情怀浓厚的高科技创业公司一样，"迈普"是一个寄托了梦想和希望的名字。迈普是Medical Printing两个词的合并音译，而其中文意思是希望从实验室走出来的高新技术能够迈向普罗大众，造福大众。

3D打印被誉为"第三次工业革命"代表性技术，而生物3D打印是其中最富有生命力和发展潜力的核心组成部分。袁玉宇和徐弢希望，利用以生物3D打印技术为基础的再生医学技术平台，精确高效地制造出众多用于人体组织修复的新型植入式医疗器械，对患者因疾病和创伤而受损的部位进行修复、替代及再生。

组织器官短缺是一个世界性的难题，根据美国器官资源共享网络（UNOS）公布，目前美国每天有超过11万人等待器官移植，而捐赠人数只有0.7万人；全世界大约每1.5小时就有一位需要进行器官移植的病人。全球每年有1000万人因为各种疾病、意外而导致损伤需要进行组织再生修复，中国每年有150万人需要进行器官移植手术，而能够幸运接受移植的不足1/100。

2008年，中国的再生医学产业几乎空白，90%以上的产品仍依赖进口。进口产品价格昂贵，给病人造成了巨大的经济负担。如果能够实现国产化，将为普通老百姓省下可观的医疗费用。生物打印技术作为再生医学的重要组成部分，其发展前景可见一斑。

“这种新型技术只有转化才能真正服务更多的人。我们觉得有义务回国把这项技术转化。”这一切唤醒了袁玉宇和徐弢的梦想。身体里的创业血液开始激烈奔涌。

在经过深入的分析、比较，赴广州参加留交会、切身体验广东环境之后，他们决定回到袁玉宇的故乡广州创业。2008年9月，广州迈普再生医学科技有限公司在广州开发区诞生了！

## 扎根广东
## “如果留在美国，不一定有如此多的机会”

当袁玉宇、徐弢决意扎根广东创业之时，恰逢国家大力吸纳海外精英的大好时机。他们也先后被中组部认定为“千人计划”创业和创新人才。

2008年9月，广东省委、省政府《关于加快吸引培养高层次人才的意见》印发。广东意欲通过大力实施人才强省战略，推动建设创新型广东。

创业的过程总是艰难的。作为中国首家运用生物3D打印技术开发植入医疗器械的高新技术企业，广州迈普的创业更显不易。

“在公司创立早期资金链比较单薄，还差点陷入资金链断裂的危机中。”徐弢回忆，创业团队甚至整整三年时间没有卖过一件产品，因为他们埋头于实验室，力求产品达到极致的“完美”。

“当时几乎所有的钱都被拿来搞研发，生活十分艰苦。”袁玉宇回忆，五六个同事去周边的小饭馆吃饭，每顿饭的花销也不超过100元。

然而，更让迈普人印象深刻的是，迈普创业刚刚起步时，广州开发区向公司提供了500平方米的办公场地，并免去三年的租金。随着袁玉宇等人先后入选广州市首批百人计划创业领军人才、广东省海外高层次留学人才、中央“千人计划”创业人才等，迈普公司也随之获得广州市科技型中小企业创新基金、广东省产学研结合项目、广州市科技计划项目、广东省引进创新团队项目、广东省粤港招标等多个项目支持，共获得数千万元的政府扶持资金。

比经济窘迫更艰难的是，如何把科研的结果转化为现实中可应用的成果。

“要把科研跟实践结合，然后再跟应用结合，比我想象的更难。”徐弢回忆道，若要实现生物医学3D打印产业化，除了要将研究层面的技术实现转化成产品，如何根据市场需求，完善产品实际应用也成了重中之重。“例如，从实验室的准则来看，有些很重要的参数不完美，我们花了大量时间、精力进行优化。”

2011年，经过差不多3年的努力，迈普团队终于成功开发出再生型植入类医疗器械产品，即第一代人工硬脑膜产品。

这是一张轻薄如纸巾一样的膜，它以合成生物高分子材料构成网状结构，内部可是有千万个与人体自身结构相似的微孔。将它直接贴合在脑部手术患者的脑膜破损处，病人自体细胞会渐渐找到这里，进入这个“新家”，仅仅两周后，细胞们就连成了片，形成新生组织。这块完成了任务的材料会“识趣”退出，自行降解成完全无害的水和二氧化碳。

2015年，迈普获得了国家高技术研究发展计划（“863”计划）首个关于生物3D打印项目的支持，领衔“面向快速修复及组织器官移植应用的系列生物3D打印技术和装置的开发”的项目，与清华大学、四川大学、浙江大学、中科院等以及许多大医疗机构均签订了合作协议。迈普走上了快速发展的轨道……

“如果当年留在美国，不一定有如此多的机会。”徐弢说，迈普的成功带着“广东基因”，良好的创业环境、政府雪中送炭的支持，一路走来，感慨良多。

## 走向全球
## “通过原创性技术，我们占有一席之地”

“在未来，人们根本不用担心会因器官病变而死于非命，亦无须等待遥遥无期的捐赠者，只须支付一笔费用，就能获得一个功能与外表兼顾的人造器官回归正常生活。”好莱坞经典电影《重生男人》中的科学幻想，正在迈普医学团队的手中化为现实，走向世界。

2014年4月，国家食品药品监督管理总局授予广州迈普公司的“睿膜”产品注册证，这标志着中国第一个生物3D打印产品正式开始应用。

目前，睿膜已在全球40多个国家和地区应用数万例，其中包括英国剑桥大学附属医院、西班牙王子医院、中国人民解放军总医院、北京协和医院等顶尖医院，被认为是最接近自体、修复效果最理想的硬脑（脊）膜补片。

这意味着，睿膜不仅进入了中国国内的高端市场，同时也进入了全球高

3D打印被誉为“第三次工业革命”代表性技术，而生物3D打印是其中最富有生命力和发展潜力的核心组成部分。袁玉宇和徐弢希望，利用以生物3D打印技术为基础的再生医学技术平台，精确高效地制造出众多用于人体组织修复的新型植入式医疗器械，对患者因疾病和创伤而受损的部位进行修复、替代及再生。

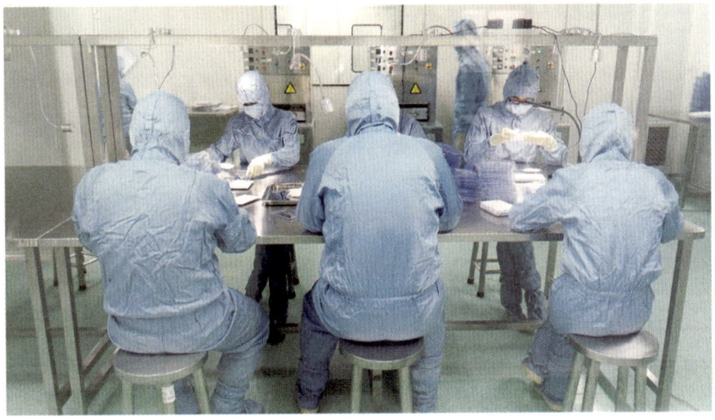

★ 迈普公司车间一角

端植入式医疗市场销售。

迈普公司还申请了国内外专利80多项，获得包括美国、俄罗斯、日本、中国的授权专利41项。

为向全球客户提供市场和技术支持，迈普公司专门在美国、德国等设立了公司。

相较于国内，欧盟、美国等发达国家对于生物产业的质量监管更为严苛，走国际路线，也就是要站在更高的起点。

“我们在有些国家或地区的定价比主要竞争对手强生还高。虽然强生很大，但我们在某一些细分领域，通过新的技术，通过原创性的技术，我们一直占有一席之地。”徐弢对于民族自主品牌能够杀入国际，并打破强生、美敦力等医药巨头的产品在国外的垄断，备感自豪。

2015年11月，迈普团队研发的无张力尿失禁悬吊带产品系列获得欧盟CE、中国CFDA认证，再一次打破了欧美等跨国企业的垄断，填补了国内空白。

同时，迈普自主研发的高精度、复杂医学3D打印模型，能将器官或组织内部构造的细节逼真地显示出来，实现对病变毫米级精度的准确定位，从而有利于外科医生制订手术计划。目前该医学3D打印模型已在广州军区总医院等全国多家三甲医院实现上百例成功临床试验。

其他正在研发的还有糖尿病足修复产品、女性盆底修复系统、人工皮肤、神经导管、人工韧带等十多种人体组织修复产品，研发团队也在为开发更为复杂、先进的人工组织和器官而做技术储备。

当前中国的生物医药产业正处于蓬勃发展的阶段，展望未来，这个产业会如何发展，迈普又会如何发展都是未知数，但袁玉宇相信，必定会一路向好。

## / 记者观察 /

### 新的梦想　新的世界

从中国走向世界，汲取全球最前沿的科技营养，又回到中国扎根广东，并再次走向世界，这是迈普医学团队的创业梦想曲。

在这个令人激动的创业故事之后，是政府那只看得见的手给予的强力扶持。新的梦想谱写了新的故事，催生了新的世界。在创新驱动发展成为广东推动经济结构调整的核心战略和总抓手的背景之下，广州这个千年商埠正在焕发新的生命。

统计显示，作为广州创新创业最为活跃的区域，广州开发区已经有3000多名海归在区内创业，聚集两院院士33人，国家“千人计划”人才56人（全部是海归，占广州的2/3以上），国务院特殊津贴专家15人，创新创业“国家队”已经达到97人。

作为广东的省会城市，广州强化高层次人才工作推动创新发展的优势，不仅在于拥有全省最为雄厚的科教力量，更在于通过体制机制创新形成的竞争力优势。从迈普医学的成长故事中，我们不难看出，良好的公共服务、人才服务、政策支持，是其中极为重要的部分。例如，广州开发区每名区领导挂点联系两个高层次人才企业，开设“人才直通车”，一对一地解决了人才创新创业中遇到的问题，让海归们不再有不适应国内政策环境的忧虑。

更为重要的是，广州正以建设国际科技创新枢纽为抓手加快国家创新中心城市建设，深入实施“1+9”创新政策，不断优化创新生态，厚培创新土壤，营造“要创业到广州、要创新来广州”的氛围。目前，仅广州开发区已建成和认定国家级科技企业孵化器5家，区内孵化器面积369万平方米，建设了加速器100万平方米，构建了“创客空间—孵化器—加速器—科技园”的全链条孵化体系。依托骨干科技企业，形成内生孵化、外延孵化、协同孵化三大孵化模式。

千年商埠，创新广州，正在向我们走来！

（文/陈思勤　尹秋颖，发表于《南方日报》2016年8月15日）

统计显示，作为广州创新创业最为活跃的区域，广州开发区已经有3000多名海归在区内创业，聚集两院院士33人，国家“千人计划”人才56人（全部是海归，占广州的2/3以上），国务院特殊津贴专家15人，创新创业“国家队”已经达到97人。

★ 珠海丽珠单抗团队

# 珠海丽珠单抗团队：抢占国际制高点　叫响中国制药品牌

在珠海市金湾区小林镇联港工业区里，一座座红色建筑拔地而起，在蓝天下格外耀眼。

50多岁的傅道田早已习惯这里宁静、舒适的科研环境。

2012年，面对祖国发展的大好机遇，他毅然辞去全球顶尖生物制药公司科研副总裁的职位，离开生活近30年的美国，加盟珠海丽珠医药集团股份有限公司，攻坚药品国产化研发。

如今，以傅道田为核心的丽珠单抗团队，已吸引了阚子义等高端人才的加盟，疾行在对标国际的征程上。

该团队已经有9个单抗项目在研发之中，其中一个具有全球知识产权的项目正在进行临床二期试验，有望打破进口药垄断的局面。

未来几年，丽珠单抗将陆续有新产品投入市场，迎来创新收获期。傅道田说："如果昂贵的进口药能够国产化，减轻国人用药成本，减少疾病痛苦，这将是我回国后最大的收获。"

丽珠科研创新团队的探索，正是广东以人才驱动引领创新发展、叫响中国制药品牌、抢占战略新兴产业制高点的鲜活实践。

A05 时局 观察

珠海丽珠单抗团队矢志攻坚

抢占国际制高点 叫响中国制药品牌

创业英雄 再领珠海

入选"千人计划"坚定回国决心

与国际一流水平保持紧密联系

瞄准国际医药发展前沿阵地

关于地标粤通卡产品国标化升级的公告

## 不变的"中国心"
## 入选"千人计划"坚定回国决心

即使曾在国外工作生活近30年，傅道田至今说话仍带着浓浓的山东腔。

1983年，傅道田从家乡的山东大学毕业，当时正是留学高潮，抱着求学理想，次年他奔赴美国。

在美国的经历简单而充实，1989年，傅道田于爱荷华州立大学取得博士学位后，继续在乔治亚大学从事博士后研究，后来进入全球五大生物制药公司之一——美国健赞转基因公司工作，成为该公司科研副总裁。

多年专攻，硕果累累。傅道田直接领导和参与了5个重大生物药的研发、国际申报和产业化发展，其中4个生物药在美国等70多个国家上市，全球销售额高于20亿美元。

大洋彼岸的祖国，也在飞速发展。随着中美经贸往来日益频繁，从2010年开始，傅道田经常回国办理进口药注册和申报事宜，渐渐地，不变的"中国心"不断发出召唤："在国内出生、长大、读大学，却没有在国内工作过，总觉得人生缺了什么，非常遗憾。"

凭借在生物制药方面的卓越成就，傅道田于2011年入选"海外高层次人才引进计划"（即"千人计划"），这坚定了他回国的决心：找一个扎实的平台，为国内的生物医药发展做出一些贡献。

彼时，作为国内知名的药品研发生产企业，丽珠集团正朝生物医药方向进行战略布局，并已成立丽珠单抗生物技术有限公司。

单抗药，被视作生物医药领域的明珠，通过从多种抗体中提取单一类型的抗体，有效用于解决细胞病变引发的肿瘤、哮喘、类风湿性关节炎等自身免疫性疾病、器官移植排斥反应等顽固疾病。然而，由于研发周期长、投入多、风险大，外国企业在该领域中把持着控制权和大半市场份额。

在吸引了第一个海归人才，将美国百键生物制药高级科学家彭育才博士招至麾下之后，丽珠单抗加大招才引智力度，力求打破外国企业的垄断。

“2011年8月，我在北京主持一个会议时，丽珠公司代表主动找到我，说对我的演讲印象深刻，当天及第二天上午两次约我长谈，丽珠对生物医药的热情让我眼前一亮。”傅道田回忆，几天后他受邀到丽珠访问，经过与集团董事长朱保国、总裁陶德胜的一番谈话，心里的石头落地了。

在傅道田看来，这是一家看重人才、尊重人才的公司，而且在生物医药领域的战略非常清晰、坚定而务实。2012年3月，他正式与丽珠集团签约。

彭育才认为，丽珠单抗的技术工艺、质量严格按照国际生物医药规范运作，遵守法规、尊重科学。也正是这样一个与国际接轨的平台，吸引了一个又一个生物制药领域的资深专家归国而来。

## 高速疾行
## 与国际一流水平保持紧密联系

“看到珠海的环境这么宜居，创业环境这么好，我很快就喜欢上了这座城市。”丽珠集团位于特区珠海，初到此地，傅道田印象深刻。

实际上，1984年，傅道田正是从广东学习英语赴美留学。当年广东给他的印象就是敢于创新，领风气之先；多年后回国，政府务实亲民的办事风格和对人才的重视，很快就化解了他对“水土不服”的担心。

珠海建立了“第一把手”抓“第一资源”的责任制度，为傅道田配备了专家公寓，在社保医保方面给予便利，并为其夫人解决了就业问题。“政府还给我安排一年一度的全面体检，事情虽然很小，但足以说明政府对人才健康的关注。”傅道田说。

加盟后，傅道田担任丽珠单抗常务副总经理。几个月后，以他为科研带头人的“蛋白质药物研究及产业化”团队就入选了广东省引进第三批创新科研团队，广东省和珠海市分别给予3000万元和1500万元的资助。

这对于起步不久的丽珠单抗来说，是一种巨大的支持，也让傅道田备受鼓舞。

重奖背后，是广东积极抢占生物医药这一战略新兴产业制高点的努力。“广东这些年已经跨过了加工制造时代，进入了信息化产业时代，更加依靠和重视科技和知识创新。”

傅道田说。

有数据显示，2020年中国的单抗药物市场有望达到200亿元。凭借着在国外单抗领域20多年的丰富经验，傅道田带领团队在发展的高速轨道上疾行。

无论是对研发工作，还是设备采购，他都驾轻就熟。在公司的支持下，他还扮演了一个“布道者”的角色，陆续引进了7名海归博士，建立了研发团队的核心。

丽珠单抗现任副总经理、国家“千人计划”人才阚子义博士就是其中一位。这位曾任辉瑞公司全球生物制剂首席资深科学家的海归博士说，尽管已与家人在加拿大定居多年，但心底里希望能回到祖国做点事——研发一两种能给老百姓用上的药物。

如今，丽珠单抗已从初期的30人左右发展到140多人，其中不乏拥有15年以上世界大型生物制药企业研发与产业化经验的人才。

“之前我们与国际的合作和交流很少，傅博士来了之后，凭借他在国际单抗领域的经验和权威，很快把丽珠单抗带上了国际平台，吸引国外不少一流的专家来到丽珠。这既拓展了我们的视野，也让我们和国际一流水平保持紧密联系。”一路看着公司成长壮大的丽珠单抗副总经理张经纬说。

## 对标国际
## 迈进国际医药发展前沿阵地

几年来的人才驱动、矢志攻坚，已使丽珠单抗站在中国生物制药的潮头，并迈进国际医药发展的前沿阵地。

目前，丽珠单抗已经有9个药品项目在顺利推进之中，涵盖了生物药领域的几乎所有热门靶点。在不久的将来，创新的果实有望接踵而至。

其中，I类新药注射用重组人源化抗肿瘤坏死因子α单克隆抗体研发已取得里程碑式进展，即将进入最后一期临床试验，预计2018年上市，主要用于类风湿关节炎、银屑病、强直性脊柱炎等自身免疫系统疾病，将打破进口药垄断、解决民众用药可及性。

阚子义兴奋地说，目前临床数据显示，上述在研药物与进口药物质量相当，成功上市后将把该类国产用药质量提高到与国际接轨，但价格则可以降

丽珠科研创新团队的探索，正是广东以人才驱动引领创新发展、叫响中国制药品牌、抢占战略新兴产业制高点的鲜活实践。

低到进口药的三分之一到五分之一，“老百姓以后不但用得上，而且真正用得起”。初步估计3年后能达到10亿元的市场规模。

傅道田介绍，丽珠集团坚持每年以销售收入的5%左右投入研发，已经累计为单抗研发投入约5亿元，还要非公开发行募股15亿元，大部分用于单抗事业的人才、设备和项目投入，“人才是我们最珍贵的财富”。

此外，该集团也在积极布局缓释微球制剂、精准医疗和促生殖等专科药品发展。其中，缓释微球制剂是一种新兴的高端药物新剂型，可大大降低给药频率。目前丽珠已申报临床项目1个，在研项目5个，其中2个项目为国内首仿。2015年“长效微球国家地方联合工程中心”获批，成为丽珠第三个国家级研发平台。

而在晋升为丽珠集团副总裁、执行董事后，傅道田身上的担子也更重了。他说：“希望世界上最先进的药能够国产化，更好地造福患者。”

## 记者观察

### 创业英雄　再聚珠海

以傅道田等专家为代表的人才归来盛况，背后勾勒出的是中国的崛起、故乡的感召、机遇的迸发、理想的追求，跳动着个人与时代一同向上的脉搏。

在这股创新创业的新热潮之中，向来领风气之先、正加快建设创新驱动发展先行省的广东，成为一大批海归人才的首选地。

作为特区，珠海曾书写了中国改革开放史上人才改革创新的新篇章。

不少人还记得，1992年3月，珠海在全国首次对有突出贡献的科技人员实行重奖，特等奖奖金高达上百万元。犹如平地一声惊雷，珠海因此迅速成为国内外关注的中国科技体制改革的聚焦点，并吸引了海内外一大批科技人员、科研机构和科技企业，给珠海高新技术产业的发展带来巨大的活力。

如今，在新常态下，全国的经济发展模式正由要素驱动、规模驱动向创新驱动、质量驱动转变，创新驱动成为珠海发展的核心战略，人才则是第一资源。珠海能否重现20世纪90年代的“人才东南飞”盛况，备受各界期待。

延续重视人才、重视科技的特区传统，珠海把人才工作摆到了更加突出的战略地位，努力做到人才发展优先布局、人才资源优先开发、人才结构优先调整、人才投入优先保证。2013年，珠海还在全国率先出台人才开发促进条例，以立法的形式保障人才事业发展。条例规定珠海市每年人才投入资金不少于当年地方公共财政预算收入的1%，形成了人才投入刚性约束、人才开发法定职责，在全国起到了示范引领效应。

值得一提的是，珠海注重发挥政府“看得见的手”和市场“看不见的手”两方面作用，尤其在高精尖缺人才引得进、留得住、用得好方面充分发挥政府统筹作用。傅道田等专家人才落户珠海、扎根珠海的过程，就体现了政府为人才营造良好发展环境、为人才解除后顾之忧所做的努力。

截至2016年6月初，珠海人才总量约40.59万人，占全市总人口的25.3%。其中，国家“千人计划”特聘专家35名、省领军人才7名，均位居全省地级市首位；此外，珠海还引进了两名诺贝尔奖得主。

突出国际化、高端化，紧紧围绕珠海产业发展战略布局，突出人才在重点产业中的支撑引领作用，是珠海人才工作的另一特色。

珠海市人力资源和社会保障局局长李伟辉表示，近些年到珠海创新创业的人才明显增多，而且水平越来越高，他们所带来的项目大部分都跟珠海的产业规划发展紧密结合。

据了解，珠海培养引进的高层次创新创业人才项目主要分布在生物制药、电子信息、航空航天、海洋装备制造、3D打印技术、节能环保、新型材料等重点发展的行业领域，在引领推动相关产业领域实现创新突破、优化升级、聚集发展等方面颇具成效。

当前，随着广东自贸区横琴片区、港珠澳大桥及21世纪海上丝绸之路的建设，珠海正迎来难得的发展机遇。加快构建具有全球竞争力的人才制度体系，聚天下英才而用之，打造创新人才集聚高地——珠海正快马加鞭！

（文/胡良光　图/王荣，发表于《南方日报》2016年8月17日）

傅道田介绍，丽珠集团坚持每年以销售收入的5%左右投入研发，已经累计为单抗研发投入约5亿元，还要非公开发行募股15亿元，大部分用于单抗事业的人才、设备和项目投入，“人才是我们最珍贵的财富”。

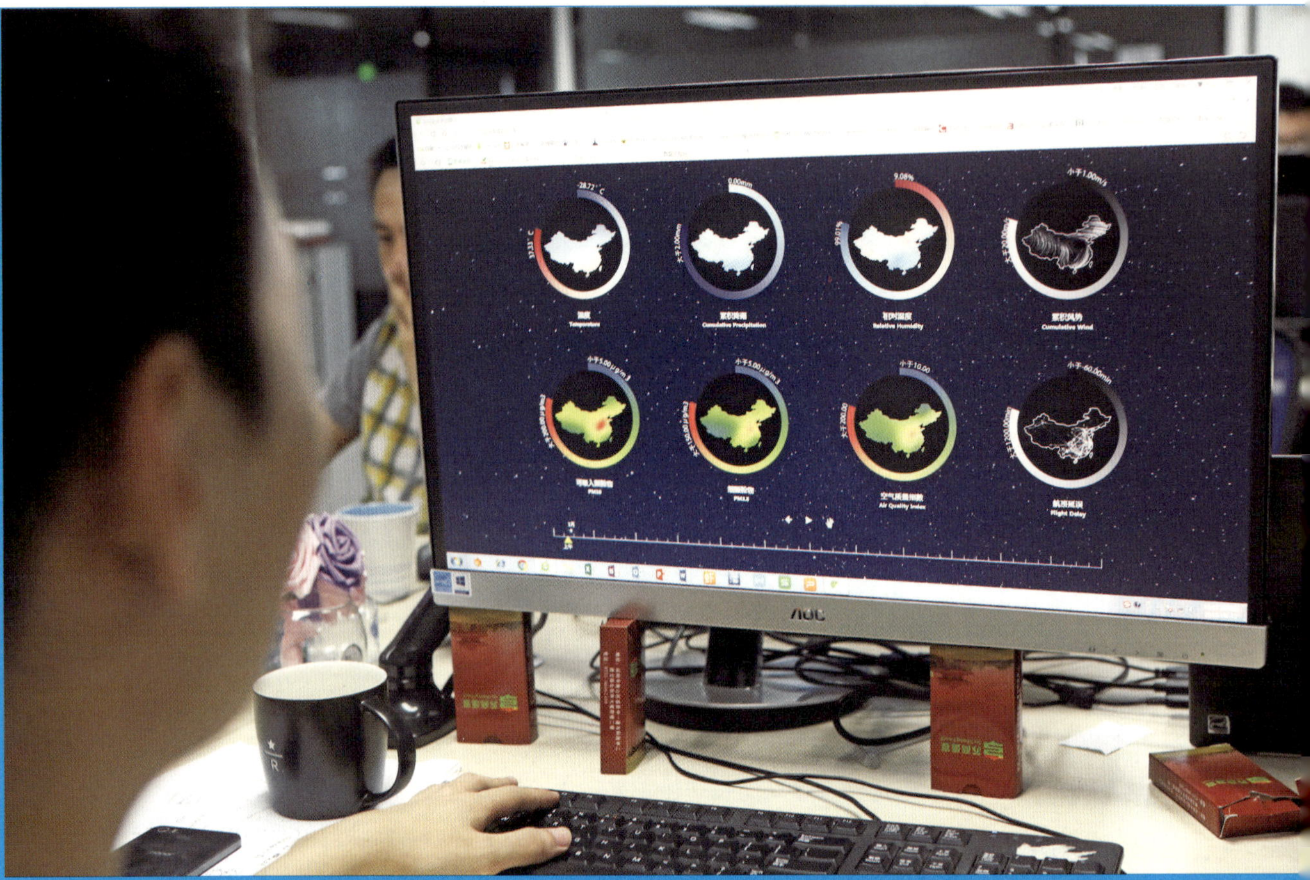


★ 华傲数据工作人员展示2015年度全国空气质量数据可视化结果

# 深圳华傲数据团队：从英国到广东　创业比肩腾讯百度

动动手指，你可以快速了解一座城市的最新空气质量和未来趋势；刷一下身份证，政府办事系统便能自动帮你录入表格，免去了繁复冗长的填写环节；对着手机摄像头笑一下，你的个人征信信息便能在几分钟内被收集，这将成为你能否借贷的判断条件……

在大数据的帮助下，上述场景已成为现实，华傲数据技术有限公司便是其中的佼佼者之一。2011年，华傲数据CEO贾西贝和他的团队从英国回到中国，带着玩转大数据的梦想，来到广东，扎根深圳。

几年时间，华傲数据在大数据领域快速成长，其国内发明申请达到97项，实用新型申请16项，并已完成40件PCT专利申请。2013年，《哈佛商业评论》一篇题为《谁来引领中国大数据的发展》的研究报告，给出了当今世界大数据各信息处理环节中企业占位图，中国仅有3家被列入，分别为百度、腾讯和华傲。

## 归国南下深圳

A04 时局 观察

省委党校原副校长陈鸿宇教授接受南方日报专访谈珠三角和粤东西北产业共建

粤东西北应着力降成本补短板

努力发挥政府的统筹引导作用

企业去粤东西北是理性抉择

产业共建要成为对口帮扶的核心

深圳像块磁铁一样吸引我们

华傲数据团队从英国来到广东 5年创业比肩腾讯百度

打造中国"归谷" 吸引海外创新人才

贾西贝有一份出众的履历表：北京大学硕士学位，英国爱丁堡大学博士，入选英国爱丁堡皇家学会创业研究员，获得IEEE国际数据工程大会最佳论文奖，国家“千人计划”特聘专家……从本科到博士再到工作，贾西贝的研究方向从未脱离自己的兴趣，博士毕业后，他开始从事数据质量相关的博士后研究工作，牵头及参与过多项世界级数据质量管理、数据集成、半结构化数据管理领域的项目。

过去数年，华傲数据研究团队在国际研究界和工业界屡获殊荣，9次获国际重要奖项，涵盖世界顶级数据库工程会议ICDE 2007年最佳论文奖、2008年英国计算机领域最高奖“罗杰尼达姆奖”、世界顶级数据库综合会议VLDB 2010年最佳论文奖，分别于2010年和2015年两次获得世界顶级数据库理论会议ACM PODS十年最佳论文奖等，成为全球范围内屈指可数的获得这4项荣誉的团队之一。

在2008年，北京的政府部门便关注到了这个在英国进行科研工作的大数据团队，并有意引进他们来京做科研成果的商业化。不过，他却没有顺理成章地把研发总部放在北京，而是于2011年南下来到深圳。“广东省第三批创新科研团队申报前，深圳的政府部门联系了我们，说如果申请到这个团队，省里面最高资助8000万元，深圳还会给配套。”

贾西贝表示，深圳像一块磁铁一样吸引了他南下创业，广东的创新氛围很浓，深圳的政府领导、企业家也都非常重视他和他们团队，“广东省创新科研团队的资助不是量身定制的，这钱给谁都要给，只要有本事，真是全球领先就可以拿到”。

在贾西贝看来，深圳在大数据产业上具有得天独厚的优势，这座城市拥有众多的数据生产者和数据消费者，“华大基因对众多基因的测序结果、大疆无人机航拍的视频资源、可穿戴设备采集的运动及健康数据都是企业生产的数据资源，而深圳在智能制造、金融、医疗健康等领域形成了强大的数据消费市场”。

凭借着大数据方面的卓越成就，2012年，华傲数据顺利入选广东省“珠江人才计划”引进第三批创新科研团队。同年，华傲数据管理研究团队入选深圳市“孔雀计划”第二批创新科研团队。

## 从象牙塔到创新竞技场

“刚开始当CEO我得先学习销售，因为要把我们的技术向客户讲明白；还没太多时间消化销售知识，公司就要开始融资了，这便需要我对资本市场有一定了解；还未深入学习，新三板、创业板又来了，公司也开始布局挂牌。”贾西贝如是描述其从象牙塔到创新竞技场的角色转换，“创业就得付出120%的精力，想睡足觉是不可能的。压力大了，头发白得也快了。”

华傲数据科学家徐磊说，有时团队甚至通宵好几天来完成一项技术难题，研发人员在凌晨四五点发微信朋友圈感慨“又天亮了”。

华傲数据的技术核心是数据清洗。“数据清洗实际上是把数据垃圾变成数据资产的过程，或者说在碎片化数据里，区分优质数据和劣质数据的过程。”贾西贝认为，坏数据比好数据更有价值，以政府为例，其系统中坏数据的来源可能是办事人员错误输录表格，发现问题后，可以完善业务流程，改进基层管理。

在贾西贝看来，民众办事的理想状态应该是：基本信息掌握在政府手里了，民众办理业务时只要出示身份证，系统便会根据汇聚整理好的信息自动生成表格，大大提高办事效率。“大数据可以有效汇聚上千个业务系统内的数据，涵盖出生、婚姻、工作等信息。”

作为深圳电子政府战略合作伙伴，华傲数据从2012年开始参与了深圳智慧城市“织网工程”建设，将深圳全市36个委办局、近3000个指标项、近百亿条数据量的数据进行梳理，建立起一个2000万人口的关系大图。“有了大数据，政府可以了解到不同产业人群聚集在哪里，从而做好产业规划；了解须领低保的人数，更好地进行民生服务的财政预算；了解各个地区未来的学生数量，然后根据情况划分学位、规划学校。”

现在，华傲的大数据整理技术已经广泛应用到政府和金融机构。据贾西贝介绍，华傲从2011年开始为包括深圳市政府、沈阳市政府、贵阳市政府、海南省政府、中国银行、中信银行、北银消费、深交所、深圳电信等近100个客户提供产品解决方案。

除了数据清洗和应用，华傲数据在大数据采集方面也有所成就。2015年底，华傲数据推出了国内首款社会数据众包APP——随手赚，“我们把共享经济理念引入到数据生产中来，每一个人都可以成为数据采集员”。此外，华傲还基于大数据信用反欺诈和信用评分推出大数据金融科技产品“随手借”APP。

## 期望吸引更多创新人才

华傲数据研发团队核心成员主要毕业于宾夕法尼亚大学、爱丁堡大学、牛津大学、剑桥大学、华盛顿大学等国外名校，更有贾西贝的导师、苏格兰科学院皇家院士、美国计算机协会会士、国家“千人计划”特聘专家樊文飞教授。

贾西贝遇到过的最伤心的事，也与人才有关。

“我特别认可的人离开华傲，那种感觉就像失恋了一样，我‘爱’他，但他不‘爱’我”，讲到这里，贾西贝有些动容。他说，公司创业初期偏重技术，加之股权激励措施没有跟上，导致部分员工认为在华傲没有用武之地。

怎么办？贾西贝认为，除了改善公司制度，还需要给员工留足发展空间，创造足够的经济回报和发展舞台，此外，找到志同道合、理念一致的人也很重要。

现在，他想用他的老本行——大数据来解决人才问题。“人才是大数据能应用的一个重要领域，数据能解决信息不透明的问题，企业和人才都各自拥有详细的数据，通过推荐算法把他们匹配起来，解决求职、招聘和创业的问题。”他说。

贾西贝管这个项目叫“归谷”，重点面向海外高端人才，融合大数据技术、人工智能技术和网络社交技术，建立人才大数据的“四库全书”——人才库、机构库（用人单位、投资机构、双创载体）、结构化的政策库、项目库，着重解决人才回国后“找人（搭班子）、找钱（融资）、找政策（落地）”的三个“困难”，目前该项目正在测试开发阶段，有望在2016年底推出。

随着大数据业务的多点开花，数年时间下来，华傲数据变得越来越有行业话语权。

厚积薄发，这支创新团队在深圳取得了显著的阶段性成果，华傲数据在数据质量、管理、分析、服务及运营四大领域构建了严密的理论体系和技术架构，设计了完整的推理和业务系统，并开发出了若干高质高效的数据剖

贾西贝表示，深圳像一块磁铁一样吸引了他南下创业，广东的创新氛围很浓，深圳的政府领导、企业家也都非常重视他和他们团队，“广东省创新科研团队的资助不是量身定制的，这钱给谁都要给，只要有本事，真是全球领先就可以拿到”。

析、分布式计算、记录匹配和数据清洗等先进算法。这一系列的成果部分已以论文形式进行发表，部分已申请了专利进行保护。华傲数据还与英国爱丁堡大学、牛津大学、南安普敦大学以及北航、哈工大、中山大学、深圳大学等研究机构展开合作。

## / 记者观察 /

### 打造中国“归谷”吸引海外创新人才

从英国回到中国，从北京到广东，华傲数据CEO贾西贝及其团队最终选择了来到深圳创业，历经5年筚路蓝缕，成就一番事业，成为中国大数据产业技术的佼佼者。

当个人理想和时代命题交会时，往往便可催生堪称伟大的历史事件。这便是中国在推进创新发展的过程中，正在奏响的史诗般的乐章。而作为中国改革开放的前沿，广东则是其中最为激越精彩的章节之一。

习近平总书记对广东的改革发展寄予厚望，赋予广东“三个定位、两个率先”的历史使命，并多次指示要求广东不仅地区生产总值要支撑全国，结构调整也要支撑全国，必须在推动经济结构的战略性调整上走在前列。

高校、科研资源难比北京、上海等地区的广东，凭什么完成这一使命？其秘诀之一即在于持续不懈推进人才强省战略，建设广东人才高地，大力打造高层次人才创业的乐园。特别是要面向海外留学人员有针对性地在中国“硅谷”深圳打造一个“归谷”，服务创新发展。

“盖有非常之功，必待非常之人。”在省委十一届三次全会上，省委书记胡春华强调，要建设“人才高地”，把人才作为创新根本的作用发挥出来，充分发挥人才创新发展的推动作用，增创广东创新驱动发展的新优势。省委、省政府《关于加快吸引培养高层次人才的意见》提出，要站在全局和战略的高度，努力把我省建设成为高层次人才施展才华的首选区、安居乐业的目的地、实现人生价值的大舞台。

拿深圳来说，近年来该市出台了一系列有利于人才集聚和发展的政策，始终坚持人才立市、人才强市。从2008年“高层次专业人才1+6”政策到2010年“人才安居工程”，再从2011年引进海外高层次人才和团队的“孔雀计划”到2015年的《深化人才工作体制机制改革促进人才创新创业的实施意见》，以及2016年初的《关于促进人才优先发展的若干措施》，近年来，深圳频频放出引才大招增强城市核心竞争力，吸引了大批高层次人才到深圳创新创业，涌现了一大批新的科技领军企业。

数据显示，截至2016年6月，深圳市累计引进海外留学人员7万人，位列全国第三，考虑到深圳2000年海归不足1000人、2010年有约4万人，这一增速相当惊人。

改革开放前30年，深圳以GDP年均增速25.8%创造了举世瞩目的“深圳速度”，用好中国人口红利是原因之一。近年来，“深圳质量”效应凸显，创下一天46件发明专利的“新深圳速度”，依靠全球人才红利也是其中关键的一环。

打造中国“归谷”，在创新发展的大潮中，来自广东的深圳号航船已然劈波斩浪。

（文/周志坤　苏梓威　熊雅灵　图/朱洪波，发表于《南方日报》2016年8月26日）

“盖有非常之功，必待非常之人。”在省委十一届三次全会上，省委书记胡春华强调，要建设“人才高地”，把人才作为创新根本的作用发挥出来，充分发挥人才创新发展的推动作用，增创广东创新驱动发展的新优势。省委、省政府《关于加快吸引培养高层次人才的意见》提出，要站在全局和战略的高度，努力把我省建设成为高层次人才施展才华的首选区、安居乐业的目的地、实现人生价值的大舞台。

# 光峰光电：占领新一代照明技术制高点

深圳“孔雀计划”首批入选团队里唯一的民营企业、研发出全球首款100英寸激光投影电视、立志要做世界上数一数二的企业……这，便是深圳光峰光电技术有限公司（以下简称“光峰光电”）。

光峰光电凭什么？凭的是深圳良好的创新环境、高层次人才“撑腰”。该公司创新团队是中组部“千人计划”入选者、国侨办重点华侨华人创业团队、广东省引进海外高层次创新团队和深圳市“孔雀计划”团队。

“激光照明是将会取代LED照明的新一代照明技术。”光峰光电董事长李屹表示，目前，公司的技术广泛应用于电视、电影、投影机、舞台灯、大型屏幕拼墙、高端照明等多个领域。“光峰光电不是只想做一个简单的事情，而是要做一个能够代表中国的自主品牌。未来三五年，希望把技术创新和品牌做好，用数据体现出来，同时要有底气，自豪地走向海外。”

## “要做就做到全球数一数二”

2016年8月11日，光峰光电在经销商大会上发布了全球首款ALPD+3LCD商教投影机新品和激光工程投影机新品。2016年8月底9月初，光峰光电又推出了针对50人至100人的中大型会议场所运用的全新激光高亮商务投影机新品。

新产品的优势在于，同时具备了传统灯泡和LED光源的优点，又解决了两者的缺点，具备高亮度优画质、长寿命、低成本、小尺寸等特点。

简单地说，这几款产品打破了商务投影机只能在“阴暗”环境下工作的固有印象，白天无须关灯拉窗帘，远距离依旧轻松投射出色彩艳丽、文字清晰的大画面。而且，即使是演讲大厅、大型会议室和礼堂这样的环境，也能投射出高质量的图像。

新发布的产品极大满足了近年来商务投影机市场高亮、多元化方向发展的需求。其

ALPD技术是最大“功臣”，作为光峰光电科技创新的核心利器，该项技术诞生于李屹在硅谷创业之初。

1991年，李屹清华大学本科毕业后赴美，获得硕士及博士学位后，在硅谷JDSU（全球领先的激光通讯器件公司）从事激光通讯的研究工作；此后加入了全球领先的光通讯公司香港昂纳光通讯公司担任执行董事及首席技术官；2004年底，他在美国硅谷成立YLX公司（960 Saratoga，Avenue，San Jose，CA），即光峰光电前身。

“当初周围的人都觉得我们的想法不靠谱，但最终真正有实力的人都留下来了。”李屹说，科技企业做研发是非常烧钱的事情，公司成立初期的四五年中，在毫无收益的情况下，他们依旧潜心研发，想用技术征服市场。

“要做全球数一数二的企业”的志向支撑着李屹一路坚持。2006年12月，公司首创颠覆性的ALPD荧光激光显示技术，第一批核心专利递交美国专利局。

“我们的创新不是改良性的创新，而是真正创造性的革新。”李屹说，“从技术创新起步的光峰，并不比爱普生、松下差。”目前光峰光电ALPD技术已经发展到第三代，产品横跨商教、电影、工程、拼接墙、激光电视、微投等多个领域。

A07 时局 观察

深圳“孔雀计划”首批入选团队里唯一民营企业 研发出全球首款100英寸激光投影电视

# 光峰光电：占领新一代照明技术制高点

“冲绿灯”开罚 深圳车主未添堵

专题

江门加入海丝保护与申遗城市联盟

## “现在轮到别人追赶我们”

“进口过关时，海关把我们的产品扣了下来要调查，因为产品以往都是国内公司代工，而现在是由大公司来反向代工，乍听起来有点不靠谱。海关了解情况后，在公司门口特意给我们致敬。”在接受采访时，李屹说，该公司生产的电视由韩国LG公司代工制作。这段小插曲反映了“中国制造”正在发生着革命性变化。目前，光峰光电已经提升自身的技术和整机生产能力，完全实现了自产营销。

有观点认为，从技术实验角度来说，激光电视存在很多年了，却始终没有真正商用进入大众家庭的一个重要原因是成本。而ALPD技术的应用，解决了激光电视在成本、环保和用户体验三个关键点。此外，采用ALPD技术的激光电视具有省电、辐射小的特点，同比例的激光电视能耗约为同尺寸液晶电视的25%，2015年，激光电视的能耗再降低50%，这就更加符合居家生活的节能环保需求。

“过去都是中国追赶别人，现在轮到别人追赶我们了。”李屹说，相比现有的液晶显示，激光显示不仅效果更好，而且成本仅平板电视的1/10。

此外，在电影放映技术方面，李屹认为：“目前影院放映IMAX和3D电影大多使用灯泡机。对观影者来说，亮度是最基本的需求，其次是屏幕。但中国的院线几乎都达不到广电总局发文的亮度要求：首先灯泡机本身技术落后，其次为了省成本，影院会把灯光调暗，延长灯泡使用寿命。所以中国影院的3D和国产巨幕的效果较差，往往会产生一种‘看不清’的遗憾。”

为了突破这一点，光峰光电首先从技术上予以革新。在电影放映技术设备只能依靠进口的中国电影行业，光峰光电利用自主研发的革命性的ALPD荧光激光显示技术，开发了全球首款20,000流明、符合DCI标准的激光电影放映机，并被应用于《变形金刚4》的中国首映。

与传统的放映机相比，光峰光电的激光电影放映机在3D电影放映时，可呈现影厅原有氙灯放映机3倍的亮度，带来了更佳的观影效果和舒适度体验。李屹举例说：“在视觉效果上，比如你今天穿一件黑色蕾丝的衣服，在现有的暗黑环境下，是看不到蕾丝花纹的，只能看到黑色的衣服，但亮度足够的情况下就能够看到花纹的细节。”

在商业模式上，光峰光电将放映设备租给院方按小时收费。“首先，我们有质量好的底气，因为一旦出现了故障损坏，我们就收不到钱。其次，因为我们是按小时收费，无论院方使用多少亮度都是这个成本，那么就不存在调暗的问题，让观众的观影效果有保障。”李屹说。

据悉，光峰光电研发出领先全球的ALPD技术，使得中国在110年的电影史上，第一次在技术层面超越了国外，而这项技术在电影放上的成功应用，让国内企业成为全球性放映设备相关技术标准的制定者。

## “深圳是创新者的沃土”

“做品牌不只是喊口号，光峰光电要从技术创新出发，这是一个真实的事，要沉淀下来。”在远离深圳繁华市中心的西丽，李屹说，“当我回国的时候，很多人问我为什么要选择深圳，我的回答是，深圳是一个安静的地方，不是指车水马龙、建设嘈杂相对的那个‘安静’的概念，而是说，深圳是一个让你有耐心静下来做事情的地方。”

李屹毫不讳言，这份安静来自对华为的感受。一次偶然的机会，他参观了华为，这次参观成为他来到深圳的最大动力。

2009年，李屹抱着“试一试”的心态申请了国家“千人计划”。因为学历、工作经历以及在硅谷的创业经验等优势条件，李屹顺利入选。2009年4月，李屹收到深圳市委组织部的电话，让他提供银行账号，随后资金到账。

这让李屹心暖：“觉得国家对人才是真的看重，深圳这个城市对创新是真正的渴求。”

2011年，深圳市委、市政府颁布实施了《关于实施引进海外高层次人才“孔雀计划”的意见》及高层次人才确认办法、认定标准、享受特定待遇的若干规定、创新创业专项资助办法、团队评审办法等5个配套文件。光峰光电入选深圳市首批“孔雀计划”创新团队。

“深圳是一个特别务实高效的地方。深圳政府本身就有创新机制。当其他地方政府计划发展招商引资时，深圳的‘孔雀计划’是引进人才，给予条件激发创造。”李屹说，引进人才有很大的不确定因素，不是所有的入选团队都能做大做强，但深圳有这个魄力，允许失败，这个开放性就提供了更大创新的可能，或许这也是华为能够在深圳成功的重要原因。

光峰光电是“孔雀计划”首批入选团队里唯一的民营企业。1000万元资金到账，为光峰光电带来了极大的支持。“资金方面自不必说，在公司宣传推广中，我们是政府‘孔雀计划’团队这个名头已经有了影响力和知名度，这个优势甚至能体现在招聘员工方面。”

在安静做事情的这些年，光峰光电不但入选red herring亚洲创新100强、广东省国际一流创新团队，还获得过CES2013最高荣誉奖“未来产品大奖”和德国工业设计大奖“红点奖”；当2015年光峰光电在北京千禧街用30,000流明的激光放映《百团大战》的时候，国外的竞争对手宣布当年要发布7000流明的激光。

截至2016年6月，光峰光电共申请专利1000多项，专利遍布中国大陆、美国、欧洲、日本、中国台湾、韩国等地区，初步形成包括模组层、芯片层、工艺层、应用层激光显示领域的广泛覆盖。

在深圳数年，李屹对深圳有很深的感情。“深圳是一个移民城市，人们为了追求更美好的生活来到了这里。深圳，正是创新者的沃土。”

（文/苏妮　杨力谚，发表于《南方日报》2016年9月2日）

“深圳是一个特别务实高效的地方。深圳政府本身就有创新机制。当其他地方政府计划发展招商引资时，深圳的‘孔雀计划’是引进人才，给予条件激发创造。”李屹说，引进人才有很大的不确定因素，不是所有的入选团队都能做大做强，但深圳有这个魄力，允许失败，这个开放性就提供了更大创新的可能，或许这也是华为能够在深圳成功的重要原因。

★4位海归博士组团创业，在中山创办了康方生物

# 康方生物博士团：突破“外包围墙”走出国门

大雨过后，位于中山火炬高技术产业开发区神农路六号的康方抗体新药研发大楼，迎来了午后晴空。

2016年9月6日下午，中山市2016年度重大科技专项拟立项项目结束公示，这让正在接待访客的夏瑜暗地里松了口气：公司项目离获得市镇（区）两级资助又进了一步。最近一个月里，夏瑜除了忙于项目答辩，还不断接待来自北上广深的风投大鳄——他们对康方生物医药有限公司（以下简称“康方生物”）研发的抗体新药极为感兴趣。

经过多年的积累与铺垫，康方生物前期投入的科研项目开始陆续浮出水面：2016年年初，该公司研发的肿瘤免疫治疗单克隆抗体药物AK-107，便被国际巨头默沙东相中买下全球独家开发和销售权。

此次合作，是国产创新药在海外市场的新突破，是第一个中国创新型生物科技公司将完全自主研发的单克隆抗体新药，授权给全球排名前五强的制药巨头。随着越来越多像夏瑜一样的人才及团队进驻，“广东创造”突围“外包围墙”、抢占世界产业创新技术制高点的创业故事，也变得越来越多。

## 组团创业决心打破海外抗体药垄断

1988年，从中山大学毕业的夏瑜凭借优异的成绩，获得了出国留学的机会。在英国纽卡素大学获得博士学位以后，夏瑜在美国几家生物制药公司参与了多个小分子及大分子制药项目，任职企业包括美国PDL生物制药等世界负有盛名的抗体公司。

随着中国经济逐渐融入世界经济体系，大批留学生陆续回国创业，身边的朋友也向夏瑜发出了邀请。“可能回国创业的种子，早在我不知觉的时候便已经埋下，仅考虑两个月不到，我就决定回国试试。”夏瑜说。

一开始，夏瑜选择了中美冠科生物技术有限公司高级副总裁等职务，作为回国创业的软着陆。其间，她带领团队培养了不少人才，也结识了王忠民、李百勇、张鹏等3位留学博士。4个生物制药领域的志同道合者，很快就共同创业计划达成了共识。

曾任美国辉瑞公司研发总监的李百勇，是康方生物的副总裁、首席科学官；副总裁、首席商务官王忠民，此前是美国阿迪亚生物制药公司的执行顾问；副总裁、首席运营官张鹏，曾是美国雅培制药公司的科学家。

4位海归博士的专业背景刚好能够覆盖生物制药的产业链。彼时，国内生物医药产业正处于高速增长阶段，但与欧美国家仍有不少差距，国内很多公司并不愿意投入太多研发，大多是做仿制药。夏瑜看到，很多生物制药公司大部分的服务外包，都来自国外。也正因如此，很多抗体药几乎被国外所垄断，价格昂贵。

看到了产业短板和市场前景，4人决心组团加快创业步伐。

在考察了全国多个城市后，在一个朋友的牵线下，夏瑜等人来到中山这座对他们来说相对陌生的南方小城，这里最终成为他们创业的“大本营”。2012年3月19日，经过漫长的筹备，康方生物正式成立。

## “旋风计划”让创业团队“耐得住寂寞”

“为什么是中山？”公司步入轨道后，康方生物在抗体药研发领域崭露头角。每每有团队过来调研、走访和参观，几位核心创业人员都会遇到这样的问题。

“坦率地讲，我们也走过不少城市，也考虑到其他地方。来了中山以后，没想到很快被这里的环境、服务所打动。”用夏瑜自己的话说，4位核心成员跟中山市、火炬开发区两级政府接触后，很快建立了良好的默契，“提出的很多问题也能第一时间得到反馈，感觉诚意十足。另一方面，中山市对高层次人才引进、健康医药产业发展也建立了一系列的扶持，这也是非常重要的一个环境配套。”夏瑜说。

与大多数初创公司一样，康方生物的起步并非一帆风顺。

生物制药的产业链条比较长，包括靶点验证、抗体产生、筛选、人源化、工艺优化、临床前实验、临床试验、生产上市，整个流程一般需要8—10年的时间，成本一般要花费几亿元。

因此，目前国内企业大部分在做链条靠后的环节，买项目经过工艺开发或直接临床试验获得新药批文之后就直接生产上市。但对于康方生物来说，在拥有强大国外创新技术“基因”的背景下，研发属于国人的创新药，才是他们创业的初衷。但这也意味着康方生物将经历很长一段时间的“沉默”。

落户中山后，夏瑜的团队很快获得了中山市政府及火炬开发区各项政策大力支持，不仅有场地的支持，康方生物也被列入政府扶持健康产业发展的“旋风计划”之中，获得了早期安稳发展的启动资金。目前，康方生物已经完成了20余项抗体新药的全程临床前研发工作。

## 自主研发成果获国际巨头收购

2016年9月，康方生物研发的用于银屑病的IL12p40抗体，将进入临床试验环节。一旦推出市场，这款新药便能弥补国内在该领域药物的空白，打破国外制药公司的垄断。

耐住科研寂寞之后，成果开始浮现。

紧跟在资本后面的，是国际行业巨头。从2015年6月份开始，全球排名前五强的制药巨头默沙东注意到了康方生物的肿瘤免疫治疗单克隆抗体药物AK-107。经历大半年的评估后，默沙东出资2亿美元，买下AK-107的全球独家开发和销售权，并计划与康方生物携手深耕肿瘤免疫领域。

康方生物的行业领头力量正在凸显。目前，该公司正在争取2016年中山市科技发展专项资金项目，一旦与其他竞争项目PK成功，康方生物的“抗体新药一站式研发平台的建设与产业化”项目将获得市镇（区）两级1000万元的资助，这对于中山未来建立涵盖后期产业化的研发平台，进一步提升成果产业化能力有着重要意义。

当前，以康方生物为代表的中山国家健康科技产业基地迎来了新的发展时代。包括基因合成、基因检测、试剂生产、药理毒理、GMP生产及临床试验等的行业配套逐渐成型。而整体产业链的形成和发展，有望打破抗体制药的产业化瓶颈和被国外制药公司垄断的局面，在广东省形成生物制药产业集群，带动上下游产业迅猛发展。

当前，以康方生物为代表的中山国家健康科技产业基地迎来了新的发展时代。包括基因合成、基因检测、试剂生产、药理毒理、GMP生产及临床试验等的行业配套逐渐成型。而整体产业链的形成和发展，有望打破抗体制药的产业化瓶颈和被国外制药公司垄断的局面，在广东省形成生物制药产业集群，带动上下游产业迅猛发展。

## /记者观察/

### 为归国人才搭建“对标国际”舞台

从2010年开始，中山市出台了以《关于进一步加快培养引进紧缺适用人才的意见》为主线的系列配套政策，次年开始实施《中山市中长期人才发展规划纲要（2011—2020年）》，梳理出涵盖从技能人才到高层次人才、从个人补贴到团队支持、从资金到场地的扶持政策。

在实施人才政策的过程中，中山市表现出了强烈的决心。其中“本地培养与外地引进人才待遇一样，体制内与体制外人才待遇一样，市属与央属、省属人才待遇一样”这“三个一样”人才新政，打通了育才、引才和用才的体制藩篱和身份障碍，避免了“重引进、轻培养”倾向。统计显示，“十二五”期间，中山市培养引进各类人才约27万人，其中紧缺适用高层次人才523人，2人入选国家“千人计划”、1人入选国家“万人计划”、1人入选国家百千万人才工程、3人入选“广东特支计划”。

引才平台也在进一步扩大。自2014年起，中山市以“人才的节日•智慧的盛会”为主题，在全国率先举办综合性大型人才节，促进人才群和产业链的及时对接。

（文/陈彧　罗丽娟，发表于《南方日报》2016年9月14日）

★东阳光2013年引进的创新制剂国际化与产业化团队，已成功研发12个制剂产品并在欧美市场上市

# 东阳光新药创新团队：用3年时间敲开欧美大门

2016年9月的南粤大地，凉风徐徐而来。东莞市松山湖高科技产业园，计划投资达32亿元的东阳光生物药业总部项目，仍在如火如荼地建设着。

东阳光药业，一家飞速成长的大型医药企业集团，现有员工3000余人，已经聚集1400多名研发人员。创新人才的引进为东阳光药业的发展插上了腾飞的翅膀。据悉，该公司2013年引进的创新制剂国际化与产业化团队，已成功研发12个制剂产品并在欧美市场上市，累计申请国内发明专利79项、申请PCT等国际专利11项。

目前，东阳光药业已在美国上市2个产品，在欧洲获批11个产品，预计到2020年，东阳光药业可在美欧共上市超过60个产品，在国内化合物新药专利和专利总量方面排名第一。

A09 时局 观察

# 东莞，让我们更加有所作为

东阳光新药创新团队用3年时间敲开欧美大门

立志做世界一流药企

为新药研发开拓提速

聚集研发人员1400多人

从汗水驱动到智力驱动

专题

# 广东工人艺术团走进云浮新兴

新兴县总工会：为职工群众办好事实事

30年如一日为乘客提供优质服务

## 立志做世界一流药企

在改革开放后的很长一段时间里，广东制药产业一直都是相对落后的。

而过去十几年，越来越多的广东企业投身到制药领域，立志要在这一领域奋起直追，赶超先进制药国家和地区。

在2005年之前，东阳光药业给外界的印象是仅仅局限于传统机电加工制造领域，然而就在这一年，这家在加工制造时代红透半边天的企业，急流勇退，转而投向以制药工业为核心的大健康产业。

“我们并不希望长期给人打工，而是立志要做‘世界一流’。”该公司相关负责人表示，东阳光药业的初期目标是为欧美制药企业代加工制剂产品，即贴牌加工；长远目标是向美国FDA和欧洲EMEA递交制剂产品注册申请，真正把中国自主品牌的制剂推向欧美市场。

不同于传统制造业，仿制剂研发突破需要长期的顶尖人才和技术支撑，这让东阳光药业仿制剂项目的进展一直较为缓慢，也令东阳光集团意识到，必须要引进有实力的创新科研团队。

2013年，以郑玉群为带头人的创新制剂国际化与产业化团队加入东阳光药业，并被列入广东省创新创业团队。面向国际市场的创新制剂的开发与产业化，成为团队的主要研究方向。

创新团队核心成员刘国柱说，按照市场规律，第一个仿制药一般以70%—80%的专利药价格上市，并可获得相当可观的市场份额，这意味着挑战成功的企业将会获得很大的市场机会，利润丰厚。但研发首仿药难度很大，药物的原药配方是企业的机密，他们无从得知，只能在自己的研究平台里对原药进行研究。

除了首仿制剂外，高难度创新制剂是这个创新团队的另一个主攻方向。刘国柱说，创新制剂国际化此前一直是广东乃至中国医药产业重要而又薄弱的环节，该领域此前长期被欧美发达国家所主导。来到东阳光药业后，他们从原料和制剂两方面入手进行重点技术攻坚，经过无数次尝试和创新，目前团队已在多个技术设备领域的创新性应用上取得突破性进展。

2015年，由创新团队研发推出的抗感染、抗肿瘤、心血管等仿制剂，在欧美市场实现销售额2000万元，2016年销售额有望达到3000万元。

## 为新药研发升挡提速

尽管在前期市场培育期产量不多，加上研发投入巨大，目前相关研发产品还没有获得净利润，但创新团队对于项目前景仍颇有信心。

与此同时，为进一步加快首仿药和创新制剂开拓欧美市场，东阳光药业已经在美国、欧盟建立销售分公司，已有多个产品向欧盟进行销售，同时也已经在日本、澳大利亚、韩国设立了销售网络。

刘国柱认为，生物产业是个高投入行业，前期需要大量烧钱，产品面市的周期也很长，资金是永远的问题，而在广东，政府和企业做事都很守信用、效率高，客观上成了鼓励保障团队创新的护航者。他透露，在企业和地方政府强有力的持续支持下，预计到2018年，东阳光药业将会有50个仿制剂获得欧美市场上市许可。

东阳光药业在仿制药领域的开拓一路高歌猛进，团队来自众多领域的领军人才也全方位带动了东阳光药业新药研发体系的提升。

细数创新团队核心成员会发现，团队拥有两名“国千”人才，涵盖了创新制剂研发和产业化的各个节点和领域，组成了全程产业化的创新团队，形成了“原料药—制剂—质量研究—临床—注册—专利”的生物医药开发全价值链。团队成员不仅具有先进的药物制剂国际化研发理念、丰厚的药物开发经验及优秀的管理工作能力，更为重要的是具有极强的制剂产品产业化及国际化的成功经验，是国内制剂国际化领域顶尖团队。

其中，团队带头人郑玉群先后在美国亚培制药公司、美国礼来制药公司、江苏恒瑞医药担任新药研发首席科学家等要职，在新产品设计、研究与放大生产、GMP管理规范等方面多有建树。

## 聚集研发人员1400多人

据不完全统计，截至2016年9月，东阳光药业创新制剂国际化与产业化团队已经与华南新药创制中心、中山大学等形成良好的产学研合作平台，并组建了一批国家级、省级企业重点实验室，培养大批的专业技术人才，吸引国内外高水平技术专家加盟，为地区的制药人才结构升级及平台发展起到重要促进作用。

据透露，东阳光研究院从2005年成立到2009年期间，研发人员只有200多人，而现在研究院的研发人员已经超过1400人，研发人员数量在国内药企中已经迈入第一梯队，比肩恒瑞医药等国内药企巨头。

而东阳光药业之所以选择来到东莞松山湖创业，主要是基于环境和政策的考量。东阳光集团研究总院院长唐新发表示：“松山湖不仅有好的自然风光，而且有好的政府配套政策、便利的条件，以及我们在东莞扎根的雄厚基础。松山湖是国家高新技术园区，这块地方，让我们更加有所作为。”

刘国柱透露，当初，团队选择来广东、东莞进行创新创业，主要看重的是东阳光药业已经搭建好国际水平的研发平台，不论是硬件还是软件建设都达到了国际水平，能为高水平专家从事研发工作提供良好的基础。如今，在松山湖两岸生物产业基地，东阳光生物药业总部项目正在如火如荼抓紧建设中。

这里计划建设研发总部、销售总部和单抗原料及制剂厂，目标是建成“世界一流、中国第一的新药研发中心”，计划5年实现销售收入超过30亿元，最终实现超100亿元的发展计划。

细数创新团队核心成员会发现，团队拥有两名“国千”人才，涵盖了创新制剂研发和产业化的各个节点和领域，组成了全程产业化的创新团队，形成了“原料药—制剂—质量研究—临床—注册—专利”的生物医药开发全价值链。团队成员不仅具有先进的药物制剂国际化研发理念、丰厚的药物开发经验及优秀的管理工作能力，更为重要的是具有极强的制剂产品产业化及国际化的成功经验，是国内制剂国际化领域顶尖团队。

## 记者观察

### 从汗水驱动到智力驱动

近年来，东莞颁布了史上第一个中长期人才发展规划，连续5年每年投入10亿元打造人才型城市，并密集出台了特色人才特殊政策等数十项制度措施，在招才引智和优化服务等方面打出了“组合拳”，全面提升了人才发展与产业转型、城市升级的匹配度，激发了包括了东阳光药业创新制剂国际化与产业化团队在内的各类人才的创新创业活力。

在传统印象中，东莞昔日铸就的辉煌更多建立在以人口红利为代表的汗水之上。今天，要实现产业转型升级，需要充足的人才资源作为智力驱动。东阳光药业及创新团队新的创业故事，是其中的一朵美丽浪花。

（文/黄少宏　吴珂　图/胡国球，发表于《南方日报》2016年9月22日）

★科研人员正在实验室进行研发工作

# 广东富阳生物科技团队：大山里创造出全球领先止血敷料

在获得省创新创业项目“扬帆计划”支持两年后，广东富阳生物科技有限公司（以下简称“富阳公司”）的茶树精油止血微球生产线于2016年9月底正式投入样品生产。为了这激动人心的一刻，富阳公司董事长郑永发已经奋斗了10余年。该公司创新团队研发推出的澳洲茶树精油止血微球，具有神奇的止血、杀菌效果，可用于制造高端医疗止血敷料，成本也比同类产品大大降低。

这意味着，来自河源的高端医用敷料产品站在了全球高端水平之列。这一成绩的取得犹如一篇乐章，而人才尤其是高层次创新创业人才，是其中最动人的音符。

## 大胆引入茶油树　封存原料为科研

A05 时局 观察

河源"土木老板"引入澳洲"黄金树"，创新团队多年研发得回报

# 大山里创造出全球领先止血敷料

专题

创办全国首个省级"扶贫济困日"，7年认捐超185亿元

# 广东打造扶贫开发大格局助力脱贫攻坚

精准扶贫 助力攻坚

来自扶贫一线的社会扶贫

站在河源市灯塔盆地国家现代农业示范区的山顶，远眺在微风中舞动的茶油树，郑永发和他的创新创业团队成员都抑制不住成功的喜悦。这些茶油树的"老家"远在澳大利亚，被称为"澳洲茶油树"，学名叫"互叶白千层"，当地人也称"黄金树"。

2005年，一直以承包土木工程为营生的郑永发在澳大利亚旅游期间了解到，这种茶油树的汁液具有抑菌、消炎作用，被称为"液体黄金"。郑永发意识到，这种被称为"黄金树"的茶油树结满金灿灿的"黄金果"，等着他去采摘。

回国后，他很快找到了在广东省林业科学研究院做澳洲茶油树研究达30多年的高级工程师沈晓玲。沈晓玲告诉他，这个产业虽然很有前途，但国内没有人做过，风险很大，要做好10年奋斗的准备。

"土木老板"郑永发觉得这是他人生中面临的最重要的抉择。思考半个月后，他选择了冒险。

从2005年3月起，郑永发就开始了他的"育苗计划"，经过精心选地，反复试种，无数次失败耗费了500多万元资金，他反而越来越坚强。终于，2008年底，他与沈晓玲合作育苗成功。

2009年夏天，第一批种下的树苗眼看就要收获了，却遇上了罕见的大雨，1000多万元的投资打了水漂。2010年，他在东源县东坝村的山头重新选址，又种下1000多亩树苗。由于茶树精油具有挥发性，必须在两小时内进行加工提炼，郑永发让员工马不停蹄地砍树、加工，提炼出的精油达到了出口标准，国内要下单的厂商络绎不绝。奇怪的是，郑永发要求公司把精油都封存起来，"一滴也不卖"。

对此，富阳公司总经理刘凤琼算了一笔账：茶树精油的原油价格最高的大约30万元/吨，但如果加工成产品，每吨可以卖500万元。一亩树的枝条可以提炼约10千克精油原液，当年共10余吨精油，全部存起来用作下游产品开发。

几乎同时，远在北京的一个创新团队正在为高端医用敷料寻找合适的抗菌成分。"我们想找一种天然有机的抗菌成分，而且其产品的质量水平要尽可能高。富阳公司的茶树精油品质极好。"团队带头人、北京大学药学院博士金义光说。

双方一拍即合。郑永发称，遇到来自北京的金义光创新团队是该公司产品研发成功和走向市场的关键。

经过创新团队将近3年的反复试验，富阳公司终于研制成功茶树精油止血微球。2010年8月，富阳公司的澳茶露茶树精油护肤系列产品问世，后来又陆续推出了围绕茶油树加工的抗菌消毒、成人纸尿裤、食用菌等产品，在各大网络渠道上也能看到澳茶露产品的身影。

目前，富阳公司已经完成了茶油树的循环产业链设计，从最初的选苗栽培，到精油产品的生产以及树渣的再利用，构建出了生态农业循环产业链和高附加值农业生产体系。

## 产品弥补国内不足　止血比国外产品快19秒

34秒，比国外同类高端医用敷料止血快19秒！

回忆起2014年初由共青团中央、农业部等主办的中国青年涉农产业创业创富大赛，刘风琼仍然充满自豪。大赛吸引了全国3.7万多个参赛项目，而富阳公司以其神奇的澳洲茶树精油止血微球打动现场评委，斩获了广东赛区金奖、全国总决赛亚军。

该止血微球主要用于高端医用敷料，以对各种创伤、创口表面进行临时覆盖，使之免受细菌感染及其他外来因素的影响，起到保护创口、创面，促进愈合的作用。

多功能性高端快速止血敷料是在战场和日常各种创伤发生情况下进行急救的重要工具，市场前景十分广阔。据报告，2012年世界创伤敷料市场规模为117亿美元，预计2021年将达到185亿美元。欧美发达国家在高端医用敷料生产方面占据统治地位，德国、英国、美国、比利时等国占据全球高端医用敷料出口前几位。

据我国科技部对工业企业的调查报告，国内中小企业中，创新型企业所占比例不足2%，大多数医用敷料企业的经营活动中，科研和技术开发性投入微薄，转型进入高端创伤敷料市场也面临着不小的困难。我国目前缺少自主知识产权产品，除传统的纱布、绷带以外的高端医用敷料国产化率低于23%。进口产品价格昂贵，每5克售价约为2000元，茶树精油止血微球的价格预计是前者的1/10，可以广泛应用于汽车急救包、120救护车急救箱、家庭急救包等。

茶树精油止血微球弥补了国产高端医用敷料的不足。除了止血速度快，茶树精油止血微球还突破了诸多技术难关，达到了同类产品无法达到的良好效果。

## 人才工程成新引擎　创新发展河源“扬帆”

富阳公司澳洲茶树精油止血微球的故事，只是河源以人才工作为杠杆推动创新发展的一个缩影。

2016年8月底，河源市委书记张文到富阳公司调研，对该公司创新发展的成绩予以充分肯定。张文强调，一定要坚定不移培养和吸引人才，推动科技和经济紧密结合，真正把创新驱动发展战略落到实处。

不久后，河源市委、市政府提出，将设立20亿元的人才专项基金，为河源“十三五”期间人才开发提供有力的资金支持。

河源要实现跨越发展，必须深入实施创新驱动发展和融入深莞惠经济圈两大战略，坚持人才优先发展，最大限度激发人才创新创造创业活力。2016年2月15日，河源市高新区被国务院批准正式晋级为国家高新技术产业开发区。这也是粤东西北地区首个国家级高新区。

事实上，从2012年起，来自河源的多个创新创业团队项目屡屡成功入选“扬帆计划”。在2012、2013、2014三年间，河源共成功入选6个竞争性扶持市县重点人才工程项目，其中市级项目1个、县区项目5个，科研创新团队3个。上述人才工程项目共获得省人才专项资金扶持超过2000万元，市县人才开发专项经费配套超过1000万元。当地现已通过“扬帆计划”引进高层次人才38人，举办各类人才培训班50余期超1万人次，柔性引进科研创新团队9个，发明专利30个，取得软件著作权12项。

鉴于河源在“扬帆计划”中的突出表现，省委组织部人才工作处特地于2015年9月组织粤东西北地区到当地学习人才工作的经验。

“人才工作对于河源这样一个欠发达地区来说，尤为重要。可以说，没有‘扬帆计划’，未来河源就没有真正意义上的主导产业。”河源市委组织部相关负责人说，以灯塔盆地示范区为例，“扬帆计划”项目实施三年来，该区连创佳绩，先后入选农业部、财政部现代农业示范区改革与建设试点、国家农业科技创新与集成示范基地、国家农业科技园区，并获得数亿元国家财政资助。

据了解，该市5个县区已根据各自发展实际，抓好重点人才工程的实施，已初步走出了“一市多品牌”“一县一品牌”的人才工程新路子。如源城依托电子产业集聚优势，主打电子产业集群科技人才开发工程；东源县依托硬质合金等新材料产业发展，主打新材料科技人才开发工程；紫金县依托比较雄厚的医药产业基础，主打新医药人才开发工程；龙川县依托深圳南山

“人才工作对于河源这样一个欠发达地区来说，尤为重要。可以说，没有‘扬帆计划’，未来河源就没有真正意义上的主导产业。”河源市委组织部相关负责人说，以灯塔盆地示范区为例，“扬帆计划”项目实施三年来，该区连创佳绩，先后入选农业部、财政部现代农业示范区改革与建设试点、国家农业科技创新与集成示范基地、国家农业科技园区，并获得数亿元国家财政资助。

龙川产业转移园内引进的空气能龙头企业，主攻空气能产业人才培养工程；连平则依托新型节能环保建筑材料的广阔前景，主打新型节能环保建筑材料人才培养工程。

“扬帆计划”为当地发展插上了有力的翅膀，该项人才工程已经成为当地人才创新创业的引擎，为当地创新发展注入了强大动力。

（文/金祖臻　周志坤，发表于《南方日报》2016年10月18日）